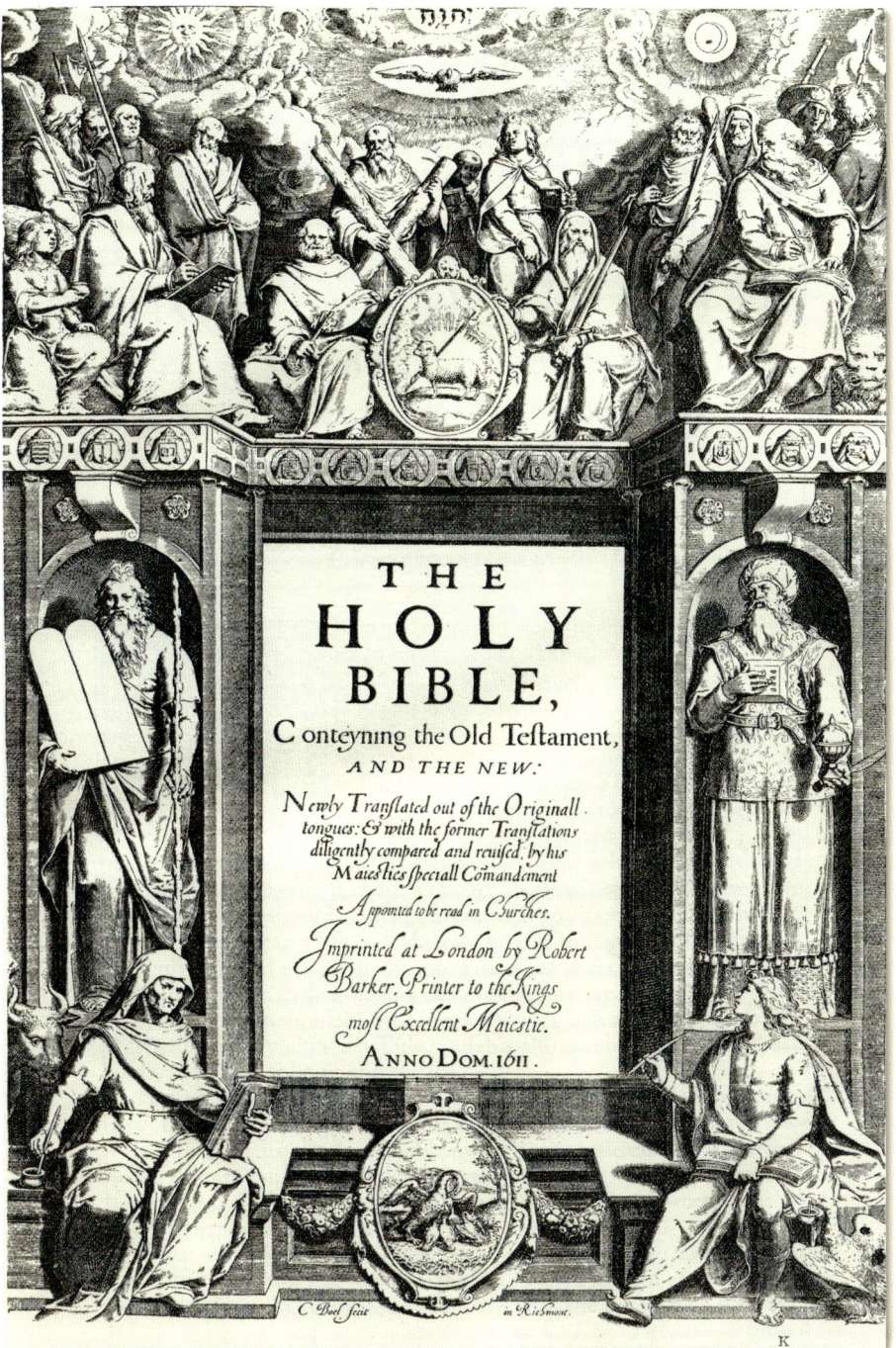

『欽定訳聖書』(1611) の扉

シェイクスピア最初の戯曲全集の扉

（Schoenbaum, 1981, p. 165）

上の本は1623年に印刷業者 'Willi Jaggard Typographi' から Augustine Vincent に贈呈された本である。右上にはそのことが贈呈者によってインク書きされている。最初の戯曲全集はThe First Folioと呼ばれている。

シェイクスピアのサイン

By me William Shakespeare　　　　（Schoenbaum, 1981, p.96）

遺書 (Last Will and Testament, 25 March 1616) にあるシェイクスピアのサイン

英語史入門

橋本 功

慶應義塾大学出版会

『欽定訳聖書』(1611) の扉の解説

中央上には母音記号を付した4個のヘブライ語の子音文字が見える。これら4文字 (the Tetragrammaton) は神の名前を表し、ローマ字のYHWHに対応する。母音記号を加えるとYəHoWāHとなる。この語は英語ではYahwehまたはJehovahと綴られている。その下にある長円形の枠の中には、キリストの象徴である十字架を背負った子羊 (*Rev.* 5) が描かれている。その枠を左手で支えているのは「天の国の鍵」(the keys of the kingdom of heaven. *Matt.* 16:19) を右手に持つSt. Peter、右手で支えているのは神の言葉を表す「霊の剣」(the sword of the Spirit, *Eph.* 6:17) を左手に持つSt. Paulである。St. Peterの右側には天使を従えたSt. Matthewが、St. Paulの左側にはライオンを従えたSt. Markがいる。また、下部左端には牛を従えたSt. Lukeが、下部右端には鷲を従えたSt. Johnがいる。天使、ライオン、牛、鷲は各聖人の象徴である。これらは「エゼキエル書」(1:1-14) と「ヨハネの黙示録」(4:5-11) に由来するといわれている。中央タイトルの左側には十戒の石版と杖を持つMosesが、中央タイトルの右側にはイスラエル12支族を象徴する12種類の宝石を付けた胸当て (breastplate, *Ex.* 28:30) に右手を置き、左手に香炉 (censer) を持つMosesの兄弟Aaronが立っている。下部中央の長円形の枠の中には、嘴で自分の体を傷つけ、流れ出る血で子を育てているペリカンが描かれている。これはキリストの受難 (the Passion of Christ, *Matt.* 26-27 & *Mark* 14-15) の象徴である。OED (*pelican*) は「ペリカンの物語自体は古代エジプトの伝説に由来するようだ」と述べている。

最下部中央には"C Boel fecit in Richmont"と書かれているので、この扉頁はRichmond Palaceで彫版師のC. Boelによって作成されたことが分かる。

はじめに

　イギリスはアングロ・サクソン一民族から成る国家で、そこで話されている言語も英語であると思われがちである。しかしイギリスには、民族も歴史もアングロ・サクソン人とは異なる、ウェールズ人、スコットランド人、アイルランド人などのケルト民族がいる。彼らの固有の言語は英語ではない。今でこそ彼らの公用語は英語であるが、彼らの民族としての言語はケルト語である。アイルランドやスコットランドやウェールズでは、今でも学校で民族のことばであるケルト語が教えられ、道路標識の上部には民族固有の言語表記があり、英語表記は下部に置かれている。また、イギリス海峡にあるイギリス領ジャージー (Jersey) 島ではフランス語が話されている。

　イギリスは主にケルト民族とゲルマン民族の「複合民族国家」であり、エリザベス女王を国の元首、ならびに行政権の長とする立憲君主制の国家である。英語の歴史は、当然のことながら、このような国家にいたったイギリスの歴史と切り離すことができない。英語の歴史を知るには、イギリスという島国に英語を定着させた社会的な歴史、いわゆる英語の外面史を知り、そこから英語の歴史そのものを観る必要がある。したがって、本書ではまず英語の外面史を述べ、それから英語の内面史を述べる。

『英語史入門』目　次

はじめに

第1章 イギリス諸島に英語が定着するまで　1
1.1. 英語のルーツ　2
1.2. インド・ヨーロッパ祖語とゲルマン語との分化：グリムの法則　4
1.2.1. 第一次子音推移　4
1.2.2. ヴェルネルの法則　5
1.2.3. 第二次子音推移　6
1.3.1. イギリスの国名と国旗と国歌　6
1.3.2. English、「イギリス」、「英国」　9
1.3.3. 英語のBritainとフランス語のBretagne（ブルターニュ）　9
1.4. ローマ帝国のブリテン島征服 (43 AD) 以前のイギリス諸島　10
1.5. アングロ・サクソン人と英語の渡来　12
1.6. ブリテン島の言語　17
1.7. ブリテン島のキリスト教化　17

第2章 イギリス諸島の公用語がフランス語に、そして英語の復権まで　21
2.1. ノルマン人のイングランド征服　22
　　　――イングランドの公用語がフランス語に――
2.2. プランタジネット王朝 (1154－1399年)　28
　　　――イングランド王室のフランス語がノルマン訛りからパリのフランス語に――
2.3. ヘンリー2世とベケット　31
　　　――王と司教の対立――
2.4. ジョン王のノルマンディー喪失とマグナ・カルタ　32
2.5. 貴族の反乱とマグナ・カルタ　34
2.6. エドワード1世とプリンス・オヴ・ウェールズ　35
2.7. イングランドとフランスの百年戦争　36
2.8. ランカスター王朝　37
2.9. オックスフォード大学とケンブリッジ大学　40
2.10. バラ戦争　41

第3章 英語のアルファベットと書体　43
3.1. アングロ・サクソン人の文字とアルファベット　44
3.1.1. ローマ字と共存したルーン文字 <þ>　45
3.1.2. ローマ字と共存したルーン文字 <ƿ>　46
3.1.3. ローマ字から新たに作られた文字 <æ>, <Æ>　46
3.1.4. ローマ字から新たに作られた文字 <ð>, <đ>, <Đ>　47
3.1.5. Gの変形文字 <ȝ>, <ᴣ>, <g>　47
3.1.6. 古英語のアルファベット　48

3. 2. アルファベットの起源と歴史 49
3. 3. ローマ字の書体 54
3. 4. ブリテン島に伝えられた2種類の書体 56
3. 5. カロリング体 58
3. 6. ゴシック体 58
3. 7. 印刷文化の始まり 61

第4章 英語の方言と標準語化　63

4. 1. 英語の時代区分 64
4. 1. 1. 古英語期 Old English (OE) period 700 – 1100年 64
4. 1. 2. 中英語期 Middle English (ME) period 1100 – 1500年 65
4. 1. 3. 近代英語期 Modern English (ModE) period 1500 – 1900年 65
4. 2. 英語の方言 66
4. 2. 1. 古英語の方言 66
4. 2. 2. 中英語の方言 68
4. 2. 3. 初期近代英語と標準英語 69
4. 3. 古英語期と中英語期の方言と文学作品 71
4. 3. 1. 古英語期のおもな文献 71
4. 3. 1. 1. ノーサンブリア方言 71
4. 3. 1. 2. マーシア方言 72
4. 3. 1. 3. ウエスト・サクソン方言 72
4. 3. 1. 4. ケント方言 72
4. 3. 2. 中英語期のおもな文献 72
4. 3. 2. 1. ノーザン方言 72
4. 3. 2. 2. イースト・ミッドランド方言 72
4. 3. 2. 3. ウエスト・ミッドランド方言 73
4. 3. 2. 4. サザン方言 73
4. 3. 2. 5. ケント方言 73
4. 4. 初期近代英語期のおもな文献 73

第5章 英語と外国語との接触　75

5. 1. 英語と外国語 76
5. 2. ケルト語との接触 78
5. 3. ラテン語との接触 79
5. 3. 1. 古英語期におけるラテン語からの借用 79
5. 3. 2. 中英語期におけるラテン語からの借用 80
5. 4. ヴァイキングのことば (=古ノルド語) との接触 81
5. 5. ノーマン・フレンチ (征服者のことば) との接触 84

- 5.6. 初期近代英語における借用語 ... 89
- 5.7. 現代英語の借用語 ... 90

第6章 文字と音声　91

- 6.1. 子音文字および母音文字と音 ... 92
- 6.2. 古英語の発音 ... 92
- 6.2.1. 古英語の子音文字と音 ... 92
- 6.2.2. 古英語の母音文字と音 ... 94
- 6.3. 中英語の文字と音 ... 95
- 6.3.1. 中英語の子音文字と音 ... 95
- 6.3.2. 中英語の母音文字と音 ... 96
- 6.3.3. 中英語における語末の <-e> ... 97
- 6.4. 大母音推移 (Great Vowel Shift) ... 98
- 6.4.1. 大母音推移と文字 <A, E, I, O, U> の名称 ... 100
- 6.5. 無声子音 /f, θ, s, th, ks/ の有声化 ... 101
- 6.6. /d/ と /ð/ の交替 ... 101

第7章 語　形　103

- 7.1. 語形の変化 ... 104
- 7.2. 屈折 ... 104
- 7.3. 名詞と代名詞 ... 105
- 7.3.1. 文法的性 ... 105
- 7.3.2. 数 ... 105
- 7.3.3. 格 ... 106
- 7.4. 名詞 ... 110
- 7.4.1. 強変化型と弱変化型 ... 111
- 7.4.2. ウムラウト型と不規則型 ... 111
- 7.5. 屈折語尾の消失 ... 113
- 7.6. 代名詞 ... 114
- 7.6.1. 人称代名詞 ... 114
- 7.6.1.1. 主格代名詞の変遷 ... 115
- 7.6.1.2. 対格、与格、属格代名詞の変遷 ... 117
- 7.6.1.3. 再帰代名詞 ... 119
- 7.6.2. 指示詞 ... 121
- 7.6.2.1. that と this の複数形 ... 123
- 7.6.3. 疑問代名詞 ... 124
- 7.7. 数詞 ... 124
- 7.7.1. 基数詞 ... 125

- 7. 7. 1. 1. 基数詞 one と不定冠詞 ... 127
- 7. 7. 2. 序数詞 ... 127
- 7. 8. 形容詞 ... 128
- 7. 8. 1. 弱変化と強変化 ... 128
- 7. 8. 2. 比較 ... 130
- 7. 9. 副詞 ... 131
- 7. 9. 1. 副詞接尾辞 {-e} ... 132
- 7. 9. 2. 形容詞接尾辞 + 副詞接尾辞 ({-līċ}+{-e}) ... 132
- 7. 9. 3. 名詞の屈折形に由来する副詞 ... 134
- 7. 10. 動詞 ... 134
- 7. 10. 1. 強変化動詞と弱変化動詞 ... 136
- 7. 10. 2. 過去現在動詞 ... 139
- 7. 10. 3. 不規則動詞 ... 140
- 7. 10. 3. 1. be 動詞 ... 140
- 7. 10. 3. 2. do と go ... 143
- 7. 10. 3. 3. will ... 143
- 7. 10. 4. 不定詞、動名詞、現在分詞 ... 144
- 7. 10. 4. 1. 不定詞語尾 ... 144
- 7. 10. 4. 2. 動名詞語尾と現在分詞語尾 ... 146

第 8 章 統語法　149

- 8. 1. 進行形、完了形、受動形 ... 150
- 8. 1. 1. 進行形 ... 150
- 8. 1. 1. 1. The house is building と The house is being built ... 154
- 8. 1. 1. 2. He is being a fool 型進行形 ... 155
- 8. 1. 2. 完了形 ... 156
- 8. 1. 2. 1. have 完了形 ... 157
- 8. 1. 2. 2. be 完了形 ... 158
- 8. 1. 3. 受動形 ... 159
- 8. 1. 3. 1. 受動文の主語 ... 161
- 8. 1. 3. 2. 動作主を導く前置詞 ... 162
- 8. 2. 関係詞 ... 163
- 8. 2. 1. 関係代名詞 ... 163
- 8. 2. 2. that ... 164
- 8. 2. 3. that の関係副詞的用法 ... 165
- 8. 2. 4. what, which, who, whose, whom ... 165
- 8. 2. 5. 関係副詞 where, when, why, how ... 167
- 8. 3. 助動詞 do ... 167

8.4. 否定文のnotの語順	169
8.4.1. 多重否定	171
8.5. 非人称構文	171
8.6. 語順	174
8.6.1. 古英語と現代英語の語順	174
8.6.2. SOV語順からSVO語順へ	175

第9章 アメリカ英語　177

9.1. アメリカ東海岸に英語が到着	178
9.2. アメリカ初期の英語事情	180
9.3. アメリカの方言	181
9.4. アメリカ英語とイギリス英語	182

第10章 聖書の英語　187

10.1. 英語史と英訳聖書	189
10.2. 聖書とは	192
10.3. 旧約聖書の原典について	193
10.3.1. 旧約聖書の言語と文字	193
10.3.2. 旧約聖書の成立	197
10.4. 古典語訳聖書	198
10.5. 英訳聖書	199
10.5.1. 古英語訳聖書	199
10.5.2. 中英語訳聖書	200
10.5.3. 近代英語訳聖書	200
10.6.『欽定訳聖書』について	205
10.6.1.『欽定訳聖書』の版	205
10.6.2.『欽定訳聖書』の英語	206
10.6.2.1. 原典に拘束されない言語現象	206
10.6.2.2.『欽定訳聖書』におけるヘブライ語法	211

英語史関係年表	216
引用主要文献	217
主要参照文献	219
索引	223

第1章
イギリス諸島に英語が定着するまで

本章のポイント

英語のルーツ

イギリスの国名と国旗の由来

太古のイギリス諸島

イギリス諸島の先住民

ローマ軍の来襲

アングロ・サクソン人の来襲と英語

英語とインド・ヨーロッパ語族との関係

1.1. 英語のルーツ

　現在地球上で話されている言語の数は約6,000語と言われている。その数を正確に数えることは困難である。なぜならば、いまだに未発見の言語や、消滅しつつある言語、似ているが同じ言語か異なる言語かの判定がむずかしい言語など、個別言語間の境界が明確でない言語が多数存在するためである。一方で発生系統という観点から言語をみると、多くの言語の間には親族関係があり、祖語 (proto-language) と呼ばれる同一の親言語にさかのぼることができる言語集団がある。その言語集団を語族 (language family) と呼ぶ。祖語とは既存の言語データを基に、理論上再建された仮定の言語である。そのことを表すために、祖語には *bhrater- (=brother) のように、左肩にアスタリスク (asterisk) を付けることが慣例である。

　英語はインド・ヨーロッパ語族 (Indo-European language family) の一員である。インド・ヨーロッパ語族は印欧語族とも呼ばれている。インド・ヨーロッパ語族という呼称から推測できるように、この語族はインドの北半分からヨーロッパ大陸のほぼ全域と、アイルランド、アイスランドの広大な地域で話されている言語を含む。ドイツ語、フランス語、ロシア語、クルド語、ベンガル語、仏典の原典の言語であるサンスクリット語（梵語）もこの語族に属する。

　インド・ヨーロッパ語族の祖語が発生した場所については諸説があり、

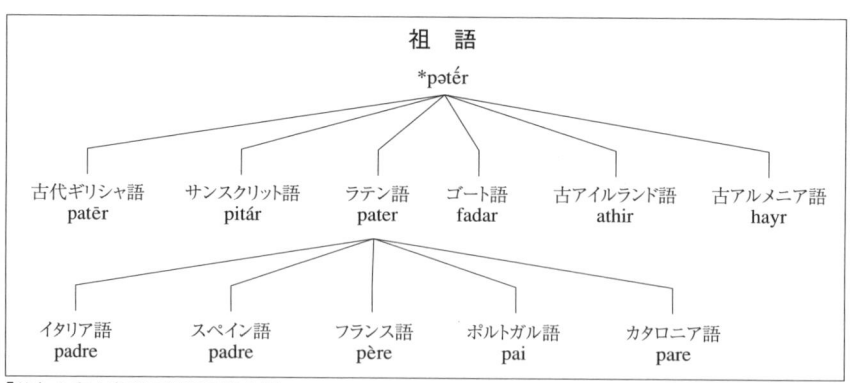

「父」を表す単語の祖語の推定例

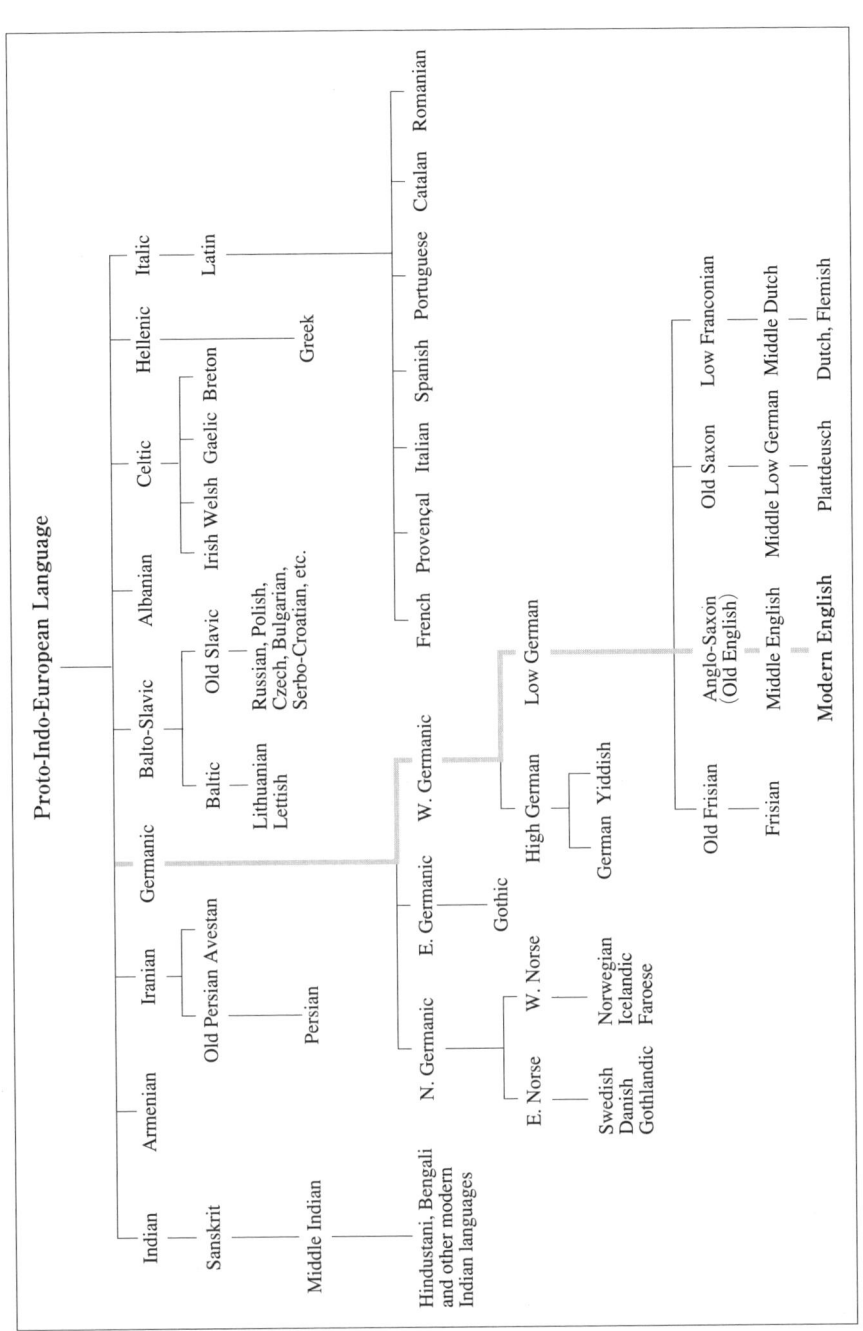

インド・ヨーロッパ語族

いまだに結論が出ていない。中央アジア、ドニエプル川 (the Dnieper) 流域、トルコのアナトリア (Anatolia) 高原起源説などがある。アナトリア高原起源説 (the Anatolian theory) は、進化生物学で開発された計算法を応用して87言語を対象に2,449語彙を解析した結果、インド・ヨーロッパ語族は、今から約9500年前〜8000年前にアナトリアで話されていた言語が農耕の広がりとともにインド・ヨーロッパ大陸の広範な地域に広まったとする Gray and Atkinson (2003) の説で、科学雑誌 *Nature* (vol. 426) で紹介された。

1.2. インド・ヨーロッパ祖語とゲルマン語との分化：グリムの法則

　英語はゲルマン語族に属し、ゲルマン語はインド・ヨーロッパ祖語から分化した言語である。ゲルマン語がギリシャ語やラテン語などの他のインド・ヨーロッパの言語から分化したとき、子音の発音に大きな変化が起こった。この子音変化は「第一次子音推移」(the First Consonant Shift) と呼ばれている。この子音推移はデンマークの言語学者ラスク (Rasmus Christian Rask, 1787-1832) が発見し、グリム (Jacob Grimm, 1785-1863) が法則化したので、この法則は「グリムの法則」(Grimm's Law) と呼ばれている。グリムは第二次子音推移 (the Second Consonant Shift) と呼ばれる子音推移も発見した。第二次子音推移はゲルマン語内部で独自に起こった子音の音変化である。この変化によって英語やオランダ語の子音とドイツ語の子音との間に大きな発音上の差が生じた。

　『グリム童話集』は、ゲルマン人の間に伝えられてきた説話や伝説をグリム兄弟が採集し編集したものであるが、「グリムの法則」を発見したのはグリム兄弟の兄ヤコブである。

1.2.1. 第一次子音推移

　第一次子音推移は、紀元前5000年ごろから紀元前2000年ごろに起こったと考えられている。これは、概略すると、以下のような子音の変化を指す。

1) インド・ヨーロッパ祖語の無声閉鎖音 /p, t, k/ がゲルマン語で無声摩擦音 /f, θ, h/ に変化した。

2) インド・ヨーロッパ祖語の有声閉鎖音 /b, d, g/ がゲルマン語で無声化して、/p, t, k/ の音に変化した。
3) インド・ヨーロッパ祖語の有声有気閉鎖音 /bh, dh, gh/ がゲルマン語で有気音 (aspiration) を消失して /b, d, g/ に変化した。

1.2.2. ヴェルネルの法則

インド・ヨーロッパ祖語の /p, t, k/ が、グリムの法則のようにゲルマン語で無性摩擦音 /f, θ, h/ にはならずに、有声化して /ß, ð, g/ になる場合がある。(ß は日本語の〈ぶ〉に類似の音である。) この現象についてデンマークの言語学者ヴェルネル (Karl Verner, 1846-96) は、先行する母音に強勢があれば無声摩擦音になるが、強勢がなければ有声摩擦音になると説明し、グリムの法則に修正を加えた。これはヴェルネルの法則 (Verner's Law) と呼ばれている。

```
  PIE         PGC           PIE         PGC           PIE          PGC
 /p, t, k/ → /f, θ, h/    /b, d, g/ → /p, t, k/    /bh, dh, gh/ → /b, d, g/
 (無声閉鎖音) (無声摩擦音)   (有声閉鎖音) (無声閉鎖音)   (有声有気閉鎖音) (有声閉鎖音)

 注:
  ・PIE = インド・ヨーロッパ祖語
  ・PGC = ゲルマン祖語
```

第一次子音推移の概略 (紀元前2000年ごろ～紀元前5000年ごろ)

```
  pater    tres    cor    ¹baitē   duo    granum   *bher   *dhur   *ghostis   (ラテン語)
  /p/      /t/     /k/    /b/      /d/    /g/      /bh/    /dh/    /gh/   ⇐ PIE
   ↓        ↓       ↓      ↓        ↓       ↓        ↓       ↓       ↓
  /f/      /θ/     /h/    /p/      /t/    /k/      /b/     /d/     /g/    ⇐ PGC
  father   three   heart  ²paida   two    corn     bear    door    guest      (英語)
                          (上着)

 注:
  ・PIE = インド・ヨーロッパ祖語
  ・PGC = ゲルマン祖語
  ・インド・ヨーロッパ祖語の例はラテン語で示したが、ラテン語の例がきわめて少ない場合は、インド・ヨーロッパ祖語 (=*) とギリシャ語 (=¹) で例を示した。
  ・ゲルマン祖語の例は現代英語で示した。ただし、上記のギリシャ語に対応するゲルマン祖語の例はゴート語 (=²) で示した。
```

第一次子音推移の例示

1.2.3. 第二次子音推移

　第二次子音推移は紀元後5世紀ごろに、ドイツ語の祖先である高地ゲルマン語 (Old High German = OHG) だけに起こった次のような子音の変化である。英語の祖先である低地ゲルマン語 (Low German) にはこの変化が起こらなかったので、下図では古英語を低地ゲルマン語の例としている。

```
              ［子音の推移］          ［変化の例］
              OE  －  OHG          OE      －    OHG
  1) 語中・語末  /p/  －  /f/        openian (= open)   offan
              /t/  －  /s/        etan    (= eat)    ezzan (= essen)
              /k/  －  /x/        macian  (= make)   machon
  ─────────────────────────────────────────────────────────────
  2) 語頭      /p/  －  /pf/       pund    (= pond)   pfund
              /t/  －  /ts/       tien    (= ten)    zehan

  注：
  ・OE  = Old English = 古英語
  ・OHG = Old High German = 古高地ドイツ語で、現代ドイツ語の祖先
```

第二次子音推移とそれを示す例

1.3.1. イギリスの国名と国旗と国歌

　私たちが「英国」、「イギリス」と呼んでいる国の公式の英語名称は the United Kingdom of Great Britain and Northern Ireland である。名称が長いので Great Britain あるいは単に Britain とも呼ばれている。また、最初の2語 United Kingdom の頭文字をとった U.K. の略称でも親しまれている。この国名に対する日本語の公式訳は「グレート・ブリテンおよび北アイルランド連合王国」である。こちらも略称して「連合王国」と呼ばれている。私たちに親しみのある「イギリス」は俗称であって、公式の国名ではない。公式の国名が示すごとく、この国は、イングランド、ウェールズ、スコットランド、北アイルランドの四つの王国を連合させた王国である。このことを示すのは国旗である。この国の国旗は「ユニオン・フラッグ」(Union Flag) または「ユニオン・ジャック」(Union Jack) と呼ばれている。Union Jack の

jack は船が国籍を示すために船首に掲げる小旗のことである。イギリスの国旗はイングランド、スコットランド、アイルランド、それぞれの王国の旗を結合 (union) して作られているので、Union Jack とも呼ばれる。しかしここにウェールズの旗が含まれていない。これは Union Jack 成立の 1606 年以

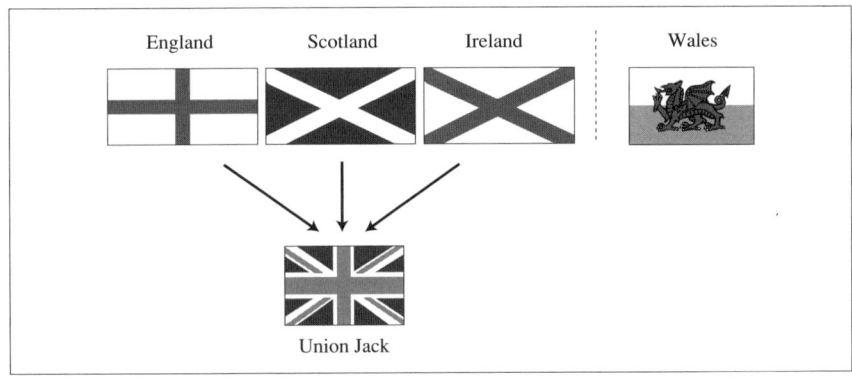

前の 1536 年に、ウェールズがすでにイングランドに併合されていたためである。

　近代サッカーの発祥の地であるイギリスには、世界で唯一、国際サッカー連盟 (FIFA) から四つのサッカー協会を持つことが許されている。四つの王国がそれぞれに FIFA 公認のサッカー協会を持ち、ナショナル・チームとしてワールド・カップに挑むことができる。その試合では、今でも、イングランド、スコットランド、北アイルランド、ウェールズのサポーターが、それぞれの王国あるいは協会の旗を持って応援合戦を繰り広げる。応援歌はそれぞれの王国の歌である。スコットランドのサポーターは 'Flower of Scotland'、北アイルランドのサポーターは 'Londonderry Air' (= 'Danny Boy')、ウェールズのサポーターは 'Mae Hen Wlad Fy Nhadau' (= the Land of My Fathers) を応援歌として歌う。ここではイギリス国歌の合唱はない。

　サッカー発祥の地はイギリスであるにもかかわらず、国際サッカー連盟を表す FIFA の正式名はフランス語から始まる Fédération Internationale de Football Association である。後半の Football Association は英語である。この頭文字から FIFA が生まれた。これは、国際サッカー連盟はフランスで創立されたためである。創立されたのは 1904 年 5 月 21 日である。

イギリス国歌

イギリス国歌は世界の国歌のなかで一番古いと言われている。作詞・作曲者は特定されていない。1745年にエジンバラ (Edinburgh) の近くプレストンパンズ (Prestonpans) で、国王のジョージ2世軍が、スコットランドのカトリック教徒たちを味方につけて王位を狙うチャールズ・エドワード (Charles Edward) の反乱軍に破れた。このニュースがロンドンに伝わると、国王と国の安泰を願ってロンドンの劇場で演奏され歌われた歌が今日のイギリス国歌の基になった。同年にこの曲と歌詞が雑誌 *Gentleman's Magazine* (October 1745, p. 552) に掲載された。その後もこの曲は劇場の終演後に演奏された。やがて国王を迎えるときや、王室の行事で演奏されるようになり、1825年に国歌になった。

1745年の版には歌詞は3番まで印刷されている。イギリスの歴史の知識を持って1745年版の歌詞を読むと、イギリス国歌のオリジナル版の意味が見えてきて興味深い。

Gentleman's Magazine, October 1745, p. 552

The Gentleman's Magazine
October 1745, p. 552

1. God save Great George our king,
   Long live our noble king,
   God save great George our king,
   Long live our noble king,
   God save the king, Send him victorious,
   Happy and glorious,
   Long to reign over us, God save the king;
   Long to reign over us, God save the king.

2. O Lord our God arise,
   Scatter his enemies,
   And make them fall;
   Confound their policies,
   Frustrate their knavish tricks,
   On him our hopes we fix,
   O save us all.

3. Thy choicest gifts in store,
   On George be pleas'd to pour,
   Long may he reign;
   May he defend our laws,
   And ever give us cause,
   To say with heart and voice
   God save the king.

現代のイギリス国歌

1. God save our gracious Queen,
   Long live our noble Queen,
   God save the Queen : Send her victorious,
   Happy and glorious,
   Long to reign over us :
   God save the Queen.

2. O Lord our God arise,
   Scatter her enemies,
   And make them fall :
   Confound their politics,
   Frustrate their knavish tricks,
   On Thee our hopes we fix :
   God save us all.

3. Thy choicest gifts in store,
   On her be pleased to pour,
   Long may she reign.
   May she defend our laws,
   And ever give us cause,
   To sing with heart and voice,
   God save the Queen!

1.3.2. English、「イギリス」、「英国」

　公式国名 the United Kingdom of Great Britain and Northern Ireland のどの部分にも、私たちに親しみのある「イギリス」に対応する語は見あたらない。実は「イギリス」という日本語の単語は、English（＝イギリス人、イギリス国民、英語）のポルトガル名である Ingles（古くは Inglez）の日本語読み「イングリス」に由来する。このような音の読み替えを音訳と言う。この音訳に「英吉利」という漢字が当てられた。その後、この当て字の最初の漢字「英」をベースに「国」や「語」が付加されて、私たちになじみの「英国」や「英語」という語が造られた。

　「イギリス」と「英国」の「英」のルーツである English は、大陸からイギリス諸島に渡来したゲルマン民族の三つの部族名、アングル (Angle)、サクソン (Saxon)、ジュート (Jute) のうちのアングルから派生した語である。これら三部族のなかでジュート族の数が他の二部族に比べて少なかったので、イギリスに渡来したゲルマン民族は、まとめてアングロ・サクソン人 (Anglo-Saxon) と呼ばれた。さらに、アングロ族とサクソン族を比べると、アングロ族の方が数と力のうえでサクソン族に勝っていたので、ゲルマン三部族が支配した領地、主にスコットランドとウェールズを除いた地域は、アングロ族に代表させて「アングロ族の土地」= Angle-land（古くは Engla land = the land of Angles）と呼ばれた。

　このように England という語のルーツは Engla land に由来する。English は Engle（名詞）＋ -isc (> -ish) に由来する。-isc (> -ish) は「国民や人種を表す名詞に付いて、名詞を形容詞化する語尾で「…のような、…に属する」を意味する。

　連合王国はイングランド、スコットランド、ウェールズ、北アイルランドの四つの王国であり、イングランドはこのうちの一王国の名称にすぎない。しかし、the English（アングロ・サクソン人）は他の民族を凌ぐ力の巨大さゆえに、U.K. 全体に住んでいる人々を指すようになった。

1.3.3. 英語の Britain とフランス語の Bretagne（ブルターニュ）

　イギリスの公式名称 the United Kingdom of Great Britain and Northern Ireland

にあるGreat Britainは、1707年にイングランド王国とスコットランド王国が連合したthe United Kingdom of Great Britainが成立後、イングランド、スコットランド、ウェールズの三地域を総称する呼称となった。ここには北アイルランド、マン島 (the Isle of Man)、チャネル諸島 (the Channel Islands) は含まれない。マン島とチャネル諸島は王室に所属するために、特別な扱いになっている。

　Great Britain（大ブリテン）にGreatが付いているのは、フランスのBretagne（ブルターニュ）地方を「小ブリテン」と呼んだこととの対比で「大ブリテン」と呼んだことに由来する。フランスのBretagneは、ケルト民族の部族名Breotonにさかのぼる。この部族名のラテン語読みがフランス語でBretagneになった。したがって、イギリスのBritainもフランスのBretagneもケルト人の同一種族名に由来する。ブリテン島にいたBreoton族の一部がAnglo-Saxon人の襲撃に耐えかねて、ドーヴァー海峡を渡り対岸のフランスに逃れて住み着いた。その場所に移住者の種族の名前が付けられたのである。ただし、the Great Britainはthe Britainとも呼ばれ、日本語では「グレート・ブリテン島」または「ブリテン島」と訳されている。

　Great BritainはEngland, Scotland, Walesから成るが、ここにNorthern Irelandを含めて、United Kingdomの同義語としても使用されることがある。また、BritainはBritannia「ブリタニア」と呼ばれることもある。これはローマ帝国がブリテン島を属領としていた時代の呼称である。アングロ・サクソン人がブリテン島に来る前に、ローマ帝国がこの島に住んでいたケルト人を征服してローマ帝国の属領とした。Britanniaは、この島を占領したローマ人が、この島の南部地方を「Breoton人が住んでいる島」の意味でBritanniaと呼んだことに由来する。ただし、Britanniaでブリテン島を指すこともあるが、さらにはUnited Kingdomと同義で使用されることもある。

1.4. ローマ帝国のブリテン島征服（43 AD）以前のイギリス諸島

　The British Islesは「イギリス諸島」、「英国諸島」あるいは「ブリテン諸島」と訳されている。「イギリス諸島」は、Great Britain, Ireland, Man島および隣接の小さな島じまから成る。旧石器来時代には島ではなく、大陸と地続きであった

が、紀元前 6000〜5000 年ごろに大陸と分離して現在のような島になった。紀元前 3000 年〜2000 年の間に、イベリア半島からイギリス諸島に渡来した人びとが巨石文化をもたらした。それを示すのがストーンヘンジ (Stonehenge) である。

ストーンヘンジ (Stonehenge)

紀元前 2500 年ごろには、ヨーロッパ中央部にあるラインラント (Rheinland) 方面からビーカー人 (Beaker folk) と呼ばれる人びとが渡来して青銅器文化をもたらした。ビーカーやベルの形をした陶器が出土することから、彼らはビーカー人と名付けられた。ベル・ビーカー人 (Bell-Beaker folk) と呼ばれることもある。

紀元前 7 世紀ごろから、ケルト人の一部が大陸からイギリス諸島に渡来した。ケルト人はヨーロッパの広範な地域に移動した民族で、大がかりな民族移動をした最初のヨーロッパ人である。ケルト人は大きく三つの時期に分かれてイギリス諸島にやって来た。第 1 期は紀元前 600 年〜450 年、第 2 期は紀元前 500 年〜250 年、第 3 期は紀元前 250 年〜100 年である。イギリス諸島に渡来したケルト人は、先住民のビーカー人を征服して住みつき、紀元前 1 世紀ごろまでにはイギリス諸島をケルト化した。ケルト人は文字を持たなかったので文字文献はないが、彼らのことばはテムズ川の Thames や首都 London に名残を留めている。Thames はケルト語の Tamēsā「黒い川」にさかのぼり、London はケルト人の人名または部族名 Londinos に由来する。

ジュリアス・シーザー (Gaius Julius Caesar, 100BC - 44BC) が紀元前 55 年と 54 年の 2 回にわたって、イギリス諸島を征服するためにやって来た。しかし、ケルト人のなかでもブリトン族の激しい抵抗に合い、イギリス諸島の征服に失敗した。しかし、紀元後 43 年にローマ皇帝クラウディウス (Tiberius Claudius Caesar Augustus Germanicus) がドーヴァー海峡を渡り、ケ

ントのリッチバラ (Richborough) 周辺に上陸し、イギリス諸島を征服した。ローマ軍は北方へ進軍し、ケルト民族のスコット族 (Scots) が住むスコットランドへと進軍した。しかし、スコット族は果敢に戦ったために、ローマ軍はスコットランドを支配下に置くことができなかった。ローマ兵士はローマ軍の支配が及ばないスコットランドをカレドニア (Caledonia：「森」を意味するケルト語 (kald-) 起源説のあるラテン語) と呼び、支配下にある地域をブリタニア (Britannia) と呼んだ。ローマ軍はハドリアヌス (Hadrianus) 皇帝時代の122年から127年の間に北方前線に石造の砦 (ハドリアヌスの長城 Hadrian's Roman Wall) を築き、そこをブリタニア支配の北方の境界線とした。この長城は東西120キロにも及んだ。さらに、142〜143年ごろアントニウス・ピウス (Antonius Pius, 138-161) 皇帝の時代に、ハドリアヌスの長城の北側にアントニウスの長城 (Antonine Roman Wall) を築き、その北側にいるスコット族の反撃に備えた。

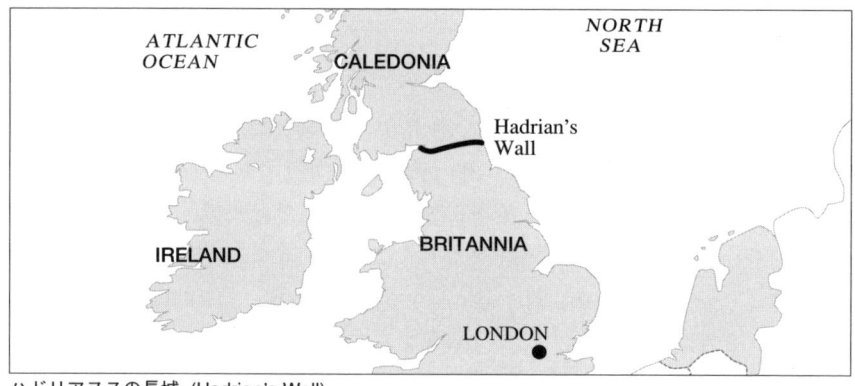

ハドリアヌスの長城 (Hadrian's Wall)

カレドニアとニュー・カレドニア
森村 桂 著『天国にいちばん近い島』で知られるようになったニュー・カレドニアの名付け親は、イギリスの探検家クック船長。彼はメラネシア人が住んでいるこの島に、1774年ヨーロッパ人としてはじめて訪れた。島の山並みを見て彼の故郷スコットランドすなわちカレドニアを思い出して「ニュー・カレドニア」と名付けた。

1.5. アングロ・サクソン人と英語の渡来

本節で言及する初期のブリテン島の歴史については、ビード (Bede, the Venerable, c673-735) がラテン語で書いた『イギリス教会史』(*Historia ecclesiastica gentis*

Anglorum = the Ecclesiastical History of the English People) と、アルフレッド大王 (Alfred the Great, king of Wessex, 871-99) が編纂した『アングロ・サクソン年代記』(*the Anglo-Saxon Chronicle*) による。

2世紀末になるとローマ帝国の衰退が始まった。395年にローマ帝国が東西に分裂、476年には西ローマ帝国が滅亡した。この混乱によってブリテン島のローマ軍支配は弱体化し、ついにローマ軍がブリテン島を放棄し始めた。ローマ軍のブリテン島支配は、ケルト人本来の社会を根底から変革してローマ化するものではなかったので、350年間続いたローマ軍の支配が終わりに近づくと、ケルト人は本来のケルト的なものを復活し始めた。

北アジアの遊牧騎馬民族フン族 (Hun) が、4世紀中ごろから西方へ移動し始めた。これがゲルマン民族大移動の誘因になり、4世紀後半にゲルマン民族の各部族は衰退したローマ帝国の属州に向かって移動を始めた。この移動をローマ人は「ゲルマン人の侵入」(German invasions) あるいは「蛮族の侵入」(barbarian invasions) と呼んだ。ゲルマン諸民族のうちユトランド (Jutland) 半島（現在のデンマークがある地域）にいたジュート族、ユトランド半島基部のシュレスウィヒ (Schleswig) にいたアングル族、そしてユトランド半島南部のホルシュタイン (Holstein) にいたサクソン族らは、いくつかのグループに分かれてブリテン島に侵入した。ただし、ビードの『イギリス教会史』は、アングロサクソン人のキリスト教への改宗に深い関心を向けて書かれており、彼らの出身地について詳細に記述されたものではない。ジュート人については現在のフリージア (Frisia) からやって来たとする説もある。

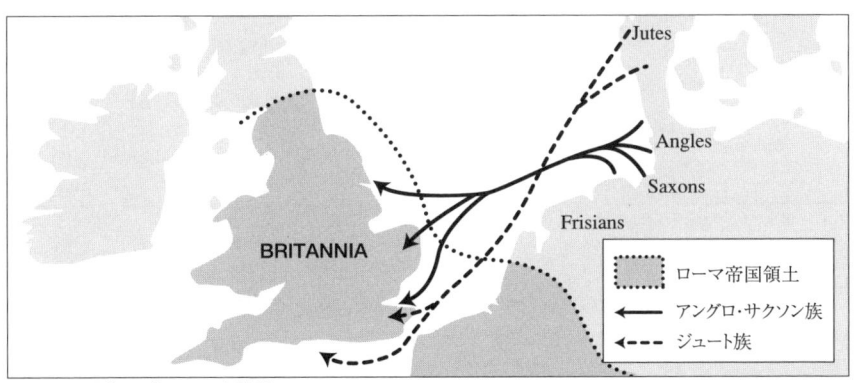

ゲルマン民族のブリテン島移動 (Randle, 1981)

ゲルマン人の最初の渡来は侵入ではなく、ブリトン人の要請によって来島したとの説がある。すなわち、ローマ軍の統治の衰退によってケルト人同士の権力争いが始まり、北部にいたピクト人とスコット人が南部のブリトン人の領域を侵入し始めた。そのためにブリトン人が援軍を要請し、それに応じてジュート人がブリテン島に上陸した。これが引き金となって、アングロ・サクソン人のブリテン島侵攻が始まったとの説である
　449年以降にゲルマン人のなかでも最も強力なサクソン人、アングル人、ジュート人の兵士がブリテン島にやって来た。彼らは当初は種族に関係なくサクソン人と呼ばれていたが、後になってローマ人が同じく種族に関係なくアングル人と呼ぶようになった。449年に来たのはそのうちジュート人で、ケントの北東部にある島、サネット (Thanet) 島のエッブズフリート (Ebbsfleet) に上陸した。

　アングロ・サクソン人の侵攻に対して、ブリトン人は抵抗を繰り返した。アングロ・サクソン人とケルト人の戦いは、ブリトン人の伝説上の王であるアーサー王伝説 (Arthurian Legend) に描かれている。アングロ・サクソン人のブリテン島占拠とともに、ケルト人たちは北部のスコットランド方面、西部のウェールズ、アイルランド、そして西南部のコーンウォル地方に追いやられた。さらに、コーンウォルからフランスのブルターニュ地方に逃れたブリトン人もいた。

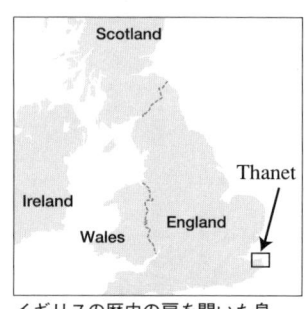

イギリスの歴史の扉を開いた島
サネット (Thanet) 島

サネット島は現在では島ではなく本島と地続きになっている。

449年：ゲルマン民族（ジュート人）がブリテン島で最初に来た場所
597年：ローマ教皇グレゴリウス1世の命を受けて、聖アウグスティヌスがキリスト教伝道のためにブリテン島で最初に来た場所

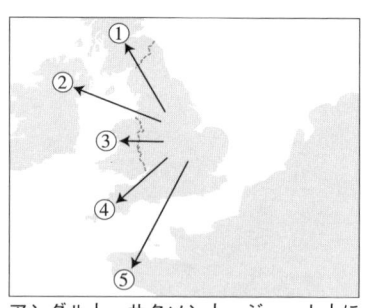

アングル人、サクソン人、ジュート人に追われたケルト人の行き先
① スコットランド (Scotland)
② アイルランド (Ireland)
③ ウェールズ (Wales)
④ コーンウォル (Cornwall)
⑤ ブルターニュ (Bretagne)

ブリテン島に侵入し、定住を始めたジュート人、アングル人、サクソン人たちをケルト人は種族の区別なくサクソン人 (Saxon) と呼んだ。その後、ウェセックスのアルフレッド大王がラテン語で Rex Angul-Saxonum (king of the Anglo-Saxons) と呼ばれたことにより、征服者をアングロ・サクソン人と呼ぶようになった。ジュート人を含むブリテン島侵入者をアングロ・サクソン人 (Anglo-Saxon) と総称する呼び方は11世紀に定着した。

　ブリテン島に定住したアングロ・サクソン人は449年から603年のほぼ半世紀の間に王国を築き、領地拡大のための戦争を繰り返した。最終的には王国が七つに落ち着いた。王国はそれぞれ分立していたが、まとめてアングロ・サクソン七王国 (Anglo-Saxon Heptarchy) と呼ばれている。これらの王国の境界線はあいつぐ戦いで絶えず変化した。

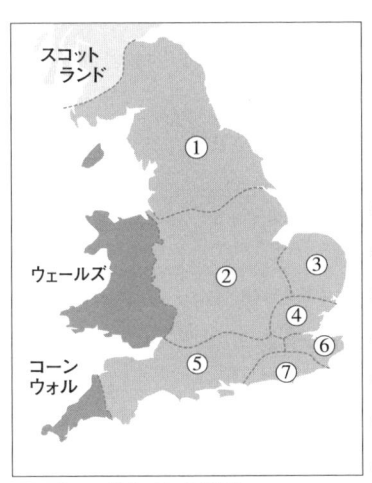

王国名		部族
① ノーサンブリア	(Northumbria)	アングル人 (Angles)
② マーシア	(Mercia)	アングル人 (Angles)
③ イースト・アングリア	(East Anglia)	アングル人 (Angles)
④ エセックス	(Essex)	サクソン人 (Saxons)
⑤ ウェセックス	(Wessex)	サクソン人 (Saxons)
⑥ ケント	(Kent)	ジュート人 (Jutes)
⑦ サセックス	(Sussex)	サクソン人 (Saxons)

アングロ・サクソン七王国
(Anglo-Saxon Heptarchy)

　8世紀に入ると、ノーサンブリア、マーシア、ウェセックス三国の勢力が優勢になり、征服や併合を繰り返したのち、ウェセックスのエグベルト王 (King Egbert, 在位802-839) が、829年にイングランドを制覇した。

　アルフレッド大王が編纂した『アングロ・サクソン年代記』によると、787年にはじめて「泥棒の国からデーン人 (Danes) の舟が3隻来て、人びとを襲い殺害していった」。ヴァイキング (Viking) と呼ばれている人びとの襲撃である。エグベルト王のころには、すでにヴァイキングの襲撃が激しくなっ

ていた。経済的、政治的理由により、現在のノルウェー、スエーデン、デンマークの沿岸から移動を始めた人びとの襲来である。ヴァイキングはウェセックスを除くブリテン島のほぼ全域を襲撃した。この時期には領主と従属農民からなるアングロ・サクソン社会の封建化が進むとともに、キリスト教が根を下ろした社会の形成が進んでいた。デーン人の襲撃によって文化の荒廃が著しかったが、ウェセックス王国のアルフレッド大王（在位871-99）は、デーン人の来襲に対しては、キリスト教の王として異教徒と戦う、という強い信念を持っていた。このことは、彼の幅広いアングロ・サクソン文芸の奨励にも表れている。

　アルフレッド大王は、デンマーク系ヴァイキングの度重なる襲撃に耐えたが苦戦を強いられ、878年にデーン人の王グスルム (Guthrum) との間に休戦協定を締結し、ウェッドモー条約 (Wedmore Treaty) を結んだ。886年にはデーン人の法慣行が行われるデーン・ロー (Danelaw < OE Dena lagu) 地域と、アングロ・サクソン人の法慣行が行われる地域とに分けられることになった。アルフレッド大王がヴァイキングの侵入をくい止めなかったならば、英語は今日のものとは変わった言語になっていたであろう。

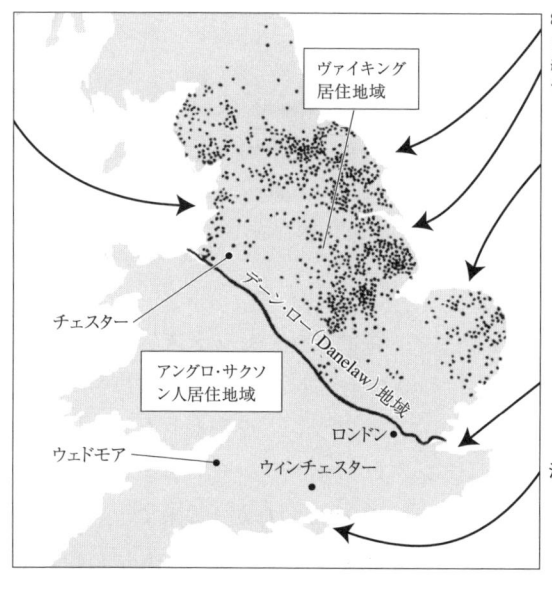

878年にアルフレッド大王がヴァイキングと支配権を二分するウェッドモー条約を締結。ヴァイキングとアングロ・サクソンとの平和共存の時代に入る。

注：
・矢印はヴァイキングが侵入した経路を示す。
・黒い点はヴァイキングの居住地域を示す。

1.6. ブリテン島の言語

　ブリテン島は紀元前6世紀ごろまでにはケルト化し、ケルト語がこの島の言語になった。約600年以上続いたケルト語社会は、紀元後43年にローマ皇帝クラウディウスのブリテン島征服によって、支配階級と上流階級の言語はラテン語に、下層階級の言語はケルト語になった。この状態は410年にローマ軍が本国へ引き揚げるまでの約350年間続いた。『アングロ・サクソン年代記』によると、449年からアングロ・サクソン人のブリテン島侵攻が始まった。考古学および歴史学の研究によれば、大陸のゲルマン人はそれよりも以前からブリテン島に侵入し、ケルト人と戦いながら定住を始めていたとの説がある。いずれにしても、ブリテン島でアングロ・サクソン語が話され始めたのは400年前後である。このアングロ・サクソン語が今日の英語へと変容していった。

渡来時期	渡来民族	言語
2500 BC	ビーカー人	?
600-100 BC	ケルト人	ケルト語
55-54 BC	ローマ帝国の兵士	ラテン語
5-6 C	アングル人・サクソン人・ジュート人	英語

ブリテン島に英語が登場するまで

1.7. ブリテン島のキリスト教化

　ブリテン島におけるローマ軍の支配力が衰えてきたころ、すでにアイルランドではケルト人のキリスト教会 (Celtic Church) が黄金期を迎えていた。ブリテン島がキリスト教化される以前に、聖パトリック (St. Patric) が432年にアイルランドに来島し、ケルト社会のキリスト教化に努めた。その結果アイルランドにケルト的社会と融合した独特のキリスト教文化が開花し、

アイルランドは「聖者と学徒の島」(Ireland, the land of saints and scholars) として、ヨーロッパ中に知られるようになった。円環をもった石の十字架 (Irish high crosses) や福音書の装飾写本『ケルズの書』(*the Book of Kells*) など聖書の写本は、この時代の教会の繁栄の跡と美術を現在に伝えている。

　5世紀にブリテン島に侵入し定着を始めたアングロ・サクソン人は、二種類のキリスト教に接した。一つはアイルランドからスコットランドに伝えられたケルト的キリスト教であり、他はローマ教皇グレゴリウス1世 (Gregorius I) の命を受け、ケントのサネット島に渡来した聖アウグスティヌス (Augustinus) が伝えたキリスト教である。

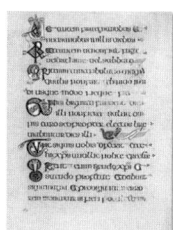

The Book of Kells. *c*800
中央は豪華な装飾が施された XPI の組み合わせ文字
ダブリン大学トリニティ・コレッジ所蔵（Martini, 1962）

クロンマクノイズ (Clonmacnoise)
修道院跡にある High Cross
10世紀（Delouche, 1992）

　アイルランドのキリスト教は、ケルト社会の種族共同体を取り入れ、ケルト文化と融合しながら深く根を下ろしていった。このキリスト教はアイリッシュ・キリスト教と呼ばれている。ケルト社会の伝統を取り入れたアイリッシュ・キリスト教の修道院は、男女共同の修道院であった。563年に聖コルンバ (St. Columba) によって建てられたスコットランドの小島アイオナ (Iona) の修道院は、スコットランドやノーサンブリア地方への布教活動の拠点になった。635年にはノーサンブリアの王、オスワルド (King Oswald) によってアイオナ島から招かれた修道士エイダン (Aidan) が、今日では Holy Island と呼ばれているノーサンブリアのリンディスファーン (Lindisfarne) 島に修道院を建てた。この修道院に保存されていた四福音書は、『リンディス

ファーン福音書』(the Lindisfarne Gospels) と呼ばれ、宗教および言語学上、資料的価値が高い。アイリッシュ・キリスト教はイースト・アングリア地域まで浸透し、ケンブリッジ近くのイーリー (Ely) には、アイリッシュ・キリスト教の修道院が建てられた。

　一方、ローマ・カトリックがブリテン島に定着する基礎を築いた聖アウグスティヌスは、ケントの王エセルベルフト (Æthelberht, 560-616) の保護を受けて、初代カンタベリー (Canterbury) 大司教になり、カンタベリーやロチェスター (Rochester) に教会を建設して、伝道に努めた。

　ブリテン島のキリスト教は、このように南に向かって広がるキリスト教と北に向かって広がるキリスト教の二種類のキリスト教があり、両者の対立が顕著になっていった。事態を収拾するために、664年にノーサンブリアのウィットビー (Whitby) の教会に両者の代表が集まり宗教会議が開かれた。この宗教会議はウィットビー宗教会議 (Synod of Whitby) と呼ばれている。この会議では、無組織で孤立傾向があったアイリッシュ・キリスト教側は組織的展開をするローマ・カトリック教側に敗退した。それ以後、ブリテン島のローマ・カトリック教は目覚ましい発展と拡大をみせた。アングロ・サクソン人がローマ・カトリック教に改宗していった様子は、ノーサンブリア王国の修道士ビードの『イギリス教会史』にラテン語で記されている。

　イギリス諸島における二種類のキリスト教の流れは、後に述べるローマ字書体の普及にも影響を与えた。

曜日の名前に残るアングロ・サクソン人の神々

　アングロ・サクソン人は、ローマの宣教師に出会う前は自然崇拝的多神教を奉じていた。アングロ・サクソン人がローマのカレンダーを受け入れたとき、ラテン語の曜日の名前をゲルマン、あるいは北欧神話の神々の名前に置き換えた。その結果、彼らの崇拝した神の名前が英語の曜日名に残っている。

Tuesday	= Day of Tiu	Tiu	= ゲルマン民族の軍神の名 ラテン語の Mars のゲルマン語訳
Wednesday	= Day of Woden	Woden	= 北欧神話の最高神 ラテン語の Mercury の置き換え
Thursday	= Day of Thunor	Thunor	= ゲルマン民族の風雷神 ラテン語の Jove (Jupiter) の置き換え
Friday	= Day of Frigg	Frigg	= 北欧神話で女神の最高神 ラテン語の Venus の置き換え

Kings and Queens of England

	#			[在位]		#			[在位]
古英語期	1.	エグバート	Egbert	802-839	中英語期	36.	ヘンリー4世	Henry IV	1399-1413
	2.	エセルウルフ	Ethelwulf	839-856		37.	ヘンリー5世	Henry V	1413-1422
	3.	エセルバルド	Ethelbald	856-860		38.	ヘンリー6世	Henry VI	1422-1461
	4.	エセルバート	Ethelbert	860-866		39.	エドワード4世	Edward IV	1461-1470
	5.	エセルレッド1世	Ethelred I	866-871		40.	ヘンリー6世	Henry VI	1470-1471
	6.	アルフレッド大王	Alfred the Great	871-899		41.	エドワード4世	Edward IV	1471-1483
	7.	エドワード長兄王	Edward the Elder	899-924		42.	エドワード5世	Edward V	1483
	8.	エセルスタン	Ethelstan	924-939		43.	リチャード3世	Richard III	1483-1485
	9.	エドマンド1世	Edmund I	939-946		44.	ヘンリー7世	Henry VII	1485-1509
	10.	エドレッド	Edred	946-955		45.	ヘンリー8世	Henry VIII	1509-1547
	11.	エドウィ	Edwy	955-959		46.	エドワード6世	Edward VI	1547-1553
	12.	エドガー	Edgar	959-975		47.	ジェーン・グレイ	Lady Jane Grey	1553
	13.	エドワード2世 殉教王	Edward II the Martyr	975-979		48.	メアリ1世	Mary I	1553-1558
	14.	エセルレッド2世 無策王	Ethelred II the Unready	979-1013		49.	エリザベス1世	Elizabeth I	1558-1603
	15.	スウェイン	Sweyn	1013-1014		50.	ジェームズ1世	James I	1603-1625
	16.	エセルレッド2世 無策王	Ethelred II the Unready	1014-1016		51.	チャールズ1世	Charles I	1625-1649
	17.	エドマンド2世 剛胆王	Edmund II Ironside	1016		(52)	(O. クロムウェル)	(O. Cromwell)	(1653-1658)
	18.	カヌート大王	Canute the Great	1016-1035		(53)	(R. クロムウェル)	(R. Cromwell)	(1658-1659)
	19.	ハロルド1世 兎足王	Harold I the Harefoot	1035-1040	近代英語期	54.	チャールズ2世	Charles II	1660-1685
	20.	ハーディカヌート	Hardicanute	1035-1042		55.	ジェームズ2世	James II	1685-1688
	21.	エドワード3世	Edward III	1042-1066		56.	ウィリアム3世	William III	1689-1702
	22.	ハロルド2世	Harold II	1066		57.	メアリー2世	Mary II	1689-1695
中英語期	23.	エドガー・アセリング	Edgar Atheling	1066		58.	アン1世	Anne I	1702-1714
	24.	ウィリアム1世 征服王	William I the Conqueror	1066-1087		59.	ジョージ1世	George I	1714-1727
	25.	ウィリアム2世	William II	1087-1100		60.	ジョージ2世	George II	1727-1760
	26.	ヘンリー1世	Henry I	1100-1135		61.	ジョージ3世	George III	1760-1820
	27.	スティーヴン	Stephen	1135-1154		62.	ジョージ4世	George IV	1820-1830
	28.	ヘンリー2世 短外套王	Henry II Curtmantle	1154-1189		63.	ウィリアム4世	William IV	1830-1837
	29.	リチャード1世 獅子心王	Richard I the Lion-Heart	1189-1199		64.	ヴィクトリア	Victoria	1837-1901
	30.	ジョン欠地王	John Lackland	1199-1216		65.	エドワード7世	Edward VII	1901-1910
	31.	ヘンリー3世	Henry III	1216-1272	現代英語期	66.	ジョージ5世	George V	1910-1936
	32.	エドワード1世	Edward I	1272-1307		67.	エドワード8世	Edward VIII	1936
	33.	エドワード2世	Edward II	1307-1327		68.	ジョージ6世	George VI	1936-1952
	34.	エドワード3世	Edward III	1327-1377		69.	エリザベス2世	Elizabeth II	1952-現在
	35.	リチャード2世	Richard II	1377-1399					

注:
1) 1-14: アングロ・サクソン王時代。
2) 15: デンマーク王がイングランド王を兼ねる。
3) 17-19: デンマーク王朝時代
4) 24-27: ノルマン王家 (the Normans) 時代。この時代のイングランド王は、フランス国王の臣下ノルマンディー公でもある。
5) 28-35: プランタジネット王家 (the Plantagenets) 時代。大陸に広大な領地を有していたヘンリー2世から大陸の領地のほとんどを失ったジョン王 (27-29) までの王をアンジュウ王家 (the Angevins) 時代とすることもある。
6) 36-38: ランカスター王家 (the Lancastrians) 時代
7) 39-43: ヨーク王家 (the Yorkists) 時代
8) 44-49: チューダ王家 (the Tudors) 時代
9) 50-58: スチュワート王家 (the Stuarts) 時代。ただし、52-53は王の空位期間 (Interregnum) です。
10) 59-64: ハノーヴァ王家 (the Hanoverians) 時代
11) 65: サックス・コバーグ・ゴータ王家 (Saxe-Coburg-Gotha) 時代
12) 66-69: ウインザー王家 (the House of Windsor) 時代

第2章
イギリス諸島の公用語がフランス語に、そして英語の復権まで

本章のポイント

フランス王の臣下ノルマンディー公がイングランドを征服

公用語がフランス語に

イングランド王室がフランス国内の多くの領地を支配

イングランドが大陸の領地を喪失

イングランドの国家意識形成

英語の復権

2.1. ノルマン人のイングランド征服
——イングランドの公用語がフランス語に——

ウェセックス王エグベルト（King Egbert, 在位802-39）が、829年に七王国を制覇してイングランドをまとめた。そのころ、すでにスカンディナヴィア半

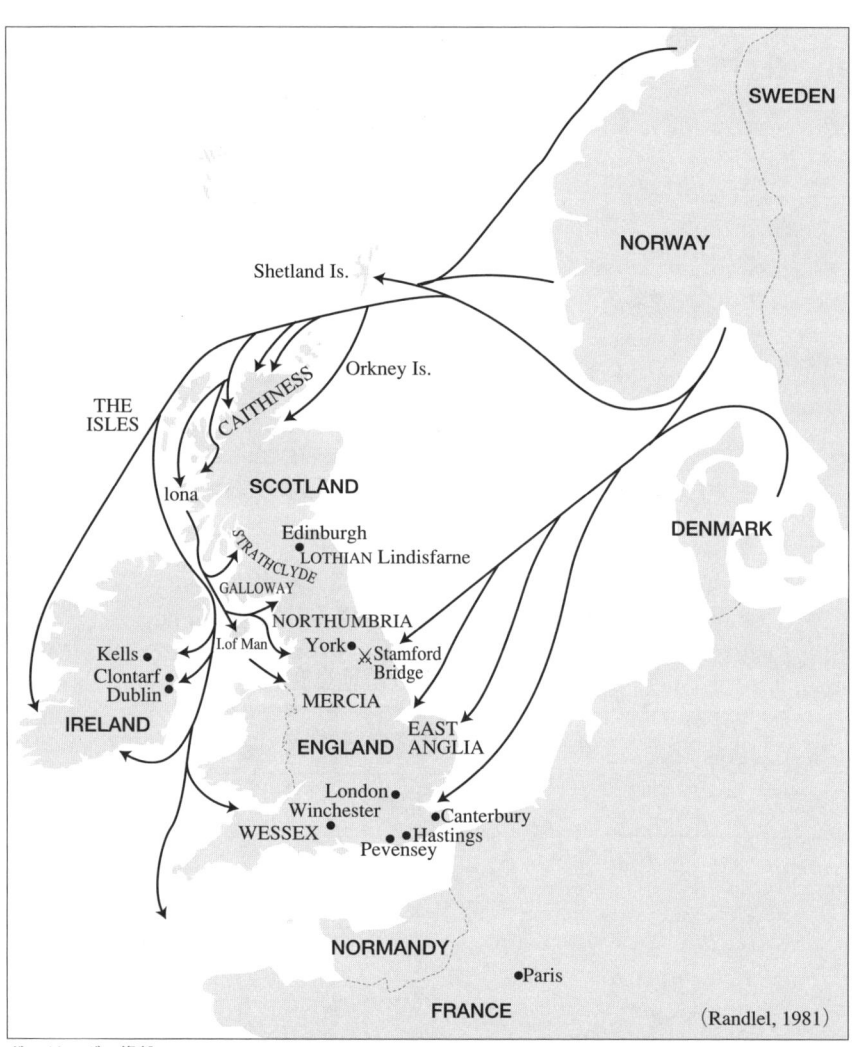

ヴァイキングの襲撃
8世紀になると、ノルウエー、スエーデン、デンマーク沿岸の住民が群れをなしてイギリス諸島、アイルランド、ノルマンディーなどへ侵入したり、海賊行為を繰り返した。彼らはヴァイキングと呼ばれている。

島沿岸に住んでいた人びととのイギリス諸島襲撃が始まっていた。いわゆるヴァイキング (Viking) の襲来である。ヴァイキングの語源にはおもに二つの説がある。「入り江 (víc) に住む人」を意味するスカンディナヴィア語にさかのぼるという説と、「戦士」(wíc) を意味するアングロ・サクソン語にさかのぼるとする説である。この場合 -ing はいずれも「所属する人びと」を表す。ヴァイキングは海上や沿岸の町まちで略奪や殺戮などを繰り返したので、「ヴァイキング」には「海賊」の意味も加わった。

　初期のヴァイキングは、スカンディナヴィア半島沿岸に住んでいた人びとが小集団化したもので、イギリス諸島やフランス沿岸を襲撃した。ウェセックス王エグベルトの時代から150年ほど経過して、エセルレッド2世 (Æthelred II) がイングランド王（在位 979-1013、1014-16）であったころ、ヴァイキングが大がかりで組織的な襲撃を行ってきた。デンマーク王とノルウエー王の連合軍の来襲や、デンマーク王スウェイン (Sweyn) のロンドン攻撃などである。彼らの目的は、もはやイングランドに上陸して居住することではなく、イングランドの統治にあった。イングランド王エセルレッド2世は、もはやヴァイキングの攻撃と侵入、そして略奪を防ぐことができなくなり、安全を確保するためにヴァイキングにお金を支払うという買収策を取った。エセルレッド王はこの資金を集めるために税金の徴収を始めた。この税金は「デーン人に支払うための金」を意味するデーンゲルト (Danegelt) と呼ばれた。これがおもな原因で王に対する評判が悪くなり、また、王自身がヴァイキングの攻撃に耐えられなくなって、妻エマ (Emma) の故郷であるノルマンディーに一時的に亡命した。その間にデンマーク王スウェインは、ヴァイキングを募りイングランド全域をほぼ制覇して占領を開始し、1013年にイングランド王になった。スウェインが1014年に急死すると、エセルレッドがノルマンディーから急遽イングランドに戻り、王位の座に復帰した。しかしその2年後、1016年に王が病死すると、その年スウェインの第二子、カヌート大王 (Canute the Great；デンマーク語 Knud den Store) がイングランドを完全制覇してイングランドの王位に着いた。

> ### ヴァイキング
> ### フランス国王の臣下に
>
> ヴァイキングはイギリス諸島だけではなくフランスの海岸でも海賊行為を繰り返し、上陸して定住をするヴァイキングも出現した。人びとはヴァイキングが定住した地方をノルマン（北方の人）が住む地、「ノルマンディー」と呼んだ。ヴァイキングのなかでも、もっとも強大な軍を引き連れてフランスにやってきたのはロロ (Rollo) と呼ばれる首領であった。彼の大軍は911年ごろにはセーヌ河一帯を占領し、さらにパリを包囲し始めた。フランス王シャルル3世 (Charles Ⅲ) はロロと和睦を結ぶ策を選んだ。王は妹をロロの第二王妃として与え、キリスト教に改宗することを条件に和平案を受け入れさせた。ロロは912年に洗礼を受け、927年にフランス王の臣下ノルマンディー公 (Duke of Normandy) に任命され、ノルマンディー地方は「ノルマンディ公国」 (the Dukedom of Normandy)になった。ロロ一族は地元の人びとと融和し、フランス語を使用するようになった。彼らが話すフランス語は、中央のフランス語とは異なり北欧なまりがあったので、ノーマン・フレンチ (Norman French) と呼ばれている。イングランドを征服したノルマンディー公ウイリアム1世 (William Ⅰ) はロロから数えて7代目であった。

　イングランドでデンマーク出身の王が三代続いた時期をデーン王朝時代と呼んでいる。いわゆるヴァイキング王朝である。デーン王朝の首都はウィンチェスター (Winchester) に置かれた。

　彼らの言語は古ノルド語 (Old Norse)、デンマーク語 (Danish)、あるいはスカンディナヴィア語 (Scandinavian) と呼ばれている。『アングロ・サクソン年代記』などの英語の文献には、彼らはDaneと記録されていることが多い。日本語ではヴァイキングの言語を古ノルド語、デーン語あるいは古代スカンディナヴィア語と呼んでいる。ヴァイキングの言語の呼称として本書ではOld Norse、その省略形としてO-Nを使用し、その日本語訳を「古ノルド語」とする。

　デーン王朝の首都ウィンチェスターでは英語とならんでヴァイキングの言語が公用語とされた。英語とヴァイキングの言語はそれぞれゲルマン語派のなかの西ゲルマン語群と北ゲルマン語群に属していたが、たがいによく似た言語であったので、英語話者とヴァイキングとの間には重大なコミュニケーション上の混乱はなかったと思われる。ヴァイキングのことばのなかでもデンマーク語は、当時、スカンディナヴィア半島の共通語的な存在であり、影響力が強かったことや、デーン王朝下、ヴァイキングとアングロ・

サクソン人との混血が進んだこともあり、古ノルド語であるヴァイキングの言語の英語への影響は少なくはなかった。日常使用する英語の3人称・複数形代名詞が、徐々に古ノルド語の代名詞と交代したという現象を見ても、ヴァイキングの勢力の拡張と同時にアングロ・サクソン人との融合の深さを知ることができる。このヴァイキングの代名詞は現代英語の they, their, them である。

　カヌート王の没後、王と先妻との間の子ハロルド1世 (HaroldⅠ) がイングランドの王位（在位1035-40）を継承した。ハロルド1世の没後、カヌート王と後妻エマの子ハードカヌート (Hardicnute) が王位（在位1040-2）を継承した。ハードカヌートの跡を継いだのは、エマと前夫のエセルレッド王2世との間に生まれた子、エドワード3世（EdwardⅢ、在位1042-66）である。エマの前夫はアングロ・サクソン人のイングランド王であったので、ここでアングロ・サクソン王朝が復活したことになる。

二人の王の妻になったノルマンディー公の娘
Emma

　エマ (Emma) は、3代目ノルマンディー公の娘であった。彼女は2度の結婚をしたが、いずれも政略結婚であった。最初はイングランド王エセルレッドの後妻 (1002-16) として嫁ぎ、エセルレッドの死後は、ヴァイキングでイングランドの王位に着いたカヌート大王の王妃 (1017-35) になった。結局エマは2回イングランドの王妃になった。エマがイングランド王妃になったことにより、イングランド王室と海を隔てたノルマンディー公国との関係は緊密になった。エマの父はイングランドを征服したノルマンディー公ウイリアム1世の曾祖父に当たる。

　エドワード3世王は幼少時代を修道院で修道僧として過ごした。彼は王になってからも近親者を巻き込んだ勢力争いからは身を引き、キリスト教の信仰に没頭した。特に後世は大半を祈りと罪の告白のうちに過ごし、ウエストミンスター寺院 (Westminster Abbey) を建立した。そのためにエドワード3世王は「懺悔王」(King Edward the Confessor) と呼ばれるようになった。エドワード3世王には跡継ぎがいなかったために、王の没後、王位争奪戦争が勃発した。その結末がノーマン・コンクエストである。

エドワード3世王が1066年1月に没したとき、エドワード3世王の下で実権を握っていたアングロ・サクソンの大貴族ハロルドが王位を主張した。それを知ると、エドワード3世と従兄弟関係にある7代目ノルマンディー公、英語名ウイリアム1世 (William Ⅰ)、フランス語名ギョウム1世 (Guillaume Ⅰ)、がイングランド王位を主張してハロルドに戦いを挑んだ。そのころノルウエーの王がヴァイキング軍を率いてヨークを占領したため、ハロルドは1066年9月25日にヨークに出向き、スタンフォード・ブリッジ (Stamford Bridge) の戦いでこれを撃破した。ウイリアム1世はその間にイギリス海峡を渡り、9月28日にペヴェンジー (Pevensey) に上陸したために、ハロルドはヨークから急遽ヘースティングズ (Hastings) に戻った。10月14日ウイリアム1世軍とハロルド軍はヘースティングズで決戦し、ウイリアム1世側が勝利を得た。ノルマンディー公のイングランド征服はノーマン・コンクエスト (Norman Conquest) と呼ばれ、征服者のウイリアム1世は征服王ウイリアム (King William Ⅰ the Conqueror) と呼ばれた。その年の12月25日に、ウイリアム1世は先王エドワード3世が建立したウエストミンスター大寺院でイングランド王になるための戴冠式を行った。ウイリアム1世はフランス国王の臣下であるノルマンディー公 (Duke of Normandy) として在位したまま、一方で独立国イングランド国の王 (King of England) として君臨した。

英語の読みについて

「ノーマン」・「ノルマン」・「ノルマンディー」

　Norman に対する音訳として「ノーマン」と「ノルマン」の二種類の読み方が広く用いられているが、本書では Norman Conquest と Norman French の音訳は広く親しまれている「ノーマン・コンクエスト」、「ノーマン・フレンチ」を当て、Norman と Normandy の音訳を「ノルマン」、「ノルマンディー」とする。

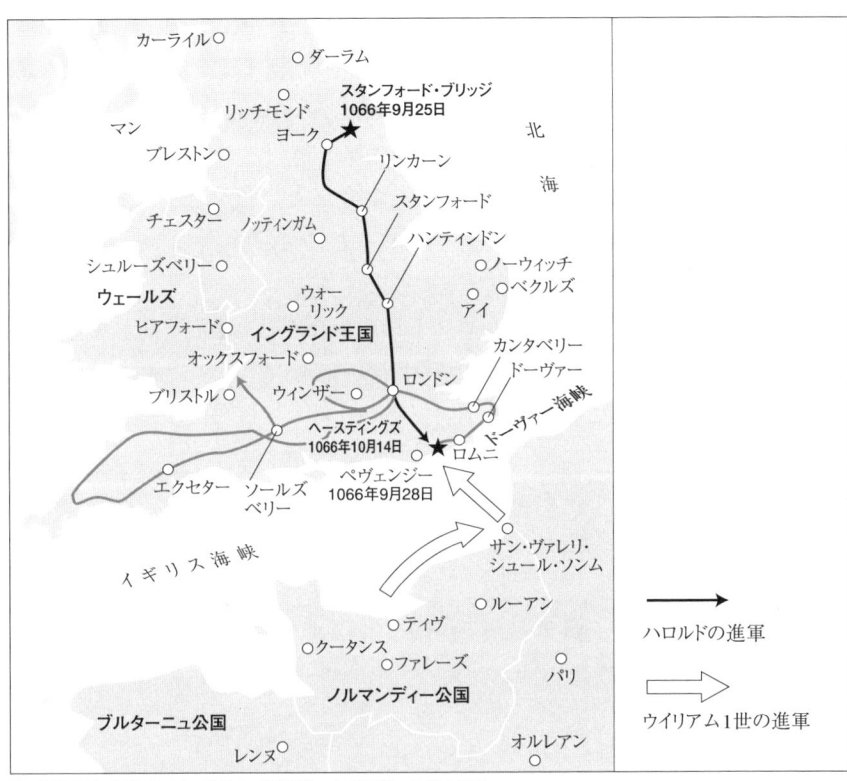

ウイリアム1世のイングランド征服　1066年10月14日

「ウイリアム」をフランス語で「ギョウム」と呼ぶ謎
William vs. Guillaume

　中世にはかなりのドイツ語の単語がフランス語に入った。そのとき、フランス人にはなじみのないドイツ語の /w/ 音はフランス語の /g/ 音に置き換えられた。また、<-ill-> はフランス語では /ij/ のように半母音を表した。そのために William がフランス語で Guillaume とつづられ /gijo:m/ と発音されることになった。これがウイリアムをフランス語でギョウムと呼ぶようになった背景である。

　/w/ 音を持つドイツ語の単語が、フランス語経由で英語に入った場合と直接英語に入った場合に類似の現象が見られる。

ドイツ語からフランス語経由で英語に入った語彙	ドイツ語から直接英語に入った左の語彙
guarantee	warrantee
gage	wage
guard	ward
gauffer = goffer	waffle

ノルマンディー公のイングランド征服の結果、ノルマンディー公国出身の約10％あまりのフランス貴族がイングランドの支配層となった時代が約300年間続いた。その間、公用語および支配階級の言語はフランス語であり、下層階級の言語はアングロ・サクソン語（＝英語）という社会的二言語使用状態 (social bilingualism) が生まれることになった。イングランドの公用語となったフランス語はノルマン訛りであったので、ノーマン・フレンチ (Norman French) と呼ばれて、パリを中心とするセントラル・フレンチと区別されている。ノーマン・コンクエスト以降少なくとも200年間、イングランドでは、学術書およびロマンスと呼ばれる騎士の恋愛や武勇伝を題材とした物語はフランス語で書かれ、英語で書かれることはなかった。

Normanに二つの意味

1. Norman = Norman French
フランスの Normandy に住みつきフランス語を母語とするようになったヴァイキング出身のノルマン人、または彼らのノルマン訛りのフランス語

2. Norman
スカンディナヴィア半島やデンマークを原住地としたゲルマン人の一派

---

2. 2. プランタジネット王朝　（1154-1399年）
　　―イングランド王室のフランス語が
　　　ノルマン訛りからパリのフランス語に―

　1087年に征服王ウイリアム1世が没すると、2人の王子ウイリアム2世 (William Ⅱ) とヘンリー1世 (Henry Ⅰ) が順次王位を継承した。ヘンリー1世は、エドワード懺悔王の姪でスコットランド王女のイーデス (Edith) を妻に迎えた。これによって、ヴァイキングを先祖に持つノルマン王家はアングロ・サクソン王家と血縁関係を持つことになった。
　ヘンリー1世の没後、甥スティーヴン (Stephen) が1135年から19年間王位を継承したが、スティーヴンが死去した年、1154年にヘンリー1世の娘マチルダ (Matilda) とその夫アンジュー伯 (Geoffrey of Anjou) との間に生まれたヘン

リー2世（在位1154-89）がイングランド王位を継いだ。これまではイングランドにおけるフランス文化といえば、ノルマンディー地方のものに限られていたが、イングランド王室がアンジュー伯家と婚姻関係を持ったことによって、イングランドの文化は広範なフランスの文化と接触することになった。

　アンジュー伯はフランスの西部アンジュー (Anjou) 地方を領有していた伯爵家で、アンジュー伯フルク5世 (Foulques V) は選ばれてエルサレム王となったほどの家柄である。フルク5世の子ジョフロワ (Geoffrey of Anjou) は、イギリス王ヘンリー1世の娘マチルダとの結婚を通じてノルマンディーを併合した。その子ヘンリー2世は1154年にイングランド王を継承し、父と母の領地を引き継いだ。ヘンリー2世はフランス王ルイ7世 (Louis Ⅶ) と離婚したアキテーヌのエレノア (Alienor d'Aquitaine, Eleanor of Aquitaine) と結婚した。彼女はアキテーヌ地方の領主であったので、アキテーヌ地方もヘンリー2世の所領になった。その結果、イングランド王室はピレネー山脈に至るまでの広大な領地を支配下に収め、西ヨーロッパ最大の領主になった。イングランドとフランスにまたがる大帝国を形成することになったヘンリー2世は公文書にはイングランド王、ノルマンディー公、アキテーヌ公、アンジュー伯のタイトルを併記し、それぞれの地域の慣行や習慣を尊重するという困難な統治方法をとった。

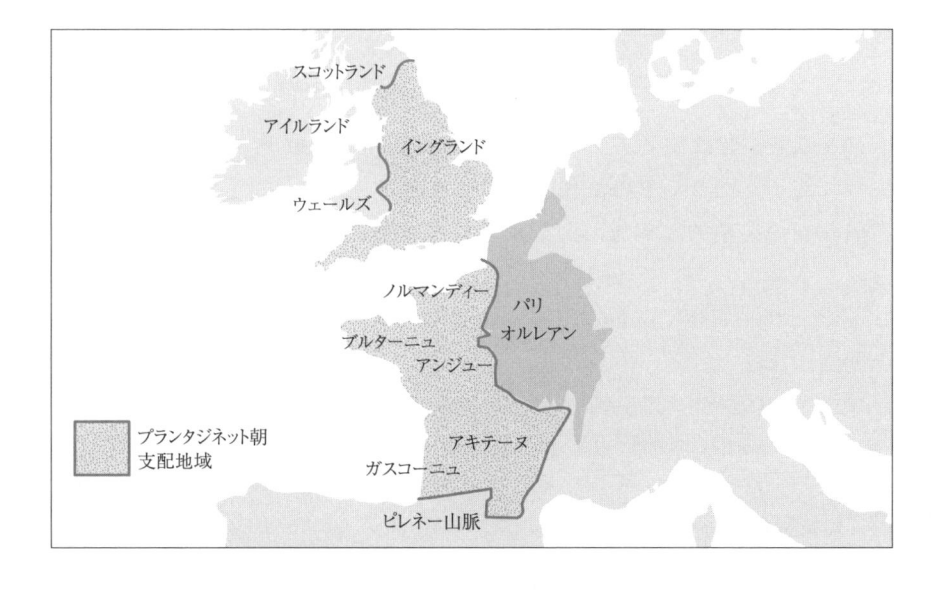

ヘンリー2世に始まるアンジュー家の血を引くイングランド王朝は、「プランタジネット王朝」と呼ばれている。プランタジネット (Plantagenet) とは「エニシダの小枝」を意味するラテン語 Planta Genista (= Sprig of Broom) を英語化した名前である。アンジュー伯 (Count of Anjou) であったヘンリー2世の祖父アンジュー伯ジョフロア4世 (Geoffrey Ⅳ, Count of Anjou) が聖地巡礼の際にエニシダの小枝を帽子にさしていたので、Geoffrey Plantagenet, Count of Anjou（アンジュー伯エニシダのジョフロア）と呼ばれていたことに由来する。

聖書にも登場するエニシダ
王室ゆかりの植物

エニシダの枝　　　　　　　　　　　　　　　　　　　　エニシダの木

彼はエニシダの木の下で横になって眠ってしまった。
御使いが彼に触れて言った。「起きて食べよ。」「1列王記」 (19：5)
英訳聖書の訳は一定ではない。

1)『欽定訳聖書』(1611)
And as he lay and slept under *a juniper tree*, behold, then an angel touched him, and said unto him, Arise and eat.

2)『新改訂標準訳聖書』(1989)
Then he lay down under *the broom tree* and fell asleep. Suddenly an angel touched him and said to him, "Get up and eat."

原典のヘブライ語名は「ローテム」。この語は英語に retem として入っている。イギリス王室でエニシダの紋章をはじめて公式に使ったのは、リチャード1世。フランスでは、ルイ9世が王の紋に用いるなど、王室ゆかりの植物の一つである。

　ヘンリー2世は前王スティーヴン（Stephen、在位1135-54）の時代に失われたイングランドの法秩序を回復させるために、国王裁判権の強化、巡回裁判の定期的な実施、封建的階層関係の確立、官僚行政機構の整備など、大陸とは異なる封建社会の秩序ある運営をめざした。これらは、コモン・ロー (the Common Law) と呼ばれるイングランドの一般慣習法の基礎になった。
　フランスにフランス王国を凌ぐほどの領地を持った、イングランドのプランタジネット王室のフランス語は、ノルマン王室時代のノーマン・フレンチからセントラル・フレンチへと変わり、ノルマンディー王朝とは異なり、フランス中部や南部の文化をイングランドにもたらした。

2.3. ヘンリー2世とベケット ——王と司教の対立——

ロンドンの商人の子であったベケット (Thomas à Becket) は、大法官 (Chancellor of England) に抜擢されるなど、ヘンリー2世の中央行政機構の強化に協力していたが、1162年にカンタベリー大司教 (Archbishop of Canterbury) に就任すると、教会の自由を守る立場からヘンリー2世が進めようとしていた王権の拡張に反対した。1163年にヘンリー2世が教会の権限を制限するための法律、クラレンドン法 (Constitutions of Clarendon) を制定すると、二人の対立は決定的になった。結局、ベケットは1170年に王の四人のナイト（騎士）によってカンタベリー大聖堂 (Canterbury Cathedral) 内で殺害された。ベケットはその3年後に聖列に加えられ崇拝を集めた。ヘンリー8世が宗教改革の手始めとしてその廟の取り壊しを命じ、聖ベケット (St. Becket) から「聖」(St.)を剥奪したが、それまでの間、ベケットの墓には巡礼者が絶えなかった。英語を文学作品の言語にまで高めたチョーサー (Geoffrey Chaucer, 1343-1400) の『カンタベリー物語』は、偶然一緒になったベケット参りをする巡礼者が一人一人語った面白いお話という形式をとった物語集で、中英語期 (1100-1500) の傑作である。

The Canterbury Tales
General Prologue (lines 1-4)

Whan	that	Aprill	with	hise	shoures	soote
When	that	April	with	its	showers	sweet
The	droghte	of	march	hath	perced	to	the	roote
The	drought	of	March	has	pierced	to	the	root,
And	bathed	euery	ueẏne	in	swich	licour
And	bathed	every	vein	in	such	liquid
Of	which	uertu	engendred	is	the	flour
By	which	power	created	is	the	flower;

——— 現代英語訳 ———

When April with its sweet showers
has pierced the drought of March to the root,
and bathed every vein (of the plants) in such liquid
by which power the flower is created;

四月が優しいにわか雨で
三月の日照りを奥深く突き刺し
樹液の管一つ一つを浸して濡らし
その力で花がほころぶころ

チョーサー没後まもない15世紀初めに書き写された写本
Ellesmere Manuscriptの『カンタベリー物語』最初の4行
Huntington Library 所蔵
(Stevens and Woodward, 1995)

Ellesmere Manuscript にある "Ellesmere" Chaucer portrait と呼ばれているチョーサーの肖像画
(Stevens and Woodward, 1995)

2.4. ジョン王のノルマンディー喪失とマグナ・カルタ

　ヘンリー2世の没後、三男リチャード1世 (Richard Ⅰ) が王位を継承した。彼はローマ皇帝やフランス国王と組んで十字軍を組織し、聖地エルサレムをイスラム側から奪還した。そこで見せた彼の勇壮な戦いぶりから獅子心王 (the Lion-heart または the Lion-hearted) と呼ばれた。リチャード1世の没後、イングランド王位を継いだのは弟ジョン (1167-1216) である。ジョンが生まれる前に父王ヘンリー2世は3人の兄たちにフランス内の領地をすべて分け与えたために、その後に生まれた四男ジョンに与える領地がフランスに残っていなかったので、ジョンには欠地王 (John Lackland) というあだ名が付けられた。ジョンは、フランスの領土を確保するためにフランス王フ

ジャージー島とジャージ

　イギリス海峡にあるチャネル諸島 (the Channel Islands) のなかで一番大きな島はジャージー島 (Jersey Island) である。1066年にノルマンディー公ウイリアム1世がイングランドを征服してノルマンディー公とイングランド国王を兼ねることになったとき、チャネル諸島はノルマンディー公国の支配下に置かれた。1204年にイングランド国王兼ノルマンディー公であったジョン王がフランス国王に屈し、ノルマンディーがフランス国王に没収されたとき、ジャージー島およびその他のチャネル諸島はフランス王に目を向けられなかったので、地理的にはフランスに近いにもかかわらず、島民たちはイングランド国王に忠誠を誓い、英王室直属の領地になった。現在は非課税などの税制上の特典の多いいわゆる tax haven の島である。

　ジャージー島は、ジャージー種乳牛原産の島として世界中に知られている。また、この島では羊毛で編んだセーター Jersey Sweater が漁師の防寒用衣服として着用されていた。17世紀にこの島の総督 (Sir Walter Raleigh) がこの島で編んだストッキングをエリザベス女王に献上した。女王がそれをとても気に入り愛用したので、その編み方が「ジャージー」として広まった。そこからスポーツなどで着用する衣服のジャージなどへと、その意味を拡張させていった。しかしこの島では現在ニット産業は低調である。

　島の住民の多くはブリトン人と混血したノルマン人の子孫である。英語は通用するが、フランス語も公用として使用され、ノーマン・フレンチが聞かれる島である。

ィリップ2世と戦争をした。しかし逆に、フランスにあった領地のうち、ノルマンディーをはじめとして、膨大な領地のほとんどを失うことになった。このことからジョンに付けられていたあだ名 John Lackland の意味が「欠地王」から「失地王」へと変化していった。ジョン王のノルマンディー喪失は、皮肉なことにイングランドの国家意識形成や、英語の復活に貢献することになった。

　ノーマン・コンクエスト以来、イングランド王とその貴族はイングランドに領地を持つと同時に、フランスのノルマンディーにも先祖伝来の領地を持っていた。しかし、ノルマンディーはフランス王に取りあげられたために、貴族たちは先祖伝来の領地を捨ててジョン王に忠誠を誓ってイギリス貴族になるか、それともフランス王に忠誠を誓い、イングランドの領地を捨ててフランス貴族になるかのいずれかを選択しなければならなくなった。ほぼ3分の1の貴族がジョン王に帰属し、フランスの王に帰属するもののほうが多かったようである。このころからイギリスとフランスの国家領域が定まり、ノーマン・コンクエスト以来続いた、イングランドと大陸との複

マグナ・カルタ
1215年6月15日　大英博物館所蔵

(Atoria Universale, Vol. 3)

以下の前文から始まる。
Johannes Dei gracia rex Anglie, Dominus Hibernie, dux Normannie, Aquitannie et comes Andegravie, archiepiscopis, episcopis, abbatibus, comitibus, baronibus, justice ariis, forestariis, vicecomitibus, prepositis, ministris et omnibus ballivis et fidelibus suis salutem.

　神の恩寵により、イングランド王、アイルランド君主、ノルマンディー公、アキテーヌ公、アンジュー伯であるジョンより、大司教、司教、修道院長、伯爵、諸侯、司法官、森林官、州長官、地方総督、行政官、そしてすべての執行吏および臣下の者たちへ、挨拶を送る。

合国家を支配する国家形態に終止符を打つことになった。それとともに、王や貴族たちに国家意識が育っていった。

　ジョン王は、空位になったカンタベリー大司教としてローマ教会が推薦したスティーヴン・ラングトン (Stephen Langton) を認めなかったために、ローマ法王に破門されることになった。結局は1213年に亡命していた大司教ラングトンの帰国を認め、ローマ教会との関係は修復された。しかし、ジョン王は失ったフランス領土を奪回するための遠征費用を得るために、過重な重税政策と軍役を貴族に要求した。このような失政と重税のためにジョン王は貴族の支持を失っていった。貴族たちは結束して王に反旗を翻し、国王と貴族の関係に制限を加えるために、前文と63カ条からなるラテン語の文書を作り上げ、1215年6月15日に国王に王権に対する譲歩を強引に認めさせた。これがラテン語名 Magna Carta「マグナ・カルタ」、英語名 the Great Charter、和訳「大憲章」であり、今日のイギリス憲法の基礎となった文書である。

2. 5. 貴族の反乱とマグナ・カルタ

　マグナ・カルタの61カ条目には、国王がマグナ・カルタに違反した場合には、貴族、臣民に抵抗権が認められることが記されている。国王はこれに強く抵抗した。また神を至上とする上下関係を重んずるローマ教会にとっても認めがたい内容であった。そのためにローマ教会の後ろ盾を得、国王権が優越する法治主義を主張するジョン王と、反抗する貴族との間で内戦が勃発した。反抗貴族たちはフランス王に援助を求めたために、フランス王子ルイがサネット島（14頁参照）に上陸し、反抗貴族と合流してジョン王をウェールズに追いやった。ジョン王は行軍中に死去した。この重大な局面に9歳の王子ヘンリー3世が即位した。ヘンリー3世は摂政をする側近に守られながら内戦に立ち向かい、フランス軍を攻略することに成功した。フランス王側にいた貴族たちもその後ヘンリー3世側の支持派に乗りかえはじめ、ヘンリー3世は1217年にフランス王側と和睦した。

　ヘンリー3世は、1236年、フランス王妃の妹と結婚したのを転機にフランス貴族を重用したり、弟のコーンウォル伯リチャード (Richard) を神聖ローマ帝国皇帝（在位1257-72）に就任させたり、さらに父王が失くした大陸の

領土を回復するための遠征を試みたり、ローマ教会内部の対立に巻き込まれるなど、ヘンリー3世の大陸政策はイングランドへの帰属意識を強めつつあった貴族たちの不満を高めさせ、反抗を呼ぶことになった。貴族たちは、1254年、議会に各州から二人のナイトと教区の代表を招集し、ヘンリー3世の大陸政策に対する不満を陳述させ、王にイギリスの内政に専念することを要求した。このころから庶民の代表が議会に招集されるようになった。庶民の代表が招集される議会、いわゆる庶民院 (the Commons) の定着である。これが下院 (the House of Commons) の前身となった。

Parliamentの誕生

Parliament は古フランス語の parlement (= speaking) に由来する。アングロ・サクソン時代は witenagemot（witena (= wise men) + gemot (= meeting)）が国民的な会議を表す語であった。ノーマン・コンクエスト以後、王 (king)、封建貴族 (baron)、教会 (church) の三者による話し合いの会議へと発展していった。このような話し合い形式はマグナ・カルタに署名するように迫った貴族たちの集まりから明確になり、ヘンリー3世の時代には庶民も加わった議会へと発展した。ヘンリー3世の子エドワード1世が在位していた1275年の議会ではじめて parliament という語が使用された。

1258年には国王の諮問会議のメンバー12名と貴族12名で構成された行政機構改革委員会が結成され、そこで作成した改革プログラムを、王とその子エドワード王子 (Edward Ⅰ) に認めさせた。これはオックスフォード法 (the Provisions of Oxford) と呼ばれ、王の宣言書 (Proclamation) として発表された。この新政治体制をイングランド全域に周知させるために、オックスフォード法は、ラテン語、フランス語、英語で書かれて発布された。1066年のノーマン・コンクエスト以来192年を経過して、ようやく英語がふたたび公文書に用いられることになった。英語の復活である。

2.6. エドワード1世とプリンス・オヴ・ウェールズ

エドワード1世はウェールズ、アイルランド、スコットランドにも支配力を拡大していった。1283年にはウェールズを征服し、1301年に王子をプリンス・オヴ・ウェールズとした。それ以降今日に至るまで、王室の後継者

がプリンス・オヴ・ウェールズに就任するということが慣習化した。一方、アイルランドについては、アイリッシュ・キリスト教の定着やアイルランド社会の伝統の強さから、アイルランド全域にわたって統一するにはいたらなかった。スコットランドの統治はさらに困難であった。結局スコットランド王ベイリャル (John Balliol) を投降させ、スコットランドの貴族に忠誠を誓わせたが、安定した統治を行うまでにはいたらなかった。

2.7. イングランドとフランスの百年戦争

　ヘンリー3世が外国人優遇措置をとった結果、南フランスやローマから多くの外国人がイングランドにやって来た。その息子エドワード1世の時代（在位1272-1307）は、外国人に対しては反動的で国粋主義的な時代であった。貴族たちもフランス語への関心が薄れ、英語への関心を高めていた。このように英語は国語としての地位を高め、フランス語はもはや外国語として教えられ始めた。1300年ごろには貴族の子弟といえども、英語を母語としていた。

　イングランドを「英語を話す国」にした決定的な事件は、英仏百年戦争 (Hundred Years' War, 1337-1453) であった。百年戦争は、エドワード1世の息子エドワード2世（在位1307-27）がフランス王フィリップ4世の王女イザベル (Isabella) と結婚した結果、イングランド王室とフランス王室との関係がふたたび強くなったことに遠因がある。エドワード2世とイザベルの間に生まれたエドワード3世は、母がフランス王の娘であったので、母の郷里、南仏のガスコーニュ (Gascogne) を領有するフランス貴族であり、フランス王の臣下でもあった。エドワード3世は伯父シャルル5世の後継者としてフランス王位の継承権を主張したために、フランス王フィリップ6世は、1337年ガスコーニュ領没収を宣言した。ガスコーニュにある都市ボルドー (Bordeaux) はブドウの生産で繁栄した地域の首都であり、イングランドへワインを大量に送り出す港でもあった。さらにフランスの王フィリップ6世は、スコットランド貴族が反乱したためにフランスに亡命したスコットランド王デイヴィッド2世 (David Ⅱ) と提携して、スコットランドに介入した。これらによりイングランドとフランスは戦闘状態に突入した。この戦争は

1337年から1453年の間、戦争状態が110年あまり続いたので、百年戦争と呼ばれている。ただし、その間、常に戦闘が行われていたわけではなく、断続的な戦いが続いた。この戦時体制下、戦争遂行とその資金調達のために、国王と貴族とが対立する政治体制から国王と議会とが協調する政治体制へと変革し、国家意識が強く育まれた時代であった。

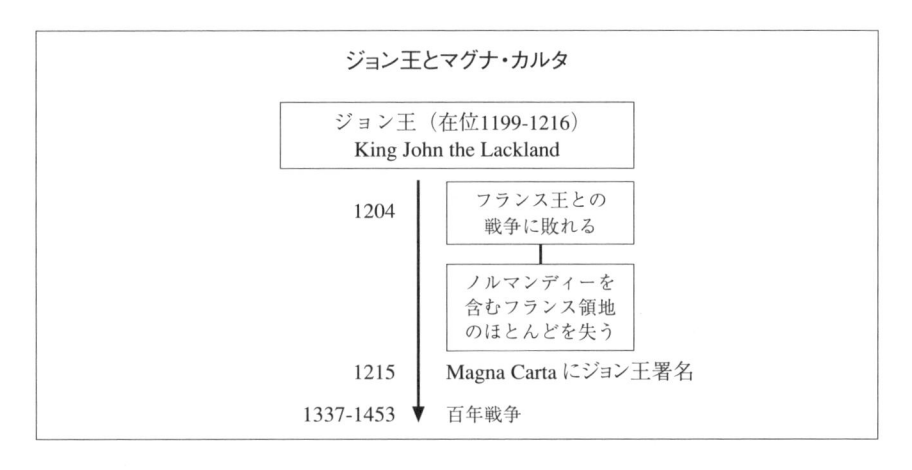

```
ジョン王とマグナ・カルタ

        ┌─────────────────────────┐
        │ ジョン王（在位1199-1216） │
        │ King John the Lackland   │
        └─────────────────────────┘
                    │
         1204  ┌────┴──────────┐
               │ フランス王との │
               │ 戦争に敗れる   │
               └───────────────┘
               ┌───────────────┐
               │ ノルマンディーを│
               │ 含むフランス領地│
               │ のほとんどを失う│
               └───────────────┘
         1215    Magna Carta にジョン王署名
         1337-1453  百年戦争
```

1453年に、イングランド軍がフランスのカスティヨン (Castillon) の戦いで大敗し、イングランド王室は大陸の領土はカレー (Calais) 港以外すべてを失くして、百年戦争は終わった。百年戦争の間には、黒海から広がった黒死病 (the Black Death) と呼ばれているペストが、1348年8月ごろイングランド南部ドーセット (Dorset) やサマセット (Somerset) に上陸し、1年半ほどでイギリス諸島にまん延した。その死者は全人口の約3分の1を占めたと言われている。それにより労働力は極端に不足し、封建領主が所有する領地の農業経営が困難になってきた。これが英仏百年戦争の終結を早めさせる要因の一つにもなった。

2.8. ランカスター王朝

黒太子エドワードの弟、エドワード3世の5男、エドマンド・オヴ・ラングリー (Edmond of Langley) が1385年にヨーク公 (Duke of York) の称号を得、エドワード3世の4男、ジョン・オヴ・ゴーント (John of Gaunt) は1362

年に結婚により妻方のランカスター公 (Duke of Lancaster) を継承した。

エドワード3世の没後、黒太子の子がリチャード2世（Richard II、在位1377-99）として即位した。しかし10歳であったために、伯父ランカスター公ジョン・オヴ・ゴーントが補佐した。1380年には貧富の区別なしに農民に一人あたり12ペンスの人頭税 (poll tax) を課した。この過酷な人頭税の徴収が直接の原因になって、翌年1381年に農民一揆 (Peasants' Revolt) が勃発した。この一揆は、指導者Walter Tylerの名前をとって、ワット・タイラーの反乱 (Wat Tyler's Rebellion) とも呼ばれている。WatはWalterの短縮形である。一揆の精神的なリーダーは、牧師のジョン・ボール (John Ball) であった。彼は当時聞くことを禁じられていたジョン・ウィクリフ (John Wycliffe) の教えを説き、社会的平等主義を主張した。

革命家の合いことばになった農民一揆の説教

「アダムが耕し、イヴが糸を紡いでいたころ、誰がジェントルマンであったのか」(1381)

　農民一揆（1381年）の指導者の一人、聖職者John Ballが、王候貴族の圧政に対し一揆を起こした。農民の反乱軍がロンドンへ進撃する前にブラックヒース (Blackheath) で行った説教の一節は、後に社会的平等を求める革命家の合いことばになった。Ballは一揆の失敗後捕えられ、同年6月にロンドンで処刑された。翌年、彼が信奉していたウィクリフはオックスフォードから追放された。

When Adam dalf and Eve span, who was then a gentleman? 　*Britanica 2002*
注：dalf = delved = dug, span = spun

リチャード2世は農民一揆を収束させた後も、専制政治を続けたが、アイルランド政策や大陸政策の失敗などが続いたために貴族や庶民院から反発や離反がおこり、1399年に王位を退位させられた。リチャード2世は後に投獄され獄中で没した。王位を継いだのは、リチャード2世の従兄弟でありランカスター公の長男ヘンリー・ボーリングブルック (Henry Bolingbroke) である。彼は貴族や庶民に認められて、ヘンリー4世として1399年に王位を継承した。ランカスター朝の始まりである。

ヘンリー4世の後を継いだ息子のヘンリー5世は、百年戦争において圧倒的な勝利を収め、ノルマンディーの奪回に成功した。彼はフランス王シャルル (Charles) 6世の娘、カトリーヌ (Katharine) と結婚し、シャルルの死後

フランス王位を継ぐことになったが、1422年にパリで発病したために、フランス王位獲得は実現できなかった。ヘンリー5世は生後9カ月の長男を遺して没したために、幼少の長男がヘンリー6世として王位を継承した。貴族たちが王の摂政職を争ったり、ランカスター王朝と王朝体制を批判するヨーク公派との対立を深めている間に、フランス軍側にジャンヌ・ダルクが出現して、フランス軍の士気が上がり、イングランド軍は壊滅的な打撃を受けた。1453年にイングランド軍はフランス王軍の攻撃を受けて壊滅した。これによって百年戦争は終結し、イングランド側はカレー港を残してフランスから撤退し、百年戦争は終わった。

百年戦争のイングランド側英雄
黒太子エドワード

　エドワード3世の長男が黒太子 (Edward the Black Prince) と呼ばれる理由は、フランスとの戦いでいつも黒色の鎧（よろい）と冑（かぶと）を着用したことによる。1345年父王に従ってフランスに遠征し、多くの戦いでフランス軍に勝利した。1356年のポアティエ (Poitiers) の戦いでは、大勝してフランス王ジャン2世 (Jean II) を捕虜にした。1371年、病に倒れて戦場に出ることもできなかったために、フランスの戦場からイングランドに帰還。父親に代わって、国政を牛耳っていた弟のランカスター公から実権を取り戻して国政改革に着手。1343年にはプリンス・オヴ・ウェールズになったが、王位を継承する前に父に先立って1376年、47歳で病死し、カンタベリー大聖堂に葬られた。父エドワード3世は翌年に死去。その後は黒太子の子リチャード2世が継承した。しかし、リチャード2世は1399年に退位させられ、翌年1400年に牢獄で死亡した。1154年のヘンリー2世に始まるアンジュー家直系のイングランド王朝の終焉である。

百年戦争のフランス側英雄
ジャンヌ・ダルク

　1429年、ロアール (Loire) 川中流の町オルレアン (Orléans) がイングランド軍の攻撃を受け始めてから半年近くになっていた。それまでは劣勢なフランス軍が、17歳の少女ジャンヌ・ダルク (Jeanne d'Arc) の出現によって軍の士気が上がり、一転して積極的に攻撃に出るようになった。フランス王シャルル7世 (Charles VII) は、ここで敗北すれば、ロアール川流域からさらに南に撤退しなければならなかった。このときシャルル7世のもとに、「王を救え」という神の命令を受けたと称する少女が現れた。王はジャンヌの誠実さを認め、オルレアンの守備隊に参加させた。信仰の熱情にあふれ、慣行にとらわれない戦闘指揮をみせるジャンヌは、兵士たちの心をとらえた。ジャンヌの率いる槍小隊は、日が暮れても戦闘をやめず、ついにイングランド軍が築いた砦の一つを落とした。これが戦況を大きく変えた。同年5月上旬、イギリス軍はオルレアンから撤退した。イングランドはヘンリー6世（在位1422-71）の時代であった。

2.9. オックスフォード大学とケンブリッジ大学

　イギリスでもっとも古い大学はオックスフォード大学である。オックスフォード大学設立の正確な年は不明であるが、遅くとも1096年にはすでに教育が行われていた。ロンドンから行きやすく、イングランドのほぼ中央という地の利を得て、ヘンリー2世の時代には大学の基礎ができた。特にヘンリー2世は、1167年、勅令でフランスへの留学を禁止したためにオックスフォード大学としての基礎が急速にできあがった。12世紀末にはオックスフォード大学に日用品や食料を売る商人が集まり、学都の形を取り始めた。最初の学寮＝ベイリオル・コレッジ (Balliol College) は1263年に創設された。1264年に聖職者の教育のためにつくられたマートン・コレッジ (Merton College) が、その後の学寮制度のモデルになった。

　中世時代のオックスフォード大学からは哲学者ロジャー・ベーコン (Roger Bacon, c1220-92) や、旧約聖書と新約聖書をラテン語訳聖書から英訳した宗教改革者、ジョン・ウィクリフ (John Wycliffe, c1320-84) など、当時の社会に大きな影響を及ぼした人物が出た。

　1209年に学生とオックスフォード市民との間に起こったトラブルを避けるために、オックスフォードから多数の学者と学生がケンブリッジに移動し、ケンブリッジで大学の組織を作った。ケンブリッジ大学の最古のコレッジは

HOUSE vs. COLLEGE

　ケンブリッジ大学の最古のコレッジはピーター・ハウス (Peterhouse) と、houseがcollegeの意味で使用されている。Houseはもともと「住む場所」であったが、単に住むこと以外にも「同じ目的を持った者が集まって住む場所」、さらに住まないが「特定の目的のための建物」の意味が加わった。その結果、houseは「修道院」、「学部」、「学寮」、「音楽堂」、「議事堂」などにも用いられるようになった。オックスフォード大学とケンブリッジ大学の「…学寮」は「同じ目的を持って住む建物」である。現在は「…college」がもっとも多いが、「…house」の呼称を持つコレッジもある。ちなみにcollegeをカレッジと言うのはアメリカ発音 /kálidʒ/ の日本語版であり、コレッジはイギリス発音 /kɔ́lidʒ/ の日本語版である。

　　　　House of Parliament ＝ 国会議事堂
　　　　Opera house　　　　 ＝ オペラ劇場
　　　　Vaudeville house　　 ＝ 演芸場

ピーター・ハウス (Peterhouse) で、創立は1284年である。この時期は日本では元寇に揺れる鎌倉時代にあたる。1318年には、ローマ教皇ヨハネス22世が、ケンブリッジ大学の学位が全キリスト教国に通用するものと認定したことも手伝って、ケンブリッジ大学は名実ともに世界に名を馳せる大学に発展していった。

14世紀末のオックスフォード大学では、文法の勉強をするときは英語とフランス語の両方で行うように指導された。これは、上流階級においてもこの時代には英語が日常の言語になっており、フランス語が使用されなくなることを防ぐためであったと言われている。

2. 10. バラ戦争

百年戦争が終結した2年後の1455年、ヨーク公リチャードは、ヨーク公派の要求が無視されたことに抗議して、兵を挙げ国王ヘンリー6世の軍と戦火を交えた。赤バラを紋章とするランカスター派と白バラを紋章とするヨーク派の内戦である。この貴族間の内戦は後に両家の紋章からバラ戦争 (Wars of the Roses, 1455-85) と呼ばれるようになった。ヘンリー6世に対する市民の反発が強まり、1461年にリチャードの跡を継いでヨーク公となったリチャードの次男エドワードが、市民に歓迎されてエドワード4世となりイングランド王に就いた。ヨーク王朝の開幕である。その後、フランス王ルイ11世がランカスター派を援護する事態を伴いながら、ヨーク派とランカスター派が闘争を繰り返していた。その間エドワード4世が没し、長男が12歳のときエドワード5世として即位したので、伯父のグロスター公 (Duke of Gloucester) リチャードが摂政をしていた。しかし、エドワード5世がエドワード4世の庶子であることを知ると、摂政職のリチャードは1483年にリチャード3世として即位した。リチャード3世はエドワード5世を暗殺したと言われている。

ランカスター派は、ランカスター家の血を引くリッチモンド伯ヘンリー・チューダー (Henry Tudor, Earl of Richmond) を立てて、リチャード3世を攻撃した。ヘンリー・チューダーは1483年にフランス王に対して、フランスにおける領土を放棄し、イングランドとフランスは別の国家とすることを約束し、その代わりにフランス王の支援を得た。その結果、1485年に

リチャード3世軍に圧勝し、ヘンリー・チューダーはヘンリー7世としてチューダー王朝を開いた。ヘンリー・チューダーがイングランドとフランスを二つの異なる国家として明確に分けたことは、イングランドの歴史にとってはもちろんのことであるが、英語の歴史にとっても新しい言語社会の幕開けである。1588年にはスペインの無敵艦隊 (Invincible Armada) を破り、国威が高揚した。チューダー王朝 (1485-1603) はイギリス史のなかでも国が繁栄した時代である。それを背景に芸術、文化、文学の花が開花した。この時代およびその前後には、キリスト教や学問の分野でヨーロッパ共通語であったラテン語を中心に教えるグラマー・スクール (Grammar School) と呼ばれる学校が設立された。この学校はパブリック・スクール (public school) とも呼ばれた。public は「誰にでも門戸が開かれている」という意味であるが、寄宿学校 (boarding school) であり、授業料や寄宿舎代が高いので中流階級や上流階級の子弟しか入れない私立学校であった。この時代に多くのグラマー・スクールが設立された。その中には Eton College (1440)、St Paul's School (1509)、Westminster School (1540)、Rugby School (1567) がある。

St Paul's School の初代校長 William Lily が編纂したラテン語の文法書は、1540年にヘンリー8世の公認を得、Royal Grammar（『欽定ラテン語文法』）と呼ばれた。国王布令によりこの文法書はグラマー・スクールで使用される統一のラテン語文法書になった。

英語復権の軌跡

1066：ノーマン・コンクエストの結果、イングランドの公用の言語がフランス語になり、英語は下層階級の言語になる。

1258：ヘンリー3世が行政改革の宣言書をラテン語、フランス語、英語で告知。

1272：ノーマン・コンクエスト以来、はじめて英語を使用する王（エドワード1世）が出現。

1356：地方裁判所の記録が英語になる。

1362：議会の開会宣言がはじめて英語で行われる。

c1384：ウィクリフがラテン語訳聖書 Vulgate を英語に完全訳。写本で流布。

c1375-1400：チョーサーが『カンタベリー物語』執筆に着手。中世英語の代表となる。

1475：キャクストンがフランス語版『トロイ歴史物語集』を英訳した英史上最初の英語の活字本出版。

第3章

英語のアルファベット と 書　体

本章のポイント

ルーン文字とアングロ・サクソン人の文字

アルファベットの起源と、英語アルファベットの成立

ローマ字の書体の変遷

印刷文化の始まり

印刷機械の導入と活字文化の始まり

3.1. アングロ・サクソン人の文字とアルファベット

　アルファベット (alphabet) とは、各言語の音を表記するための文字体系を言う。アングロ・サクソン人を含むゲルマン系の民族はルーン文字 (Runes) と呼ばれるアルファベットを持っていた。rune は「ささやき」「神秘」「魔術」を意味した。この意味からも推察できるように、呪術や儀式などに用いられ、日常の記録のための手段としては使用されなかったようである。おもに3世紀以後の武器、銀貨、石の十字架などに刻まれたルーン文字が、スカンディナヴィア半島を中心に広範な地域で発見されている。

　ルーン文字は最初の6文字の音を順に読んでフッサルク (Futhark)、またはフッソルク (Futhorc) と呼ばれている。2種類の呼び方があるのは、4番目の文字が /a/ の音を表している系統のものと、/o/ の音を表している系統のものがあるからである。ブリテン島にもたらされたルーン・アルファベットの4番目の文字は /o/ の音を表しているので、このルーン・アルファベットをアングロ・サクソン・フッソルク (Anglo-Saxon Futhorc) と呼んでいる。なお 'Futhark' と 'Futhorc' のなかにある <th> は実際は、2文字ではなく、後に述べるルーン文字 <þ> 1文字である。

　　注：< > はそのなかにあるのは音ではなく文字であり、/ / はそのなかにあるのは文字ではなく音素（同じ種類の音の束）であることを表す。

ルーン文字のアルファベット
Anglo-Saxon Futhorc

| f | u | þ | o | r | c | g | w | h | n | i | j | ȝ | p | (x) | s |

| t | b | e | m | l | ŋ | œ | d | a | æ | y | ê | a | k | k̄ | ḡ |

（Blair, 1960）

ルーン文字のなかにはローマ字の <R>, <I>, <B> に類似した文字があり、表す音もローマ字の音と類似している。これはルーン文字とローマ字のルーツが同じであることを示している。両者ともフェニキア (Phoenicia) 地方でセム人 (Semitic) が作った象形文字にさかのぼる。ローマ字の起源については次節で述べる。

アングロ・サクソン人は宣教師たちが紹介する高度なローマの文化を取り入れるために、ルーン文字から成るアルファベットを捨てて、宣教師たちが使っていたローマ帝国の文字をアルファベットとして採用した。これが現在のローマ字の文字体系 (Roman alphabet) の基礎になった。ただし、ローマ字だけではアングロ・サクソン語（＝古英語）の音のすべてを表すことができなかったので、ローマ字のなかにルーン文字を2つ（1と2）取り込み、ローマ字から2つの文字（3と4）を新たに作って加えた。それらは以下の4文字である。

1．<þ>
2．<ƿ>
3．<æ>
4．<ð>

3.1.1. ローマ字と共存したルーン文字 <þ>

<þ> は thorn /θɔ́ːrn/ と呼ばれるルーン文字の一つである。この文字は /θ/ または /ð/ の音を表した。11世紀にこの音が2文字 <th> で表記されるようになると、ルーン文字 <þ> は徐々に使用されなくなっていった。この文字は書き方によっては、しばしば、yまたはYに似てくる。そのためにẎやẏのようにYやyの上に点をつけて <þ> と区別する方法もとられた。

þ þ ẏ ẏ

<þ> が形状のうえで <Y>, <y> と類似していたので、<þ> が使用されなくなってからも、スペースの調整や古風な雰囲気を出す目的で、<y> や

<Y> はルーン文字 <þ> の代用として今日まで用いられてきた。y^e, Y^e, ŷ, Y̊ のように<y> や <Y> の上や右肩に <e> を付加して the と読ませたり、y^t, y^m, y^u をそれぞれ that, them, thou と読ませる写本が14世紀初期に現れた。下の左の図は1611年に出版された『欽定訳聖書』で使用されている同種の文字である。

また、下の右の写真は1998年にイングランドのNewmarket という町で見つけた喫茶店の看板にあった ye の文字である。今でもクラシックな雰囲気を出すためにye や Ye が the の代りに使用されていることがわかる。

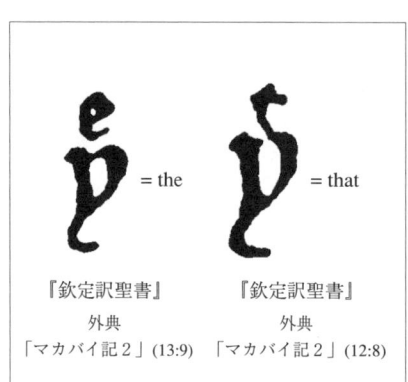

『欽定訳聖書』外典「マカバイ記2」(13:9) = the

『欽定訳聖書』外典「マカバイ記2」(12:8) = that

Ye Olde Scotch Tea Rooms (= The Old Scotch Tea Rooms) 喫茶店の看板文字（1998年　イギリス・ニューマーケット市）

3.1.2. ローマ字と共存したルーン文字 <þ>

<þ> は wyn (/wɪn/) と呼ばれるルーン文字の一つで、/w/ 音を表す。この音が <uu> や <w> で表されるようになると、ルーン文字 <þ> は徐々に使用されなくなった。

3.1.3. ローマ字から新たに作られた文字 <æ>, <Æ>

<æ> はローマ字の a と e を抱き合わせた文字 (ligature) で、その大文字は <Æ> である。<æ> はラテン語の二重母音を表す <ae> の採用であり、これら2文字を抱き合わせたものである。この文字は ash と呼ばれるルーン文字 <ᚫ> の代用として作られたので、このルーン文字の名称が <æ> に与えられた。この文字は中英語時代に消失するが、発音記号として今日まで活用されている。

3.1.4. ローマ字から新たに作られた文字 <ð>, <đ>, <Đ>

<ð> は、後に述べるが、<d> のハーフ・アンシャル体 (half-uncial) と呼ばれる書体文字 <ð> の上部に横線を引いて作った文字である。この文字は <đ> や <Đ> のようにも書かれる。古英語期には /ðæt/ と呼ばれていた。19世紀になってアイスランド語の類似の文字の呼称 eth (/eð/) が用いられるようになった。<ð> は <d> の上部に線を cross させた文字であるので、crossed *d* とも呼ばれている。<ð> は上述の thorn と同様、<th> によって表されるようになると徐々に使用されなくなったが、この文字も現在まで発音記号として生き残っている。

3.1.5. Gの変形文字 <ȝ>, <3>, <g>

やや混乱を起こさせる文字に <ȝ>, <3>, <g> がある。いずれも <G> の変形文字である。<ȝ> は <G> のハーフ・アンシャル体と呼ばれる文字で、ローマからアイルランドを経由してブリテン島にもたらされ、/x/, /j/, /w/ の音を表した。この文字は /jɔx/ (yogh) と呼ばれていたが、現代英語では /jóuk/, /jóug/ とも発音されている。日本では古い呼称のヨッホで知られている。この文字は中英語期に形を変えて <3> になった。<g> は、カロリング小文字体 (Caroline minuscule) と呼ばれる書体でフランスから入ってきた文字である。(アンシャル体、カロリング体については 3.3～5 節参照。)

ローマ字以外の古英語文字	
文字の名前	文字の源
þ = thorn	ルーン文字
ƿ = wyn	
ð = eth (/eð/) または crossed *d*	ローマ字から作られた文字
æ = ash	

3.1.6. 古英語のアルファベット

　古英語のアルファベットは、今日のアルファベットと大きくは異なってはいないが、<j>, <v> の文字はなく、<i> と <u> の文字がこれらの音の機能を兼ねていた。また、<k>, <q>, <x>, <z> の文字はまれにしか使用されなかった。<d>, <f>, <g>, <r>, <s> の各文字は今日の文字とは形状が異なっている。<s> には大きく分けて三種類の形状があった。

　また古英語期に頻繁に用いられた省略記号がある。下図 (1) のようにルーン文字 thorn に線を引いて þæt を表す省略文字と、(2) のようにラテン語で使用されていた記号を引き継いだ and を表す記号である。また、(3) のように母音の上に線を置いて、直後に鼻音文字 <m> または <n> を省略する方法も頻繁に用いられた。

古英語の文字

a æ b c d e f g h i k l m n o p q r s t ð þ u p x y z
a æ b c d e f g h i k l m n o p q r s t ð þ u p x y z

(1) (2) (3)

þæt
=

ond
and
=

-um, -un
=

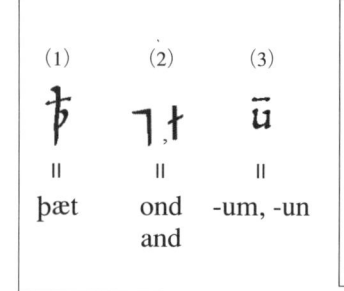

⁊,⁎ の起源について

ローマの政治家・雄弁家・著述家であるキケロ (Cicero) の書記ティロ (Marcus Tullius Tiro) がキケロのスピーチを速記するために速記記号 (Tironian notes) を考案した。その中に et (=and) を表す記号がある。それがローマ字と一緒にアイルランドに伝えられ、古英語で使用されたのが (2) である。ラテン語文中の & (ampersand) に対し、(2) を行間注として使用している古英語の例もある (e.g. *Rushworth Gospels*, Luke 23:27)。後に両者が交替した。(1) と (3) も中世ラテン語の省略法の影響と思われる。Cf. A.Cappelli (1982).

　英語のアルファベットは、1500年ごろに <i> と <j> そして <u> と <v> の間で音の分化が始まり、今日のアルファベットになっていった。

英語アルファベットの変遷

1. a æ b c d e f ʒ h i (k) l m n o p (q) r s t þ ð u p (x) y (z)

2. a (æ) b c d e f (ʒ) g h i (j) k l m n o p q r s t (þ) (ð) u v (p) w x y z

3. a b c d e f g (ʒ) h i j k l m n o p q r s t u v w x y z

  1. 古英語のアルファベット
  2. 中英語のアルファベット
  3. 初期近代英語のアルファベット
   ( )はその文字の使用はまれであったことを示す。

注：
・古英語　　　　＝700〜1100年
・中英語　　　　＝1100〜1500年
・初期近代英語　＝1500〜1700年

3.2. アルファベットの起源と歴史

　ローマ字の原型を作ったのはフェニキア地方のセム人である。セム (Sem) またはシェム (Shem) は、『旧約聖書』の「創世記」にある洪水物語の主人公ノア (Noah) の三人の息子 (Shem, Ham, Japheth) のうちの一人の名前に由来する。セムの子孫をまとめてセム族と言い、彼らのことばをセム語またはセム語族 (Semitic) と言う。セム人は象形文字を作り、その象形文字に音を与え、今日の1文字1音のローマン・アルファベットの基礎を作った。この文字がヘブライ文字、アラビア文字、インド系諸文字、ギリシャ文字、ラテン（ローマン）文字、ロシア文字などヨーロッパ大陸で話されていた諸言語の文字となり、それぞれの文化に適した形状に変化していった。世界に広く拡散したセム系文字は、定着した場所でそれぞれの文化の蓄積と発展に大きく貢献した。

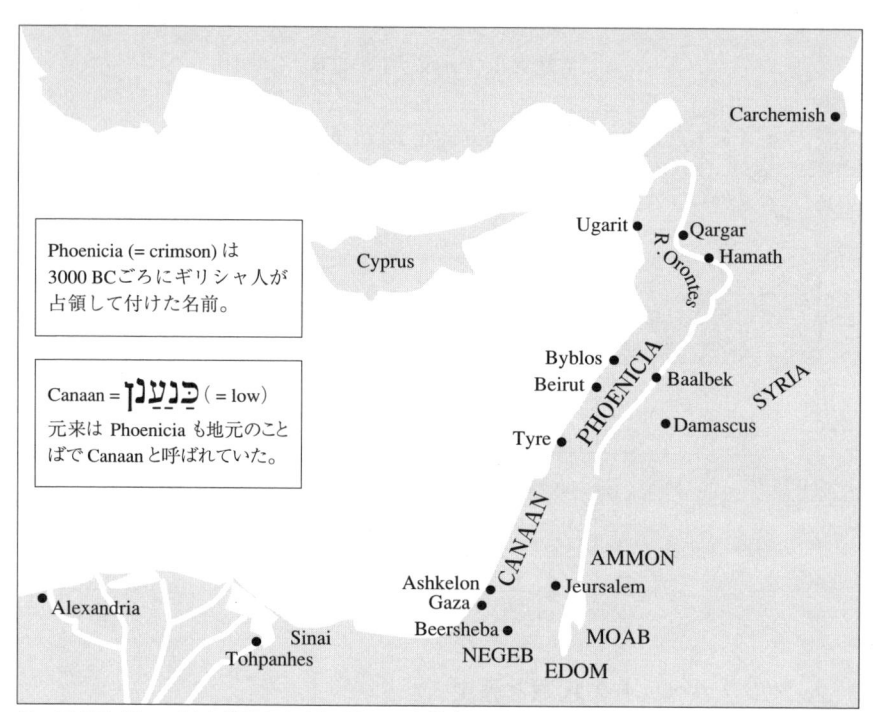

フェニキア地方とカナン地方の地図

Phoenicia (= crimson) は 3000 BC ごろにギリシャ人が占領して付けた名前。

Canaan = בְּנַעַן (= low)
元来は Phoenicia も地元のことばで Canaan と呼ばれていた。

地図中の地名:
- Carchemish
- Ugarit, Qargar, Hamath
- R. Orontes
- Cyprus
- Byblos, Beirut, Baalbek, Damascus
- Tyre
- PHOENICIA, SYRIA, CANAAN
- Ashkelon, Gaza, Jeursalem, AMMON
- Beersheba, MOAB, EDOM, NEGEB
- Sinai, Tohpanhes
- Alexandria

フェニキア (Phoenicia) 地方とカナン (Canaan) 地方

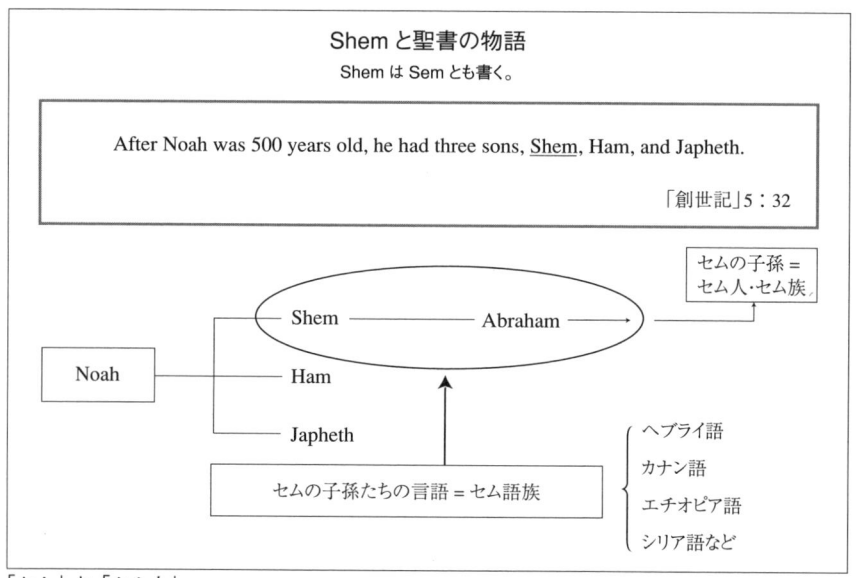

Shem と聖書の物語

Shem は Sem とも書く。

After Noah was 500 years old, he had three sons, <u>Shem</u>, Ham, and Japheth.

「創世記」5：32

Noah
- Shem ── Abraham ── → セムの子孫 = セム人・セム族
- Ham
- Japheth

セムの子孫たちの言語 = セム語族
- ヘブライ語
- カナン語
- エチオピア語
- シリア語など

「セム」と「セム人」

セム人は象形文字の語頭音をその象形文字の音とする、いわゆる「頭音書法 (acrophony) という方法で象形文字に音を与えた。たとえば、後に <A> へと発展していった ▽ は「牛の頭」を表す象形文字であった。この象形文字をセム人は /'a:lef/ と呼んだので、この象形文字の語頭音である声門閉鎖音 (glottal stop) /'/ をこの象形文字の音とした。したがって <A> は、最初は、子音を表す文字であり、母音 /a/ を表してはいなかった。<B> は「家」を表す象形文字 □ であった。セム人はこの象形文字を /beita:'/ と呼んでいたので、この象形文字に語頭音 /b/ を与えた。

〈A〉の起源

象形文字の名前	シナイ文字	フェニキア文字	古代ギリシャ文字	現代文字
/'a:lef/ =	▽	≮	→ ⊳	→ A

↓ ↑ ↑
/'a/ /'/ /a/
（声門閉鎖音）

〈B〉の起源

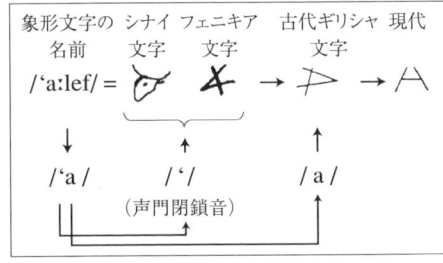

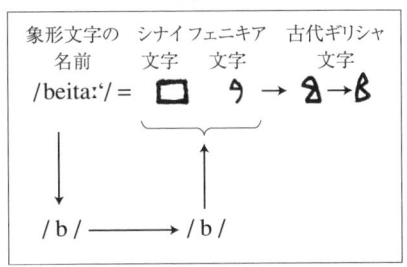

象形文字の名前	シナイ文字	フェニキア文字	古代ギリシャ文字	現代文字
/beita:'/ =	□	⋺	→ ᗭ → B

↓ ↑
/b/ ⟶ /b/

注：
・古代ギリシャ人には、「牛の頭」を起源とする文字 /'a:lef/ の語頭音 /'/ が不要であり、2番目の音 /a/ を表す文字が必要であった。そのために、この文字に2番目の音 /a/ を与えた。その結果、母音を表す今日の文字 A の元が生まれた。
・古代ギリシャ人の他の母音文字の作成方法は、セム文字の名前を母音で始まるギリシャ語の名前に変更し、その語頭音をその文字の音にする方法である。この方法によって、今日の母音文字 I, U, E, O の元が作られた。（53頁参照）

ちなみに ▽ と □ はセム語アルファベットの最初の2文字であり、これらの2文字の名称 /'a:lef/ + /beita:'/ が alphabet という英単語の語源である。したがって、alphabet の語源はセム語であり、この英単語には英語アルファベ

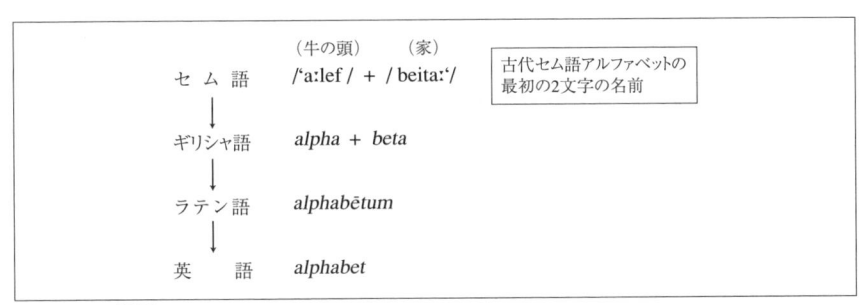

	（牛の頭） （家）	古代セム語アルファベットの最初の2文字の名前
セム語	/'a:lef/ + /beita:'/	
↓		
ギリシャ語	alpha + beta	
↓		
ラテン語	alphabētum	
↓		
英語	alphabet	

Alphabet の語源

ットの歴史が秘められている。

　今日のローマン・アルファベットの文字が並ぶ順序は、基本的には、古代セム語の文字体系の順序に由来するが、古代セム語アルファベットの文字が並ぶ順序の起源や意味は、推測の域を出ない。

　セム語という言語には母音も子音もあるが、セム人は母音を表記するための文字を作らず、子音を表記するための文字だけを作った。そのためにセム語の文を読むときには、コンテクストから母音を推量しながら読まなければならない。後世になって本来の母音の読みがわからなくなった単語に対して、翻訳者の解釈に基づいた母音を当てることがあった。そのために、1語に複数の読みと解釈が可能になった単語もある。

　セム語の一つに古代ヘブライ語がある。古代ヘブライ語は旧約聖書の原典の言語である。旧約聖書の文字は母音を表記する文字を持っていないので、旧約聖書には時代によって異なる読みがなされ、異なる母音が挿入された単語がある。（下図参照。）

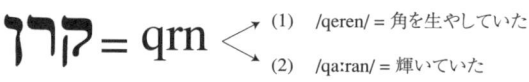

モーゼの頭に角、なぜだろう？
―― 子音文字が起こした角騒動 ――

『旧約聖書』原典
「出エジプト記」
34:30

主部　עור פניו（彼の顔の皮膚が）
述部　קרן（下の (1) または (2)）
（右から左に読む）

קרן = qrn
- (1) /qeren/ = 角を生やしていた
- (2) /qa:ran/ = 輝いていた

旧約聖書原典の言語は古代ヘブライ語であるが、アラム語の文字で書かれている。アラム語の文字体系は子音のみから成る。読者は母音を挿入しながら読まなければならない。上の述部は挿入する母音によって2種類の読みが可能。(1)は中世の公認訳聖書Vulgateのラテン語訳に基づく解釈。ミケランジェロはVulgateの解釈に従ってモーゼの頭に角を付けた。現代では(2)の解釈が一般的。

「モーゼ像」ミケランジェロ作
（ローマのサン・ピエトロ・イン・ヴンコリー教会所蔵）

セム人のなかのフェニキア人は地中海貿易にたけていた。彼らの海上貿易を通じてセム語のアルファベットがギリシャに伝えられた。ギリシャ人はセム人の子音アルファベットのなかで、自分たちには不要な子音文字のうち5個の子音文字を母音文字に変換した。その変換の仕方には2種類ある。一つは象形文字の語頭音の次の音、すなわち、2番目にある母音をその語の音とした。▷ /ʼaːlef/ の場合は、▷ に語頭音 /ʼ/ を与えられていたが、この声門閉鎖音がギリシャ語には不要であったので、語頭から2番目の母音 /a/ をこの文字の音とした。このようにして文字 <A> はギリシャで母音を表す文字になった。

　他の4個の母音文字については、セム文字の呼称をギリシャ語の呼称に変更し、変更後の文字名の語頭音をその文字の音とした。すなわち、セム語の文字 Y（Uに発展）、ヨ（Eに発展）、Z（Iに発展）、O（Oに発展）の名前 waw、he、yodh、ʼayin を母音で始まるギリシャ語名 ypsīlon、epsīlon、iōta、ōmīcron に変更し、これらの語頭音 /y/、/e/、/i/、/o/ をそれぞれの文字の音とした。ypsīlon はローマで /u/ 音や /w/ 音を表す文字になった後、英語に入った。なお、セム語の文字 Y (waw) からはローマ字のU, V, Yが発達した。このようにして5個の母音文字が加えられたアルファベットは、その後、イタリアに移住したギリシャ人によってイタリアに伝えられラテン語の文字になり、英語アルファベットの基になる文字体系が作られた。ラテン語にふさわしい文字体系になったローマ文字は、ローマ帝国の拡張とキリスト教の広がりの波に乗って世界の広い範囲に行き渡り、多数の言語のアルファベットの基礎になった。

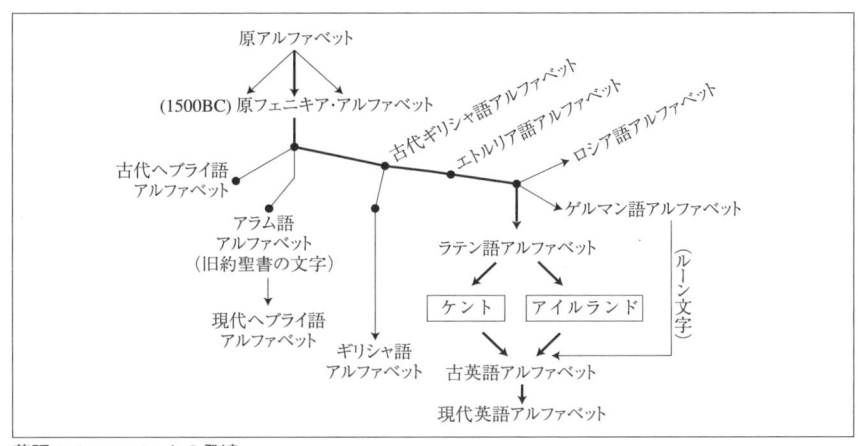

英語アルファベットの発達

3.3. ローマ字の書体

英語アルファベットの書体はラテン語アルファベットの書体が基礎になっている。ラテン語アルファベットの書体は記念碑の石に刻まれた文字、すなわち碑文文字 (monument script) にさかのぼる。石に刻む文字は直線的で大文字であったことから、その書体は角型大文字体 (square capital) と呼ばれている。文字数は古代ローマ時代初期には20個であった。ラテン語アルファベットの文字は大文字と小文字に大別される。大文字と小文字は英語では一般に capital, small letter と言うが、書体の歴史では大文字体を majuscule、小文字体を minuscule と呼ばれている。古代ローマ時代には、今日のように、これら2種類の文字が同一文に混在することはなく、どちらか一方だけに統一して使用された。大文字と小文字を混ぜて使用するようになったのは中世後期である。現代の英語では文頭の文字や固有名詞の語頭の文字、1人称単数代名詞には大文字が使用されるが、この慣習が確立するのは18世紀後半である。

古代ローマ初期の角型大文字書体 (Roman square capitals)　　　Petti (1977)

大文字体にはその後、葦で作ったペン (reed pen) で書きやすい行書体 (rustic) や草書体 (cursive) が現れた。草書体文字の中には、今日の小文字の基になる字体が出現した。

古代ローマ行書体大文字 (Roman rustic capitals)　　　Petti (1977)

古代ローマ草書体 (Roman cursive)　　　　　　　　　　　　　　　　Petti (1977)

　これらの大文字体は5世紀ごろまで写本用に使用されたが、その後の使用はタイトル文字や飾り文字に限られるようになった。それに代わって、イングランドのローマ字書体を決定づけた新しい書体が現れた。アンシャル体 (uncial) とハーフ・アンシャル体 (half-uncial) と呼ばれる書体である。アンシャル体は丸みを帯びた文字が多く、d が反り返っているのが特徴である。これはアンシャル d (uncial d) と呼ばれている。ハーフ・アンシャル体では大文字体を残しているのは N だけになっており、d の線は直線になり、b のふくらみは一つになり、f の上部は熊手のようになり、g の頭は平らになり、r は現在の小文字に近い形状になっているのが大きな特徴である。

　「アンシャル」(uncial) という語は「1インチの高さ」を意味するラテン語に由来するが、書体の高さとの関連は明確ではない。実際には「高さ」とは関係がなく丸みをおびた大きな文字を指している。

古代ローマ・アンシャル体 (Roman uncial)　　　　　　　　　　　　Petti (1977)
6世紀末に St. Augustine がケントにもってきた書体

古代ローマ・ハーフ・アンシャル体 (Roman half-uncial)　　　　　　Petti (1977)
5世紀に St. Patric がアイルランドにもってきた書体

3. 4. ブリテン島に伝えられた2種類の書体

　ブリテン島に2種類のラテン語の書体が伝えられた。これはブリテン島におけるキリスト教の伝来と深く関わっている。一つは5世紀に聖パトリックがローマからアイルランドにもたらしたハーフ・アンシャル体が、アイルランドで形状が少し変化した後、スコットランドにもたらされた書体である。この書体のアルファベットは、アイリッシュ・アルファベットと呼ばれることがある。もう一つは6世紀末にケントのサネット島に渡来した聖アウグスティヌスが、ローマからイングランドのケント地方にもたらしたアンシャル体を基にした書体である。

　北から南下してきたケルト的キリスト教と、南から北上してきたローマ的キリスト教の宣教師がもたらした2種類の書体は、それぞれの宗派と合体して広まっていった。両宗派の対立と並行して使用する書体についても対立が起こった。664年のウィットビー宗教会議 (Synod of Whitby) で礼拝儀式規定集に用いる書体は、ローマ的キリスト教派が使用していたアンシャル体を使用することが公式に認められた。しかし、この決定にもかかわらず、スコットランドを中心に北部で広まっていたアイルランド的ハーフ・アンシャル体 (insular half-uncial) が古英語の支配的な文字になった。この書体はアングロ・サクソン文字とも呼ばれる。書体の種類は、大きく分けて、初期の時代のアングロ・サクソン大文字体 (Anglo-Saxon majuscule) と、7世紀から11世紀に写本によく使用されたアングロ・サクソン小文字体 (Anglo-Saxon minuscule) との2種類がある。アングロ・サクソン大文字体は肉厚で、<d> は反り返ったアンシャルd (<ð>) である。また、gとtは頭が平らであり、N, R, Sは大文字体である。書体の文字が細くなったアングロ・サクソン小文字体は7世紀ごろに現れた。この書体が11世紀ごろまで古英語作品の写本にしばしば用いられた。この書体の特徴は長い足を持つrと、長く下に伸びたs、小さいyなどである。これらの書体はイングランドで統一されたものではなく、それぞれの地域で特徴のある書体が出現した。

　初期の時代には大文字と小文字の明確な区別はない。大文字と小文字の書体が明確になるのは次節で述べるカロリング体が出現してからである。

1. Anglo-Saxon majuscule（insular half-uncial） Petti (1977)
アングロ・サクソン大文字体（アイルランド文字の形状の影響を受けた初期の文字）

2. Anglo-Saxon or insular minuscule Petti (1977)
アングロ・サクソン小文字体（7世紀から11世紀の間写本などでよく用いられた。）

　8世紀初頭に、現在はHoly Islandと呼ばれているリンディスファーン島で作られたラテン語訳聖書『ヴルガータ』(the Vulgate) の写本が現存する。これは大型で装飾がある写本で、『リンディスファーン福音書』(the Lindisfarne Gospels) と名付けられている新約聖書である。この写本のラテン語に対する注が行間に古英語（＝アングロ・サクソン語）で書かれているが、この古英語の書体はアイルランド的ハーフ・アンシャル体である。行間注はノーサンブリア方言で書かれており、言語資料としても価値が高い。

行間注を筆者が活字にしたもの
godspell
ærest ł forðmest
ðæs ł his ceigung
from bær synnum

アイルランド的ハーフ・アンシャル体で書かれている『リンディスファーン福音書』の古英語の行間注。「マタイによる福音書」序文（大英図書館 (Cotton MS. Nero D, iv)）
Knight (1988)

3.5. カロリング体

　大陸の広大な地域がローマ帝国の支配下に入ったことと、キリスト教の広がりによって、事実上ヨーロッパ全域がローマのアルファベットを採用することになった。それを基に各地で特有の民族書体が出現した。8世紀末にフランク王国のカール大帝 (Charlemagne, c742-814) のイニシアチブで始まったカロリング朝ルネサンスの成果の一つに書体の整備がある。これによって、カロリング小文字体 (Carolingian minuscule) が生まれ、9世紀に入ってほぼ完成した。この書体が各地に現れた民族書体にとって代わるようになり、大陸のローマ字書体が統一されていった。カロリング体は10世紀ごろにフランスを経由してイングランドにも到着した。11世紀の間に、古英語の写本の書体はアングロ・サクソン小文字体を使用し、ラテン語にはカロリング小文字体を使用する傾向が定着していった。

カロリング小文字体 (Carolingian minuscule)　　　　　　　　　　　Petti (1977)

3.6. ゴシック体

　「ゴシック体」(Gothic) は「ブラック・レター」(black letter)、「ドイツ字体」(German letter) または「ひげ文字」あるいは「フラクチュア体」(Fraktur) とも呼ばれている。カロリング体とは形状は異なるが、カロリング体から発達した書体である。この書体はゴシック建築を連想させることから与えられた名称である。当初はゴシック建築そのものは評判のよい建築様式ではなかった。そのために、古代ローマ美術を破滅に導いたゴート人 (Gothic)

に対する偏見から、尖塔を持つ建築様式に「ゴート人的建築」という名前が付けられた。書体に対しても同様で、ローマ式書体に対し「変な文字」、「折れ曲がった書体」の意味を込めてゴシック文字 (Gothic letters) という名称が与えられた。鋭い角度と平行線を持っているので、ラテン語の「織られた」(textilis) に由来する名称「テクストゥラ体」(textura) と呼ばれることもある。上述の「フラクチュア体」はドイツ語のFrakturの音訳であるが、この語は英語の「骨折」を意味するfractureと同語源である。

　この書体は13世紀に完成し、おもに僧職者の書体になり、聖書や祈禱書で使用された。ほぼ並行して、ゴシック建築は修道院や大聖堂の建築に用いられるようになった。

初期の時代のゴシック体 (Early Gothic Letters)　　　　　　　　Petti (1977)
dとrに2種類の書体がある。数字の2に似ているrは前後に丸みのある文字があるときに使用される。
sもlong sとshort sの2種類がある。

　ゴシック書体はその後あまり形状を変化させず、おもに聖書など宗教的な書物の写本文字として使用された。1611年に出版された『欽定訳聖書』はゴシック書体で印刷されている。『欽定訳聖書』では2種類のrと2種類のsが使用されている。

		1	2	3	4	5	6	7	8	9a	9b
小文字		a	b	c	d	e	f	g	h	i	l
大文字		A	B	C	D	E	F	G	H	I	
		10	11	12	13	14	15	16	17a	17b	
小文字		k	l	m	n	o	p	q	r	z	
大文字		K	L	M	N	O	P	Q	R		
		18a	18b	19	20	21	22	23	24	25	
小文字		s	ſ	t	u	v	w	x	y	ȝ	
大文字		S	T		U		W	X	Y	Z	

『欽定訳聖書』(1611年) の文字

欽定訳聖書と同時代の1616年に作られたシェイクスピアの墓石に刻まれている文字は、古代ローマの角形大文字書体の伝統を継ぐ文字である。

GOOD FREND FOR IESVS SAKE FORBEARE,
TO DIGG THE DVST ENCLOASED HEARE,
BLESE BE Yᵉ MAN Yᵗ SPARES HES STONES,
AND CVRST BE HE Yᵗ MOVES MY BONES.

Good friend, for Jesus sake forbear
To dig the dust enclosed here
Blessed be the man that spares these stones
And cursed be he that moves my bones.

シェイクスピア（1616年没）の墓石の拓本
シェイクスピアは妻よりも先に亡くなった。亡くなる前に自らこの碑文を作り、墓石の用意をした。この碑文が伝えようとすることについて思いをめぐらせてみよう。

3. 7. 印刷文化の始まり

　15世紀の中ごろバラ戦争が行われているころに印刷機械がドイツからイギリスに持ち込まれ、活字印刷と活字文化の幕が開かれた。印刷技術がイギリスの社会変化や文化と文明の発達に及ぼした影響はとてつもなく大きい。英語史という観点からみるならば、英語の標準化やつづり字の統一に多大な貢献をした。印刷機械のイギリスへの導入という偉業を成し遂げたのはウイリアム・キャクストン (William Caxton, c1422-91) である。毛織物商人であったキャクストンは、ドイツのケルン (Cologne) で印刷技術を学び、ベルギーのブリュッヘ (Brugge) に自分の印刷工房を建てた。そこで、1475年に自分でフランス語から英訳した the Recuyell of the Historyes of Troye (『トロイ歴史物語集』) を出版した。これが英語で活字本になった最初の印刷本である。同年には、同じくフランス語から自分で英訳した the Game and Play of the Chess (『チェスのゲーム』) を出版した。翌年の1476年に帰国し、ウエストミンスター寺院の構内にイングランド最初の印刷所を開設した。同時代の大陸の印刷業者はラテン語の本を印刷する傾向が強かったのに対して、キャクストンは英語で書かれた作品を多く出版した。それらのなかにはチョーサー (Geoffrey Chaucer) の『カンタベリー物語』、マロリー (Sir Thomas Malory) の Le Morte d'Arthur (『アーサー王の死』)、その他ジョン・ガウアー (John Gower) やジョン・リドゲイト (John Lydgate) の作品などがある。キャクストンは亡くなるまでの間に約100点の本を印刷した。キャクストンの時代から150年の間に約20,000種類の本が印刷されたと言われている。これが英語の文法やつづり字の統一に貢献したことは言うまでもない。

第 4 章
英語の方言と標準語化

本章のポイント
英語の歴史の時代区分
イングランドの英語定着と方言
地域方言と階級方言
標準英語とはなにか

4.1. 英語の時代区分

「ことば」は絶えず変化する。一方で話し手を失った「ことば」は変化することを止めて死語 (dead language) になる。ゴート語、ラテン語、ヒッタイト語はそのような言語である。イングランドのコーンウォル地方で話されていたケルト語の一種コーンウォル語 (Cornish) は、1777年に最後の母語話者が亡くなり、その言語は死語になった。このように人間とともに生きながら変化してゆく「ことば」の連続帯を区切ることは困難である。一方で、言語変化の詳細を観察するために連続帯を区切るという人為的な手段が必要になる。言語を使用する社会の出来事などの外面史と、言語そのものの内面史を基準にしてことばの連続帯を区切るのが通例になっている。

アングロ・サクソン人がブリテン島にもたらした言語を我々は英語と呼んでいる。ビードの『イギリス教会史』によれば、449年にアングロ・サクソン人がサネット島（14頁参照）に来たことになっているが、そのときに話した「ことば」がブリテン島の最初の英語となる。しかし、考古学上の調査研究によると、それより以前にすでにブリテン島にアングロ・サクソン人が渡来していた痕跡があるという。

4.1.1. 古英語期　Old English (OE) period 700-1100年

英語史の時代の分け方は歴史の見方によって異なってくる。英語史の始まりに関しては、アングロ・サクソン人がはじめてブリテン島に来たときを英語史の始まりとすることも可能であるし、アングロ・サクソン人の文字による文献が出現したときを英語史の始まりとすることもできる。これらの時期は歴史学や考古学における発見によって、今後変化することが十分にありうる。本書では文字文献が出現した700年ごろを英語史の始まりとし、古英語の最初とする。なぜならばことばの歴史を研究するときに、言語資料は文字データに依存せざるを得ないからである。ヴァイキングの侵入によってほとんどの文献が消失したのであろう、8世紀の文献はきわめて少ない。古英語期はノーマン・コンクエストによってイングランドの公用語と支配階級の言語がフランス語になるまでの期間である。

英語の内面史の観点から見ると、冠詞、名詞、形容詞、動詞の屈折語尾 (inflection ending) が豊富にあった、屈折語尾完備 (full ending) の時代である。

4.1.2. 中英語期　Middle English (ME) period 1100-1500年

イングランドにノルマン王朝が樹立されて以来、当分の間、イングランドとフランスとの関係が強くなり、イングランドの王家や貴族がフランス語をおもな言語とした時代から、彼らの主言語が英語になるまでの期間を中英語期とする。英語の復活を象徴する出来事は、英詩の父と呼ばれているチョーサーの『カンタベリー物語』執筆や、1476年にキャクストンがウエストミンスター寺院の構内に印刷所を開設して英語の本の出版を始めたことなどである。

内面史から見ると、屈折語尾が少なくなっていった時期、いわゆる、語尾の水平化 (levelled ending) が起こった時代である。また、強勢を持つ長母音がチョーサーの時代に著しい変化を起こした。そのために、同一の単語でもチョーサーの発音した母音は、シェイクスピアの発音した母音とは異なる発音の仕方をした。たとえば、house のことをチョーサーは /huːs/ と発音し、シェイクスピアは今日の発音 /haus/ に近く /həus/ と発音した。このような母音の変化を大母音推移 (Great Vowel Shift) と呼ぶが、大母音推移は1500年までの間に英語の長母音を大きく変化させたという事実も、英語史の連続帯を1500年で区切ることの根拠になっている。

4.1.3. 近代英語期　Modern English (ModE) period 1500-1900年

1500年から1900年までを近代英語期と呼ぶ。しかし前半の1700年ごろまでの英語は中英語と今日の英語の中間の段階にあり、1700年ごろになってようやく英語が今日の英語に近くなった。そのために1500年から1700年を英語変化の重要な時期と見なし、特に初期近代英語 (Early Modern English) 期と呼ぶ。初期近代英語期にはシェイクスピアが活躍し、『欽定訳聖書』が原典から訳出され、近代英語散文の基礎が築かれた。さらに、イギリス・ルネッサンスによって、ギリシャやラテンの古典語の語彙がたくさん英語

に入った時代であり、一方でアメリカへの植民が始まり、新しい英語の幕開けになった時代でもある。

英語そのものを見ると語尾 (ending) が消失した時代であると同時に、標準語やつづり字が確立した時代である。

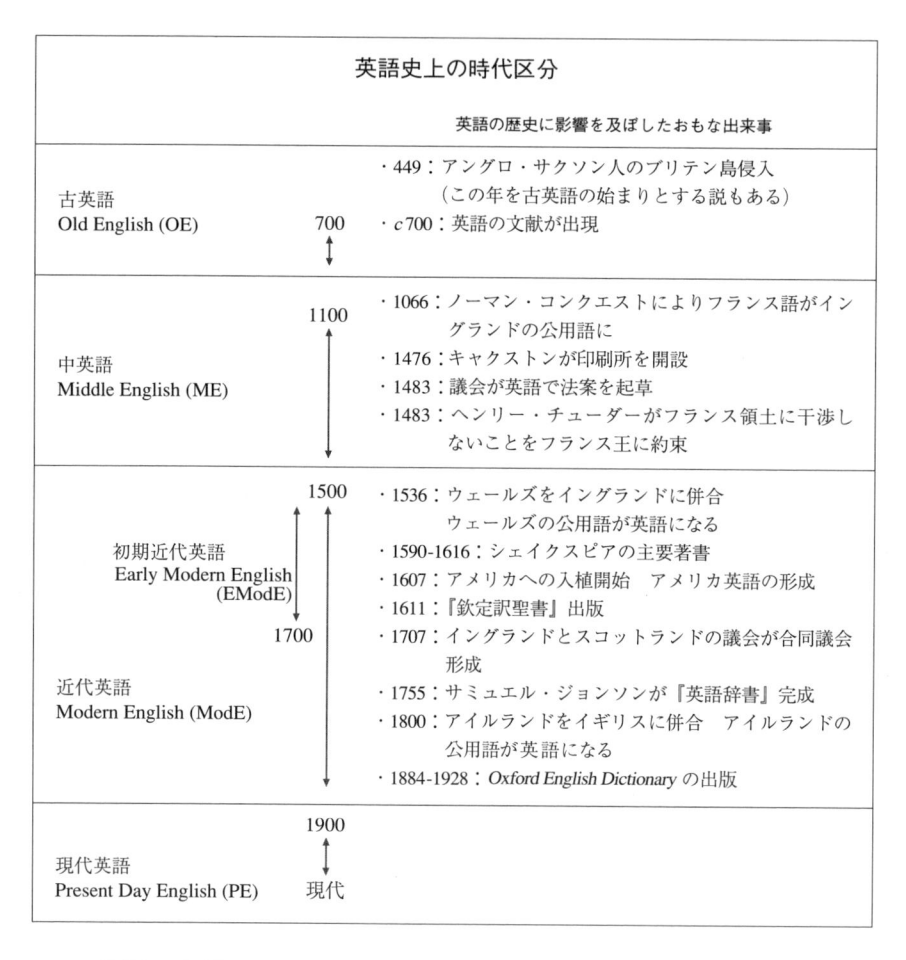

英語史上の時代区分		
		英語の歴史に影響を及ぼしたおもな出来事
古英語 Old English (OE)	↕ 700	・449：アングロ・サクソン人のブリテン島侵入 　　　（この年を古英語の始まりとする説もある） ・c700：英語の文献が出現
中英語 Middle English (ME)	↕ 1100	・1066：ノーマン・コンクエストによりフランス語がイングランドの公用語に ・1476：キャクストンが印刷所を開設 ・1483：議会が英語で法案を起草 ・1483：ヘンリー・チューダーがフランス領土に干渉しないことをフランス王に約束
初期近代英語 Early Modern English (EModE)	↕ 1500	・1536：ウェールズをイングランドに併合 　　　　ウェールズの公用語が英語になる ・1590-1616：シェイクスピアの主要著書 ・1607：アメリカへの入植開始　アメリカ英語の形成 ・1611：『欽定訳聖書』出版
近代英語 Modern English (ModE)	↕ 1700	・1707：イングランドとスコットランドの議会が合同議会形成 ・1755：サミュエル・ジョンソンが『英語辞書』完成 ・1800：アイルランドをイギリスに併合　アイルランドの公用語が英語になる ・1884-1928：*Oxford English Dictionary* の出版
現代英語 Present Day English (PE)	1900 ↕ 現代	

4.2. 英語の方言
4.2.1. 古英語の方言

英語の方言の芽生えは、ゲルマン民族のアングル人、サクソン人、ジュート人がブリテン島に渡来し居住した地域にある。

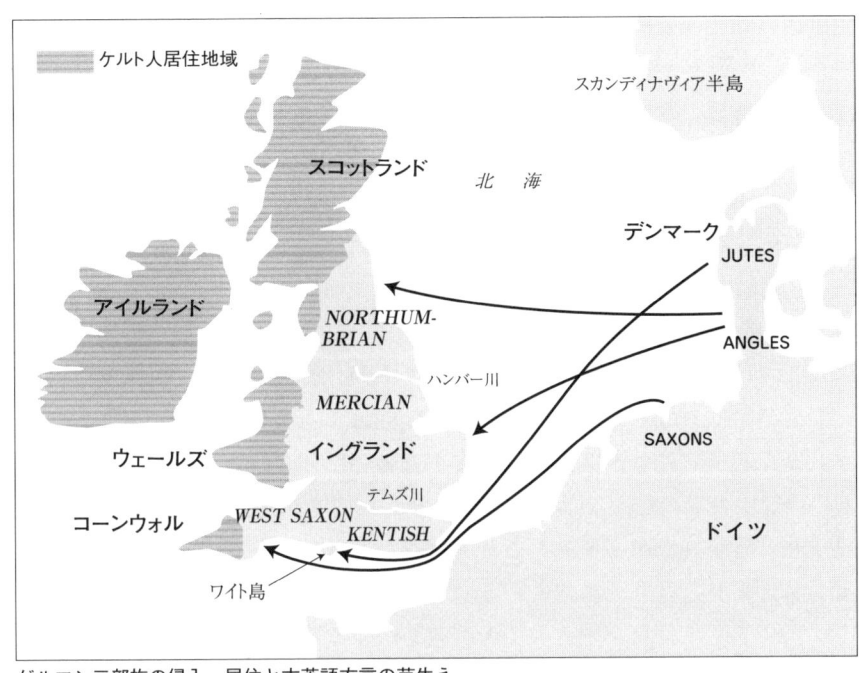

ゲルマン三部族の侵入・居住と古英語方言の芽生え

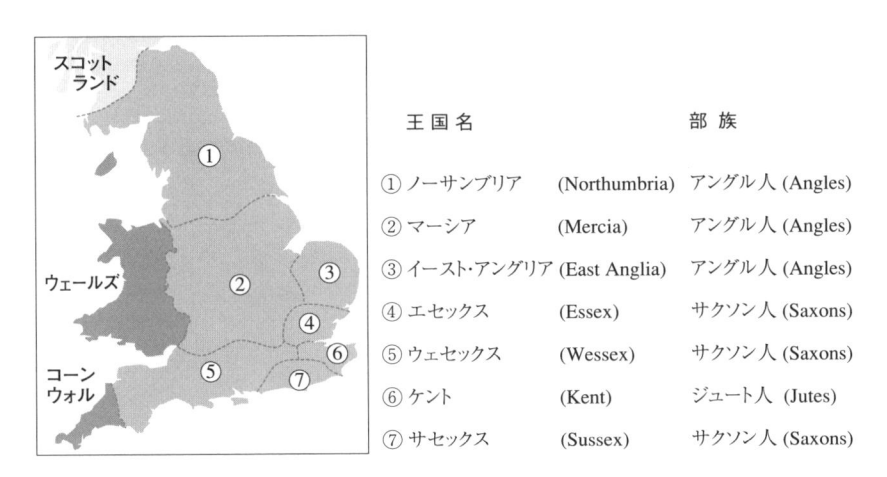

王国名		部族
① ノーサンブリア	(Northumbria)	アングル人 (Angles)
② マーシア	(Mercia)	アングル人 (Angles)
③ イースト・アングリア	(East Anglia)	アングル人 (Angles)
④ エセックス	(Essex)	サクソン人 (Saxons)
⑤ ウェセックス	(Wessex)	サクソン人 (Saxons)
⑥ ケント	(Kent)	ジュート人 (Jutes)
⑦ サセックス	(Sussex)	サクソン人 (Saxons)

　アングル人は、ほぼ、テムズ川とスコットランドの境界、そしてウェールズの境界に囲まれた地域に住んだ。ジュート人は、主として今日のケント地方とワイト島 (the Isle of Wight) に住んだ。そして、イングランドの残りの地域であるテムズ川の南側の地域からコーンウォル (Cornwall) の西側

までの地域にサクソン人が住んだ。これらの地域からそれぞれの方言が発達した。アングル人は3つの異なる王国を建設し、アングル部族全体としては広大な地域を支配下においていたので、アングル語はハンバー川を境にして二つの方言に分かれた。ノーサンブリア方言とマーシア方言である。他はジュート人のことばから変化したケント方言と、サクソン人のことばから変化したウエスト・サクソン方言である。

4.2.2. 中英語の方言

中英語期における各方言の地理上の範囲は、古英語期と比べ変化があるものの、基本的には古英語の方言を引き継いでいる。ただし、イングランドのほぼ中央部の広大な地域を居住地としたアングル人のマーシア方言は、同一方言地域内で西と東で異なる方言を発達させた。それらはイースト・ミッドランド方言とウエスト・ミッドランド方言である。また、古英語期のウエスト・サクソン方言の使用範囲が広くなったために、ウエスト・サクソン方言はサザン (Southern) 方言と呼ばれた。それに対してノーサンブリア方言はノーザン (Northern) 方言と呼ばれるようになった。このように、中英語期には5種類の方言が存在した。

古英語の方言　　　　　　中英語の方言

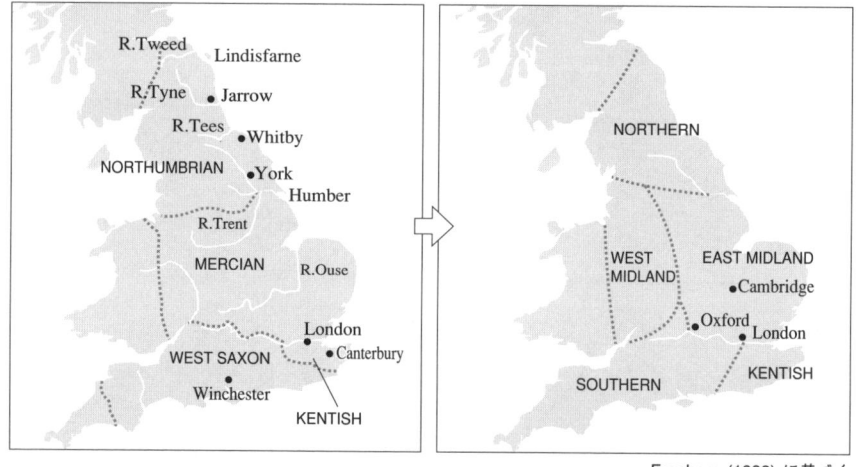

Freeborn (1988) に基づく

4.2.3. 初期近代英語と標準英語

　標準英語 (Standard English) の基になったのは、いろいろな方言の混合であった。そのなかでもイースト・ミッドランド方言の影響が強かった。その理由として次の複合的な状況をあげることができる。
1) イースト・ミッドランド方言が話されていた地域は5つの方言使用地域のなかでもっとも人口が多かった。
2) イースト・ミッドランド方言の使用地域にはロンドン、ケンブリッジ、オックスフォードの3都市があり、これら3都市を結ぶ三角地帯はイースト・ミッドランド・トライアングル (East Midland triangle) と呼ばれ、農産物の生産が豊富であるとともに羊毛市場の中心地であり、経済活動が活発であったので、そこには他の4方言の地域からも人びとが集まってきた。
3) イースト・ミッドランド方言は、地理的には、ノーザン方言とサザン方言の中間に位置していたので、イースト・ミッドランド方言はこの三角地帯に来た人びとの共通のことばになる傾向があった。
4) この三角地帯にはケンブリッジ大学とオックスフォード大学があり、同じく三角地帯にあるロンドンには議会や裁判所などの公的機関があったので、政治、経済、産業、文化の各界で指導的な役割をする中産階級が集まった。

　イースト・ミッドランド方言が使用される地域にいた中産階級のことばは、最初は統一性に欠けていたが、次第に統一されていった。この統一の過程でパブリック・スクールが大きな役割を果たした。パブリック・スクールは私立の寄宿学校でその起源は14世紀にさかのぼり、オックスフォード大学やケンブリッジ大学などの大学へ進学するための準備教育を施す学校として設立された。誰にでも門戸が開かれている (= public) 学校であるが、高い授業料を徴収するので中産階級や名士の子弟が入学し、その後各界の指導者になっていった。パブリック・スクールには様々な地域出身の中産階級の子弟が集まった。最初は統一性を欠いていた中産階級の人びとのことばが、パブリック・スクールで接触を繰り返すうちに統一したことばになっていった。これと並行して、つづり字の統一に大きな貢献をしたのが

キャクストンである。彼はロンドンに印刷所を開設し、ロンドン地域のことばとつづり字を使って印刷本を出版した。このような社会情勢のなかで発音とつづり字の標準化が進んでいった。

　一方で、方言は存在した。近代英語期の方言地図は中英語期に比べると、サザン方言の使用域が拡大し、スコットランド低地方言（Lowlands または Lowland (Scottish) dialect）とアイルランド方言 (Irish English) が加わった。

近代英語の方言

（地図）

Brook (1965)

　15世紀末に中産階級のことばが統一され始め、16世紀には標準英語が確立し、その発音は容認された発音 (received pronunciation = RP) と見なされるようになった。その結果、標準英語は教育を受けた者のことばであり、正しい英語という地位を獲得した。一方で地方の英語は地域方言 (regional dialect)、あるいは地方言葉 (regional speech) と呼ばれ、教育を受けていない者のことば、社会的身分が下の者のことば、正しくないことばという見方が広まっていった。

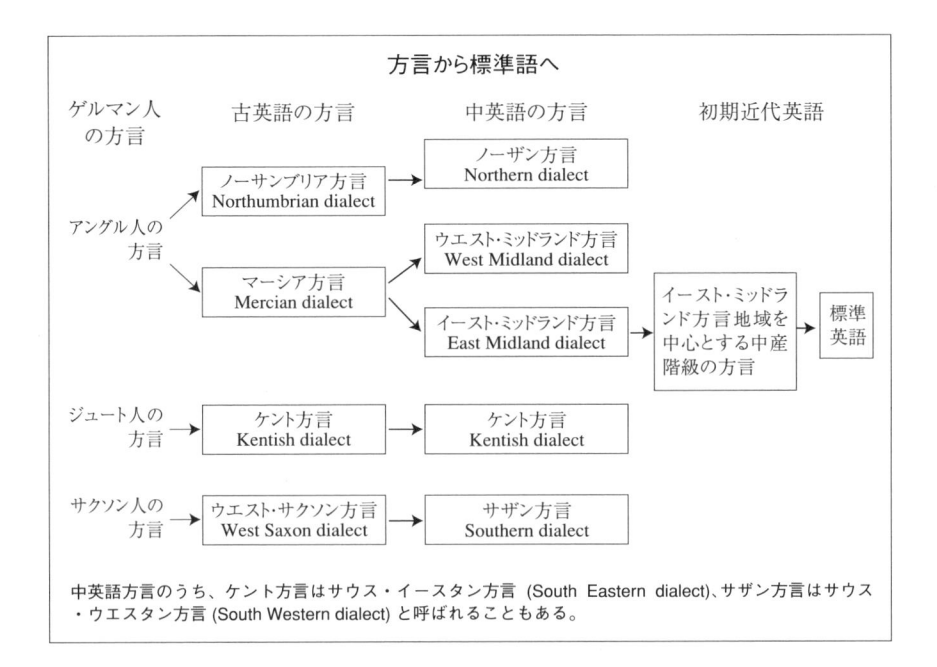

```
                        方言から標準語へ
ゲルマン人    古英語の方言      中英語の方言        初期近代英語
の方言
              ┌─────────────┐  ┌─────────────┐
              │ノーサンブリア方言│→│ノーザン方言      │
              │Northumbrian  │  │Northern dialect │
アングル人の  │dialect       │  └─────────────┘
方言          └─────────────┘
              ↓                 ┌─────────────┐
              ┌─────────────┐→│ウエスト・ミッドランド方言│
              │マーシア方言     │  │West Midland dialect│  ┌──────────┐  ┌────┐
              │Mercian dialect│  └─────────────┘  │イースト・ミッド│  │標準 │
              └─────────────┘  ┌─────────────┐→│ランド方言地域を │→│英語 │
                                 │イースト・ミッドランド方言│  │中心とする中産  │  └────┘
                                 │East Midland dialect│  │階級の方言     │
                                 └─────────────┘  └──────────┘

ジュート人→   ┌─────────────┐→┌─────────────┐
の方言        │ケント方言       │  │ケント方言      │
              │Kentish dialect│  │Kentish dialect│
              └─────────────┘  └─────────────┘

サクソン人の→ ┌─────────────┐→┌─────────────┐
方言          │ウエスト・サクソン方言│  │サザン方言     │
              │West Saxon dialect│  │Southern dialect│
              └─────────────┘  └─────────────┘

中英語方言のうち、ケント方言はサウス・イースタン方言 (South Eastern dialect)、サザン方言はサウス
・ウエスタン方言 (South Western dialect) と呼ばれることもある。
```

4.3. 古英語期と中英語期の方言と文学作品

　古英語期の文献の多くはヴァイキングによって破壊された。今日残っている古英語期の文献の多くは強力な王国であったウェセックスのものである。特に文化面に力を注いだアルフレッド大王の時代の文献が多い。

4.3.1. 古英語期のおもな文献
4.3.1.1. ノーサンブリア方言
　おもなものは8世紀後半から現れる。
1) Bede, *Historia ecclesiastica gentis Anglorum* (731)を英訳した *The Ecclesiastical History of the English People*
2) Cædmon, *Hymn*
3) *The Dream of the Rood*（8世紀ごろの詩）
4) *The Lindisfarne Gospels*（10世紀後半の行間注）
5) *The Rushworth Gospels*（マルコによる福音書を除く大部分。119ページ参照。）

4.3.1.2. マーシア方言

1) *The Corpus Glossary*（8世紀）
2) *The Vespasian Psalter*（9世紀の行間注）
3) *The Rushworth Gospels*（マタイによる福音書、マルコによる福音書とヨハネによる福音書の一部）
4) *The Life of St. Chad*（9世紀末）

4.3.1.3. ウエスト・サクソン方言

1) *The Anglo-Saxon Chronicle*（アルフレッド大王が始める）
2) *The West Saxon Gospels*（1000年ごろ）
3) Ælfric, *the Catholic Homilies* (990-2)
4) Ælfricの旧訳聖書の訳 (*The Pentateuch, Joshua, Judges, Kings, Esther, Job, Judith, and Maccabees*)（10世紀末）

4.3.1.4. ケント方言

1) *The Kentish Psalms*（10世紀末）
2) *The Kentish Hymn*（10世紀末）

4.3.2. 中英語期のおもな文献
4.3.2.1. ノーザン方言

1) *Cursor Mundi* (c1300)
2) *The Bruce* (c1325)
3) *Le Morte d'Arthure* (*The Death of Arthur*) (c1400)

4.3.2.2. イースト・ミッドランド方言

1) *The Peterborough Chronicle* (c1121-60)
2) *The Ormulum* (c1200)
3) *The Story of Genesis and Exodus* (c1250)
4) *Havelock the Dane* (c1300)
5) *Wycliffite Bible*（c1382, 改訂版1388）［イギリスで最初の完全訳聖書］
6) Geoffrey Chaucer, *The Canterbury Tales* (1387-95)

7) John Gower, *Confessio Amantis* (*c*1393)

8) Paston Letters and Papers (1425-1520)

9) Caxton, *Book of Courtesy* (1477-8)

4.3.2.3. ウエスト・ミッドランド方言

1) *Patience* (*c*1380)

2) *Pearl* (*c*1380)

3) *Sir Gawain and the Green Knight* (*c*1390)

4.3.2.4. サザン方言

1) *Ancrene Wisse* (*c*1200)

2) *Laȝamon's Brute, or Chronicle of Britain* (*c*1200)

3) *King Horn* (*c*1225)

4) *The Owl and the Nightingale* (*c*1250)

5) William Langland, *Piers Plowman* (*c*1376-87)

4.3.2.5. ケント方言

1) *Kentish Sermons* (*c*1275)

2) Dan Michel 訳 *Ayenbite of Inwit*

4.4. 初期近代英語期のおもな文献

　キャクストンが1476年に導入した印刷技術は、多くの人びとに文筆活動の機会を与え、著書が活字本として広く流布することを可能にした。その結果キャクストン以来150年の間に20,000種類の活字本が現れた。キャクストンの時代から1650年ごろまでは、いわゆるイギリスのルネッサンス期と呼ばれる時代である。ルネッサンス期の最後の数十年には、時代を代表するシェイクスピア (William Shakespeare, 1564-1616) の作品と『欽定訳聖書』(*the Authorized Version of the English Bible*, 1611) が出版された。シェイクスピアは豊かな表現を庶民のことばのなかに広めるのに貢献し、『欽定訳聖書』は新しい表現と文体を英語に加えるのに貢献した。

主要な文学作品等には以下のものがある。

1) Thomas More, *Utopia* (1516) ［ラテン語］
2) William Tyndale, *The New Testament* (1525/6) ［イギリスで最初に原典のギリシャ語から訳出された新約聖書］
3) William Tyndale, *The Pentateuch* (1530) ［イギリスで最初に原典のヘブライ語から訳出された旧約聖書の最初の五書。『モーゼ五書』と呼ばれている。］
4) Miles Coverdale, *The Bible* (1535) ［ラテン語訳聖書からの間接訳。イギリスで最初の活字による完全訳聖書の出版］
5) *The Book of Common Prayer* (1549) ［おもに、William Cranmer 著。最初の英国国教会 (Anglican Church) 制定の共通祈禱書］
6) Edmund Spenser, *The Faerie Queene* (1590-6)
7) Philip Sidney, *Defence of Poetry* (1579-80)
8) Francis Bacon, *Essays* (1561-1625)
9) *The Authorized Version of the English Bible* (1611)
10) John Milton, *Paradise Lost* (1667)
11) John Bunyan, *Pilgrim's Progress* (1678 (Part I)-1684 (Part II))
12) John Locke, *An Essay concerning Human Understanding* (1690)
13) Daniel Defoe, *Occasional Conformity of Dissenters* (1698)
14) John Dryden (1631-1700), *Fables Ancient and Modern* (1700)

第5章
英語と外国語との接触

本章のポイント

英語と外国語との接触

征服者のことばと被征服者のことば

新しい発見、発明とことば

5.1. 英語と外国語

　英語は他の言語と直接的あるいは間接的な接触を繰り返しながら、今日の英語に変容していった。外国語との接触が顕著に反映されているのが語彙である。侵略者が使用していた単語が大量に英語語彙のなかに流入したり、アングロ・サクソンの単語が侵略者の単語に取り替えられたり、侵略者が持ってきた単語と意味をたがいに分担しあったり、新しい意味が付与されたり、侵略者の単語が勢力を得たためにアングロ・サクソンの単語が消滅していったりなど、接触によって生じる現象は多岐にわたる。結果として、英語の語彙は外国語の単語を取り込むことが可能な構造を発達させながら豊かになっていった。外国語の単語を受け入れる方法の一つに、外国語の単語の一部、あるいは全体を英単語の一部として取り込む方法がある。たとえば、television, bureaucracy, tarmacadamization を、意味をなす最小の単位に分解すると、それぞれの語は2種類、またはそれ以上の異なった言語起源の単位で構成されていることが明らかになる。このような単語は「ハイブリッド」(hybrid)、あるいは「混成語」または「混種語」と呼ばれている。tarmacadamization は英語を含めると、実に五つの異なる言語にさかのぼる単位で構成されている多言語混成語である。混成語は英語が他の言語と接触しながら語彙を豊かにしていったことを示す例の一つである。

混成語の例

1. television (tele + vision)（= テレビ）
   「ギリシャ語 + ラテン語」
2. bureaucracy (bureau + cracy)（= 官僚主義）
   「フランス語 + ギリシャ語」
3. tarmacadamization (tar + mac + adam + iz + ation)
   「英語 + ケルト語 + ヘブライ語 + ギリシャ語 + ラテン語」
   (= 砕石を幾層にも敷き詰め、タールで固めて道路を舗装すること。MacAdamという人が考案した道路の舗装方法。日本では「マカダム工法」の名前で知られている。Cf. *tarmac*）

　接頭辞や接尾辞を接辞と言う。単語には接辞が付いている単語と接辞が付いていない単語がある。接辞は生産性、言い換えれば、新語を作る力、および意味の拡張という点で大きな力を発する。たとえば、wood（木材、

森林）に接尾辞を付加して、woody（樹木の多い）、wooded（樹木の茂った）wooden（木でできた）、woodsy（森林のような）の新語を造り、woodの意味を拡張することができる。英語の接辞は全体として見ると、ギリシャ語とラテン語を起源とする接辞が多いが、これらも英語と外国語との接触の跡を示すものである。

外国語起源の接辞（抄）

接尾辞	起源	（例）	接頭辞	起源	（例）
-able	N-F (L)	(reli-able)	anti-	L	(anti-aging)
-ant	N-F (L)	(serv-ant)	audio-	L	(audio-visual)
-centric	L	(con-centric)	bi-	N-F (L)	(bi-ped)
-cy	G (L)	(delica-cy)	counter-	N-F	(counter-punch)
-ee	N-F	(examin-ee)	eco-	G	(eco-logy)
-ese	N-F	(Japan-ese)	em-/en-	N-F	(en-courage)
-gon	G	(Penta-gon)	ex-	L	(ex-wife)
-ible	N-F (L)	(sens-ible)	infra-	L	(infra-structure)
-ic	L (G)	(mechan-ic)	inter-	L	(inter-national)
-ion	N-F (L)	(miss-ion)	mega-	G	(mega-phone)
-ism	N-F (L)	(American-ism)	multi-	L	(multi-company)
-ment	N-F (L)	(orna-ment)	semi-	L	(semi-final)
-ology	G	(psych-ology)	tele-	G	(tele-phone)
-type	G	(mono-type)	ultra-	G	(ultra-cold)

注：
・N-F = Norman French（ノーマン・フレンチ起源）、G = Greek（ギリシャ語起源）、L = Latin（ラテン語起源）。
・N-F (L) = ノーマン・フレンチまたはラテン語から英語に入ってきたことを示す。

　言語接触の跡は名前にも見ることができる。78ページの上図には名前のうち「息子」を意味する単位を含む名前をあげ、「息子」を表す単位の起源を示している。親しみのある英語の名前のなかにも外国語が含まれていることがわかる。これも英語と外国語との密接な接触の跡を示す例である。

英語と他言語との言語接触の痕跡を残す名前（抄）

名前	下線部の意味	下線部の起源
Brown<u>ing</u>	son of Brown	アングロ・サクソン語
Ander<u>son</u>	son of Andrew	古ノルド語
(Ander<u>sen</u>)		(-senはデンマーク語で音変化したもの)
<u>O'</u>Connor	son of Connor	ケルト語
Powel < <u>Ap</u>Howel	son of Howel	ケルト語
<u>Fitz</u>Gerald	son of Gerald	ノーマン・フレンチ
<u>Mac</u>Donald	son of Donald	ケルト語
<u>Ben</u>jamin	son of Jamin	ヘブライ語

注：
・アングロ・サクソン起源としている接尾辞 -ing の原義は「……に属する者」であった。king は kin-ing で「一族 (kin) に属する者 (-ing)」の意味であったが、意味が特殊化して「属する者」のうちの「一番高貴な人」、「王」を指すようになった。一方で -ing は「属する者」のうち「小さな者」、「子供」も指すようにもなった。

5.2. ケルト語との接触

今日まで英語に生き残っているケルト語の単語はきわめて少ない。これはケルト人が文字を持っていなかったことにおもな原因がある。ケルト人が残した単語には地名や川の名前が多く、広く親しまれているものが多い。

ケルト人が残した単語

普通名詞		地名		川の名前	
bin	ゴミ	Dover	ドーヴァー	Avon	エーヴォン川
brock	穴熊	Exeter	エクセター	Exe	エクセ川
clan	一族	Gloucester	グロスター	Thames	テムズ川
combe	険しい谷	Kent	ケント	Usk	アスク川
flannel	ネル	London	ロンドン	Wye	ワイ川
slogan	スローガン	Rochester	ロッチェスター		
whisky	ウイスキー	York	ヨーク		

注：
・地名の語尾 -ter, -c (h) ester は軍隊の砦や駐屯地を表すラテン語起源の接尾辞。

5.3. ラテン語との接触
5.3.1. 古英語期におけるラテン語からの借用

　ローマ軍はケルト人が住んでいたイギリス諸島に侵入者としてやって来て、ケルト人社会を征服し統治をした。そのときはまだアングロ・サクソン人は渡来していなかったので、ラテン語が接触した言語はケルト語であった。ローマ軍の力が弱体化し、ローマ軍がほぼブリテン島から引き揚げた後、アングロ・サクソン人がイギリス諸島にやって来た。そのときには英語とラテン語との直接的な接触はなかった。しかし、アングロ・サクソン人はイギリス諸島に来る前に、すでに大陸でローマ軍からラテン語の単語を借用していた。大陸で借用した単語で現在まで用いられているものの中には、つぎの単語がある。

大陸でゲルマン語に入ったラテン語

当時の軍事関係　：camp（野原、戦い）, cheap（値段）, mint（硬貨）, toll（コイン）

当時の服装関係　：belt, mat, purple, pillow, sack, silk, sock

当時の日用品関係：candle, pipe, butter, cheese, cup

植物・動物関係　：box（ツゲの木）, pea, poppy, plant, ass

　イギリス諸島における英語とラテン語との直接的な接触は、ローマの宣教師がキリスト教を広めるためにイギリス諸島にやって来たことによって始まった。アングロ・サクソン人がキリスト教に改宗し、大陸から持ってきた自分たちの文字を捨て、ラテン語の文字であるローマ字をアングロ・サクソン語の文字として採用した。このような中で、ラテン語のキリスト教用語が古英語に入っていった。しかし、すべてのキリスト教用語がラテン語で表現されたのではない。キリスト教に改宗する前に祭っていた、ゲルマン民族の神がみの名前や祭りの名前を当てることもあった。たとえば、キリスト教の重要なお祭りである復活祭「イースター」(Easter) は、ゲルマン人が大陸で春分のころに祭っていた女神の名前であった。それをノーサ

ンブリア地方に住み着いたアングロ・サクソン人が夜明けの神として祭ったのであるが、この女神 Eastre を復活祭に当てたのである。また、クリスマスやクリスマスの季節、そしてキリスト降誕祭を Yule と呼んだが、これは冬至のころ、ゲルマン民族が大陸で行ったお祭りの名前であった。

　イギリス諸島でラテン語から借用された単語で、今日まで使用されているもののなかにはつぎのものがある。

```
          イギリス諸島で古英語に入ったラテン語の単語

当時の宗教関係　：abbot, altar, angel, canon, demon, hymn, martyr, monk, minster, nun, pope,
                 priest, prophet, temple

当時の日用品関係：pail, pot, purse, sponge

植物・動物関係　：cucumber, lily, rose, radish, elephant, lobster, oyster, scorpion, tiger
```

5. 3. 2. 中英語期におけるラテン語からの借用

　中英語期は、学問、古典文学、医術、天文学などの分野でラテン語の借用が増加し始めた時期である。当時の借用語で今日まで使用されている単語のなかにはつぎのものがある。

```
            中英語期に英語に入ったラテン語の単語

当時の宗教関係　：requiem, gloria, lector, mediator, salvator

当時の法律関係　：client, conviction, equivalent, executor, implement, legitimate

当時の文筆関係　：desk, formal, index, item, library, scribe

当時の医学関係　：diaphragm（横隔膜）, digit（指）, hepatic（肝臓薬）, recipe（レシピ）, saliva（唾液）

天文学関係　　　：comet, dial, equal, equator, intercept

その他　　　　　：adoption, conflict, depression, impediment, implication
```

5.4. ヴァイキングのことば（=古ノルド語）との接触

　アルフレッド大王が編纂した『アングロ・サクソン年代記』によると、787年にはじめて「デーン人」(Danes) が襲来し、851年にはじめてデーン人がブリテン島で越冬をした。彼らはヴァイキングと呼ばれている人びとである。彼らの言語は Old Norse、Dane、あるいは Scandinavian と呼ばれている。『アングロ・サクソン年代記』など英語の文献では、彼らは Dane と記録されていることが多い。日本語ではヴァイキングの言語を、古ノルド語、デーン語、あるいは古代スカンディナヴィア語と呼んでいる。ヴァイキングの言語の呼称として、本書では Old Norse、その省略形として O-N を使用

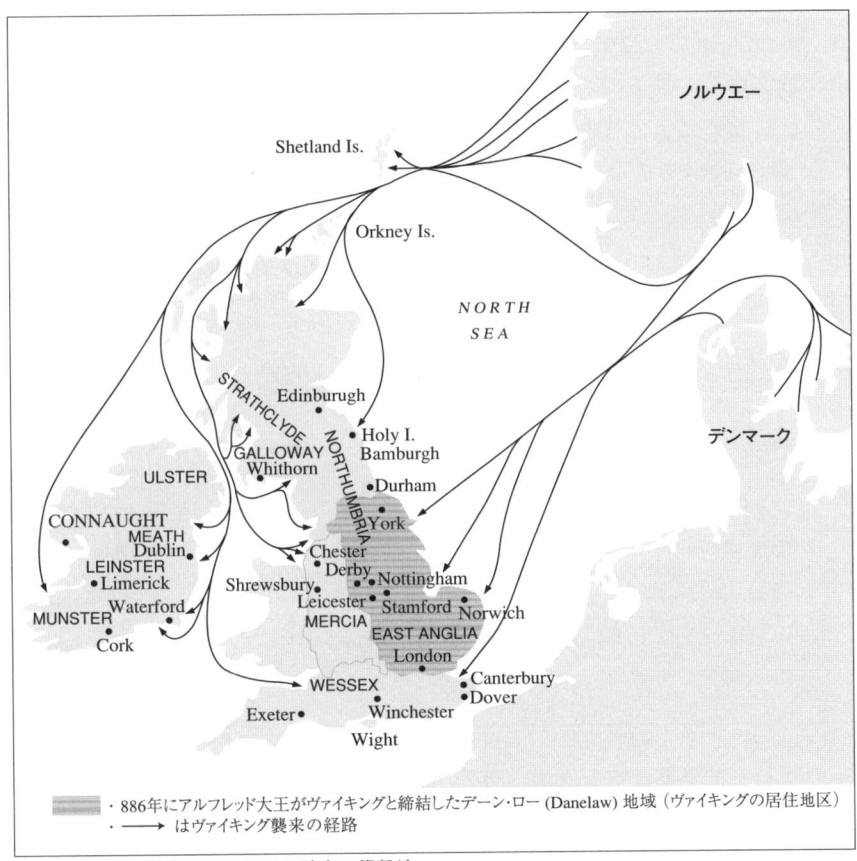

ヴァイキングの出身地とイギリス諸島の襲撃地

し、その日本語訳を「古ノルド語」とする。ヴァイキングはスカンディナヴィア半島の沿岸に住んでいた人びとが中心ではあるが、ユトランド半島沿岸からも来ており、出身地域はノルウエー、スエーデン、デンマークと広範囲である。

ヴァイキングの出身地はどこであるにせよ、彼らの言語はゲルマン語族のなかの北ゲルマン語に属している。したがって、西ゲルマン語に属するアングロ・サクソン語とヴァイキングの言語は、屈折は異なるが、語彙は基本的には同じルーツであるので、両言語間には混成が起こる言語環境が備わっていた。そのような状況のなかで、ヴァイキングがアングロ・サクソン社会に深く浸透していった。そのことは古英語の3人称・複数形の代名詞 hīe, hiera, hem が、ヴァイキングの代名詞 they, their, them に置き換わったという事実からも推測できる。ヴァイキングのことばがアングロ・サクソン人の日常語にとって代わり、アングロ・サクソン語が特殊な意味を分担して生き残った例も少なくない。

ヴァイキング（＝古ノルド語）の単語が一般化し、アングロ・サクソンの単語が特殊化した例

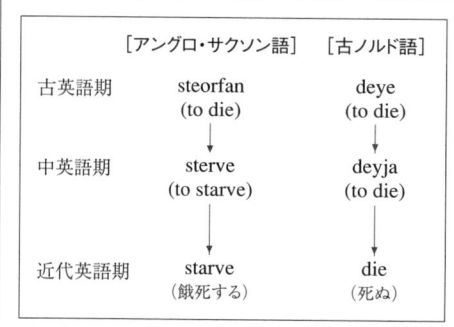

	[アングロ・サクソン語]	[古ノルド語]		[アングロ・サクソン語]	[古ノルド語]
古英語期	steorfan (to die)	deye (to die)		niman (to take)	taka (to take)
	↓	↓		↓	↓
中英語期	sterve (to starve)	deyja (to die)		nime (to take)	take (to take)
	↓	↓		↓	↓
近代英語期	starve （餓死する）	die （死ぬ）		numb （しびれる）	take （取る）

ヴァイキングの deye は広く用いられる「死ぬ」の意味を分担し、アングロ・サクソンの steorfan は「特殊な死」の意味を分担。

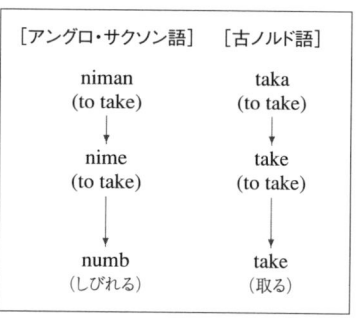

ヴァイキングの taka は広く用いられる「取る」の意味を分担し、アングロ・サクソンの niman は「（感覚を）取る」の意味から「しびれる」の特殊な意味を分担。

このような現象はアングロ・サクソン人とヴァイキングが、社会の広範な分野で接触したり、共同作業を繰り返していたことを示している。

アングロ・サクソン語と古ノルド語はそれぞれ西ゲルマン語と北ゲルマ

ン語に属し、両言語間には発音上の違いがあった。そのために、もともと同一の単語であったものが、異なる言語を経由してイギリス諸島で出会ったとき、たがいに発音や意味が異なってしまっていた単語もある。このように、もともと同一言語の単語であったものが、それぞれが異なる集団で使用されている間に発音や意味が異なってしまった2つの単語を「二重語」または「ダブレット」(doublet) と言う。アングロ・サクソン人が大陸からイギリス諸島に持ってきた単語と、ヴァイキングがイギリス諸島に持ってきた単語の起源が同一であるとき、二重語が起こった。下に示した古英語期に起こった二重語の例は、すべて現代英語でも使用されている単語である。

たとえば、kist-chest と kirk-church は古英語期には互いに類似の意味を持っていたが、現代では kist がスコットランド地方で「石棺」の意味で、kirk がスコットランドで「スコットランド教会」として、それぞれ意味を特殊化させ、生き残っている。また、shirt-skirt はもともと「丈の短い服」を意味したが、アングロ・サクソン語と古ノルド語で使用されている間に発音が異なってしまい、その上それぞれ異なる衣服を指すようになった。

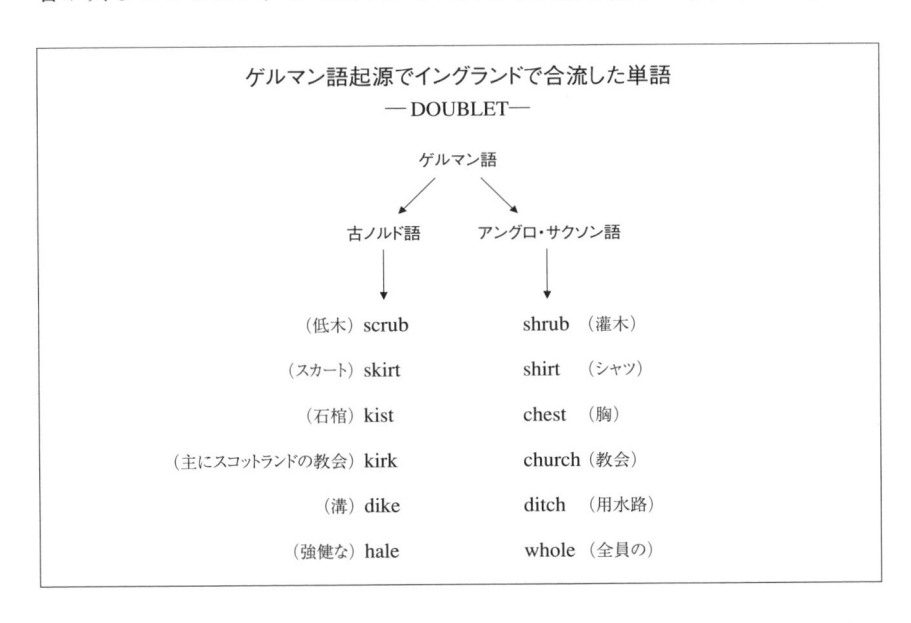

```
         ゲルマン語起源でイングランドで合流した単語
                   —DOUBLET—

                        ゲルマン語
                       ↙       ↘
                   古ノルド語   アングロ・サクソン語
                      ↓            ↓

              (低木) scrub         shrub   (灌木)
             (スカート) skirt        shirt   (シャツ)
              (石棺) kist          chest   (胸)
     (主にスコットランドの教会) kirk   church  (教会)
              (溝) dike           ditch   (用水路)
            (強健な) hale          whole   (全員の)
```

ヴァイキングがアングロ・サクソン社会に融け込むにしたがって、ヴァイキングにとって身近な単語や身の回りのものを表す単語が英語に流入し

た。それらのなかには、今日でも日常的に使用されている単語が多い。そのような単語に以下のものがある。

古英語期に英語に入ったヴァイキング（=古ノルド語）の単語

名　詞　：band, bank, birth, brink, bull, dirt, drag, dregs, egg, fellow, gap, gasp, glitter, harbour, knife, leg, lift, loan, race, root, scrap, seat, sister, sky, slaughter, root, trust, window

代名詞　：they, their, them

動　詞　：call, clip, crawl, die, get, give, guess, hit, raise, scare, take, thrust, want

形容詞　：awkward, both, flat, ill, low, odd, rotten, tight, weak

5.5. ノーマン・フレンチ（征服者のことば）との接触

　ノーマン・フレンチはノルマン訛りのフランス語であり、フランス語の一方言である。イングランドが1066年にノルマンディー公によって征服されると、多くのアングロ・サクソンのことばが征服者のことばと入れ替わった。たとえば、下図のような重要なアングロ・サクソンの単語がフランス語の単語に置き換えられた。

**フランス語の単語が
アングロ・サクソンの単語を駆逐した例**

N-Fの単語と 交替・消滅したA-Sの単語	N-Fの単語
æþeling	price
ēam	uncle
fulluht	baptism
hǣlend	saviour
milts	mercy
rǣdbora	counselor
sige	victory
stōw	place
wuldor	glory

N-F = Norman French
A-S = Anglo-Saxon

また、王室と貴族の称号はアングロ・サクソン語とフランス語起源の語との混交になってしまった。

```
┌─────────────────────────────────────────────────────┐
│            イングランド王室と貴族の称号の起源          │
│                                                     │
│       [A-S]          [N-F]           (和訳)         │
│                                                     │
│       King           ―              (王)           │
│       Queen          ―              (女王)         │
│       ―             Prince          (王子)         │
│       ―             Duke            (公爵)         │
│       ―             Marquess        (侯爵)         │
│       Earl           Countess        (伯爵)(伯爵夫人) │
│       ―             Viscount        (子爵)         │
│       ―             Baron           (男爵)         │
│       Knight         ―              (ナイト爵)     │
└─────────────────────────────────────────────────────┘
```

　一方で、類似の意味を持つアングロ・サクソン語とフランス語の単語がともに生き残った例もある。その場合は相補的に意味を分担しあうことが多い。たとえば、アングロ・サクソン語のsinは「すべての罪」を表していたが、ノーマン・コンクエスト後に法律用語としてフランス語のcrimeが入ってくると、sinは宗教上の「罪」に限定されるようになった。この現象は類似の意味を表したアングロ・サクソン語、古ノルド語、フランス語起源の単語の間においても起こっている。

```
┌─────────────────────────────────────────────────────┐
│    アングロ・サクソン語、古ノルド語、ノーマン・フレンチの意味の分担の例    │
│                                                     │
│       [A-S]          [O-N]           [N-F]          │
│                                                     │
│       murder         slaughter       homicide       │
│                                                     │
│       謀殺           故殺            謀殺・自殺      │
│                                                     │
│            A-S＝アングロ・サクソン語＝古英語          │
│            O-N＝古ノルド語＝ヴァイキングのことば      │
│            N-F＝ノーマン・フレンチ                   │
└─────────────────────────────────────────────────────┘
```

同じ現象が、アングロ・サクソン語、フランス語、ラテン語およびギリシャ語の間にも起こっている。それぞれがたがいに異なる意味を分担し、補い合う相補的な存在になって、今日まで生き残っている。

アングロ・サクソン語、フランス語、ラテン語・ギリシャ語の共存

[A-S]	[N-F]	[L/G]
rise	mount	ascend
help	aid	assistance
fair	beautiful	attractive
book	volume	text
foe	enemy	adversary

A-S＝アングロ・サクソン語＝古英語
N-F＝ノーマン・フレンチ
L/G＝ラテン語またはギリシャ語

　類似の意味を表す侵略者の単語と被侵略者の単語が接触したとき、侵略者の単語はきれいなもの、上品なものを分担し、被侵略者の単語は庶民的なもの、洗練されていないものを分担するという傾向が強い。これは庶民階級のアングロ・サクソン人と支配階級のノルマン人の間にあった一種の階級方言との見方も可能である。現代英語では「室内楽」をchamber musicと言ってroom musicとは言わない。これはroomが庶民であるアングロ・サ

動物と料理用の肉

	A-S 動物	N-F 料理用肉	
（雄牛）	ox	beef	（ビーフ）
（羊）	sheep	mutton	（マトン）
（豚）	pig	pork, bacon	（ポーク、ベーコン）
（子牛）	calf	veal	（子牛の肉）
（鹿）	deer	venison	（鹿肉）
（雄豚）	boar	brawn	（雄豚の肉）
（とり）	fowl	poultry	（とり肉）

A-S＝アングロ・サクソン語
N-F＝ノーマン・フレンチ

クソン人の単語であり、chamber は上流階級であるノルマン人の単語であったことの名残である。この現象は、ファッションと食事に関する分野で特に顕著に見られる。たとえば、生きている動物はアングロ・サクソン語で指し、料理用の食肉になったものはフランス語で指した。

**アングロ・サクソン語とフランス語で
異なる意味領域を分担して生き残った単語**

A-S	N-F
begin	commence
child	infant
clothes	dress
doom	judgment
feed	nourish
help	aid
hide	conceal
hearty	cordial
homely	domestic
house	mansion
lonely	solitary
room	chamber
sin	crime
stool	chair
wish	desire
wedding	marriage

A-S = アングロ・サクソン
N-F = ノーマン・フレンチ

　300年近く続いたフランス語支配の結果、フランス語の単語は政治、法律、軍事、宗教、ファッション、食文化、学芸などあらゆる分野に侵入し、英語の単語として受け入れられていった。

ノルマンディー公のイングランド支配後に英語になったフランス語の単語

政治
administration, authority, bailiff, baron, chancellor, coroner, council, court, crown, duke, exchequer, government, liberty, majesty, manor, mayor, minister, noble, parliament, peasant, prince, realm, reign, revenue, royal, sir, sovereign, squire, state, tax, traitor, treasurer, treaty, tyrant

法律
accuse, adultery, arrest, arson, assize, attorney, bail, blame, convict, crime, decree, depose, evidence, felon, fine, gaol, heir, inquest, judge, jury, justice, larceny, legacy, pardon, plaintiff, plea, prison, punishment, sue, summons, verdict, warrant

軍事
ambush, archer, army, battle, besiege, captain, combat, defend, enemy, garrison, guard, lance, lieutenant, moat, navy, peace, portcullis, retreat, sergeant, siege, soldier, spy, vanquish

宗教
abbey, baptism, cardinal, cathedral, chant, charity, clergy, communion, confess, convent, creator, crucifix, friar, heresy, immortality, mercy, miracle, novice, ordain, pity, prayer, religion, saint, salvation, sermon, solemn, trinity, vicar, virgin, virtue

ファッション
brooch, button, cloak, collar, diamond, dress, embroidery, emerald, fashion, gown, jewel, ornament, pearl, petticoat, robe

飲食関係
appetite, bacon, beef, biscuit, cruet, date(なつめやしの実), dinner, feast, fry, grape, gravy, jelly, lettuce, mackerel, mustard, mutton, orange, oyster, plate, pork, roast, salad, salmon, saucer, sausage, spice, supper, tart, taste, toast, treacle, veal, venison, vinegar

学芸
art, beauty, geometry, grammar, image, medicine, music, noun, painting, paper, pen, poet, romance, sculpture, story, surgeon

その他
action, adventure, age, blue, brown, bucket, carol, carry, ceiling, certain, chair, chess, chimney, city, conversation, curtain, cushion, dance, debt, easy, flower, foreign, forest, gay, hour, joy, kennel, lamp, leisure, mountain, move, nice, ocean, ointment, pain, pantry, people, piece, please, real, reason, river, scarlet, spaniel, special, square, stomach, terrier

(主に Crystal (2002) に基づく)

5.6. 初期近代英語における借用語

　キャクストンの時代から1650年ごろまでの間は、イギリスのルネッサンス期と呼ばれている。その時期にはギリシャやラテンの古典に対する関心が高まり、コペルニクス (Copernicus) が地動説を主張し、アメリカが発見された時期である。新しい概念、新しい技術、新しい発見を表す単語が必要になった。この時期に新しい単語が様々な言語から借用された。なかでも多かったのは、ラテン語とギリシャ語からの借用である。他に、フランス語、イタリア語、スペイン語、ポルトガル語を含め50近い言語からの借用語があった。

ルネサンス期に外国語から借用した単語の例とその起源

古典語（ラテン語とギリシャ語）
adapt, anachronism, anonymous, appropriate, assassinate, atmosphere, benefit, capsule, catastrophe, chaos, climax, conspicuous, contradictory, crisis, criterion, disability, emphasis, encyclopedia, enthusiasm, exact, exaggerate, excursion, exist, expectation, expensive, explain, extinguish, fact, habitual, immaturity, impersonal, lunar, monopoly, necessitate, obstruction, parenthesis, pathetic, pneumonia, relaxation, relevant, scheme, skeleton, soda, species, system, temperature, thermometer, utopian, vacuum, virus

フランス語
anatomy, barricade, battery, chocolate, colonel, comrade, detail, entrance, explore, grotesque, invite, moustache, muscle, passport, pioneer, probability, shock, ticket, vase, vogue, volunteer

イタリア語
balcony, ballot, cameo, carnival, cupola, design, fuse, giraffe, lottery, macaroni, opera, rocket, solo, sonata, sonnet, soprano, stanza, violin, volcano

スペイン語
alligator, bravado, cannibal, canoe, cockroach, cocoa, corral, guitar, hammock, hurricane, maize, mosquito, potato, sombrero, tobacco

ポルトガル語	tank
スペイン語または ポルトガル語	anchovy, apricot, banana, negro
アラビア語	harem
オランダ語	cruise, easel, keelhaul, knapsack, landscape, yacht
トルコ語	coffee, kiosk
ペルシャ語	bazaar, caravan
日本語	bonze (坊主), kami (神), katana (刀), kuge (公家), mochi (餅), samisen (三味線), shogun (将軍), tabi (足袋), tai (鯛), tatami (畳)

（主に Crystal (2002) に基づく）

5.7. 現代英語の借用語

円グラフは現代英語における借用語の出身言語と割合を示している。現代英語においても古典語とフランス語からの借用語が多いことに変わりはない。一方で、それ以外の多様な言語から単語が流入していることもわかる。

現代英語の借用語の起源と割合

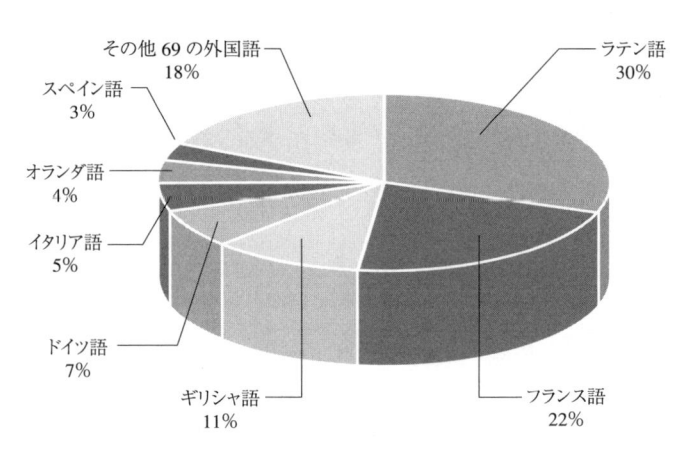

- ラテン語 30%
- フランス語 22%
- ギリシャ語 11%
- ドイツ語 7%
- イタリア語 5%
- オランダ語 4%
- スペイン語 3%
- その他 69 の外国語 18%

注：
・Hughes (2000) が OED^2 をデータにして調査した統計を円グラフ化したもの

第6章
文字と音声

本章のポイント

古英語の文字と音

中英語の文字と音

大母音推移とその影響

6.1. 子音文字および母音文字と音

英語の子音は通時的に見て、比較的安定して今日に至っているが、母音は多様なそして複雑な変化をしてきた。本節ではそれらの音を表す子音文字と母音文字のおもな変化の跡をたどる。

6.2. 古英語の発音

古英語で使用された文字は以下のとおりである。ただし、<k>, <q>, <x>, <z> の文字は希にしか使用されなかった。古英語は基本的には1文字1音の発音をするが、一部の文字は複数の音、厳密には音素 (phoneme) や異音 (allophone) を担当した。音素は意味の違いに関与するが、異音は意味の違いには関与しない。音素は / / で示し、異音は [ ] で示す。また、< > はそのなかにあるのは文字であることを表す。文字は < > で示さない場合もある。

古英語の文字

a æ b c d e f ᵹ h i k l m n o p q r ſ s t ð þ u p x y z

a æ b c d e f g h i k l m n o p q r s t ð þ u p x y z

6.2.1. 古英語の子音文字と音

古英語の子音は原則として1文字が1音に対応するのが原則であり、つづり字そのものが発音を表すことを基本としている。したがって、同一の子音が連続した場合は、二つの子音として読んだ。一方で、1文字が2種類の音素を担当したり、1文字が2～3種類の異音を表すことがあった。それらを表で示す。

古英語の子音文字と音

文字	音素	異音
b	/b/	
c (ċ)	/k/ /tʃ/	
d	/d/	
f	/f/	[f] [v]
g (ġ)	/g/ /j/	[g] [ɣ]
h	/x/	[x] [h] [ç]
l	/l/	
m	/m/	
n	/n/	
p	/p/	
r	/r/	
s	/s/	[s] [z]
t	/t/	
þ	/θ/	[θ] [ð]
ð	/θ/	[θ] [ð]

文字	音素	異音
sc (sċ)	/ʃ/	/sk/ /ʃ/
cg	[dʒ]	[dʒ] [ddʒ]

cとgは、音の違いを示すために、( )内のように文字の上に丸を置く習慣になっている。

・[ɣ]は[x]の有声音。ドイツ語のsagan の g
・[x] はドイツ語の ach の ch
・[ç]はドイツ語の ich の ch

二重子音
ng　hw　wr　tt　*etc.*
/ŋg/　/hw/　/wr/　/tt/

・音素 (phoneme)：bitとpitの /b/ と /p/ のように意味の違いを起こさせる音。
・異音 (allophone)：意味の違いを起こさせない程度に異なる音。pit の [t] と tip の [t] は前後の音によって音が異なるが、いずれも音素 /t/ の一員である。

2種類以上の音を持つ子音文字と単語の例

文字	単語	発音	（意味）	単語	発音	（意味）
c	cū	/kuː/	(cow)	ċild	/tʃild/	(child)
f	fīf	/fiːf/	(five)	ofer	/over/	(over)
g	glæd ġeong	/glæd/ /jeong/	(glad) (young)	bōg	/boɣ/	(bough)
h	hāl dohtor	/hɑːl/ /doxtor/	(whole) (daughter)	riht	/riçt/	(right)
s	hūs	/huːs/	(house)	ċēosan	/tʃeozɑn/	(choose)
ð	bæð	/bæθ/	(bath)	baðu	/bɑðu/	(baths)
þ	þurh	/θurx/	(through)	ōþer	/oːðer/	(other)
sc	sċip	/ʃip/	(ship)	scōl	/skoːl/	(school)
cg	ecg	/edʒ/	(edge)	secgan	/sedʒɑn/	(say)

注：
・f, s, þ, ð は母音に挟まれると有声化する。　・c が /tʃ/ の音の時は c の上に点を置く。
・g が /j/ の音のときは g の上に点を置く。　・母音文字が長母音のとき文字の上に線を置く。

二重子音の読み方

文字	単語	発音	意味
hl	hlāf	/hlɑ:f/	(food)
hw	hwæte	/hwæ:te/	(wheat)
wr	writ	/writ/	(writing)
kk	bucca	/bukka/	(book)
pp	lippa	/lippɑ/	(lip)
ss	cyssan	/kyssan/	(kiss)
þþ	siþþan	/siθθan/	(since)

<f, s, ð, þ> は母音にはさまれると有声化するが、二重子音の場合にはそのような環境でも有声化しない。

6.2.2. 古英語の母音文字と音

古英語の母音文字はかならず短母音と長母音の2種類を表す。

古英語の母音文字と音

母音文字	i	y	e	æ	u	o	ɑ	ea	eo	io	ie
短音	/i/	/y/	/e/	/æ/	/u/	/o/	/ɑ/	/æɑ/	/eo/	/io/	/iy/
長音	/i:/	/y:/	/e:/	/æ:/	/u:/	/o:/	/ɑ:/	/æ:ɑ/	/e:o/	/i:o/	/i:y/

古英語の二重母音（ea, eo, io, ie の長音）

注：
・母音が長母音であるとき、<ā>, <ī>, <ū>, <ē>, <ō> のように母音文字の上に線を置く。

母音文字の長音と短音の例

<a>	短母音	habban	/habbɑn/	(=have)	<u>	短母音	lufian	/luvian/	(=love)
	長母音	rāp	/rɑ:p/	(=rope)		長母音	mūþ	/mu:θ/	(=mouth)
<æ>	短母音	fæder	/fæder/	(=father)	<y>	短母音	cyning	/kyning/	(=king)
	長母音	sǣd	/sæ:d/	(=seed)		長母音	brȳd	/bry:d/	(=bride)
<e>	短母音	ende	/ende/	(=end)	<ea>	短母音	eall	/æɑl/	(=all)
	長母音	cwēne	/kwe:ne/	(=queen)		長母音	dēaþ	/dæ:ɑθ/	(=death)
<i>	短母音	þing	/θing/	(=thing)	<eo>	短母音	heorte	/heorte/	(=heart)
	長母音	līf	/li:f/	(=life)		長母音	cnēo	/kne:o/	(=knee)
<o>	短母音	crop	/krop/	(=crop)	<io>	短母音	liornian	/liornian/	(=learn)
	長母音	mōder	/mo:der/	(=mother)		長母音	līode	/li:ode/	(=people)
					<ie>	短母音	giefan	/giyvan/	(=give)
						長母音	hīeran	/hi:yran/	(=hear)

6.3. 中英語の文字と音

　中英語期 (1100-1500) の400年の間に文字は徐々に変化し、14世紀後半には近代英語の文字が出そろった。これにはノルマン公国から来たノルマンの写字生 (scribe) の影響があった。写字生とは、活字がない時代、本や記録を写字することを職業とし、王侯や貴族に雇われていた人たちのことである。アングロ・サクソン人がローマの宣教師からローマ文字を借用し、そこからアングロ・サクソン語にふさわしい固有の文字体系を作った。しかし、ノーマン・コンクエスト後にノルマン人がイングランドを支配し、ノルマンの写字生がイングランドで写字活動を始めると、フランス語のアルファベットやつづり字法が次第に優勢になっていった。たとえば、「王妃」を表す古英語の単語cwēneに、フランス語のつづり字法が採用されてcw-はqu-になった。その結果、この単語は今日のqueenのつづり字になった。このような背景の下、14世紀末には英語の文字は以下のような体系になった。( ) は当時使用が希であった文字を表す。（3章参照）

　　a b c d e f (ʒ) g h i (j) k l m n o p q r s t (þ) u v w x y z

6.3.1. 中英語の子音文字と音

　英語の子音が表す音は母音に比べてはるかに安定している。子音変化のおもな現象を取りあげる。古英語の /g/ の異音 [ɣ] は中英語期の間に消失し、/x/の異音のうち[x]と[ç] は中英語期末から初期近代英語の間に消失した。また、古英語では音素 /f/, /θ/, /s/ の異音であった [f]－[v], [θ]－[ð], [s]－[z]は、それぞれ独立した音素になった。

消失した異音

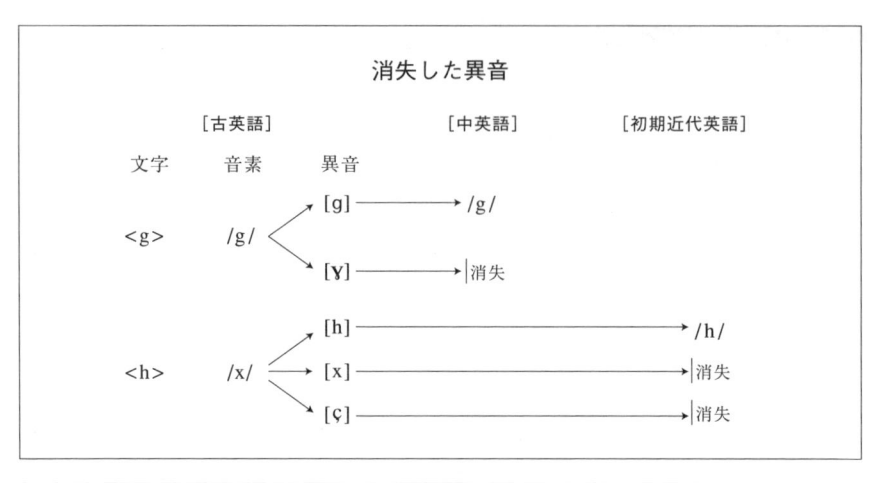

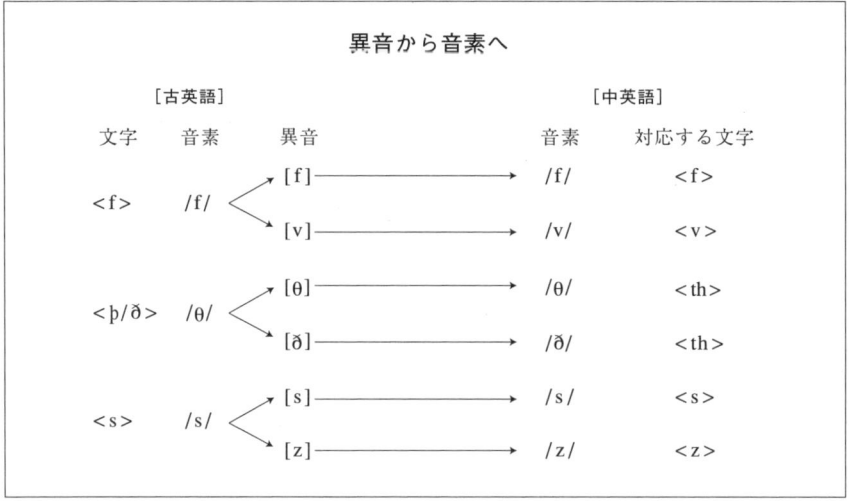

```
            ［古英語］                ［中英語］        ［初期近代英語］
       文字   音素   異音
                    ┌ [g] ─────────→ /g/
       <g>   /g/  ─┤
                    └ [ɣ] ─────────→ 消失

                    ┌ [h] ─────────────────────────→ /h/
       <h>   /x/  ─┼ [x] ─────────────────────────→ 消失
                    └ [ç] ─────────────────────────→ 消失
```

異音から音素へ

```
            ［古英語］                    ［中英語］
       文字    音素   異音               音素    対応する文字
                     ┌ [f] ──────────→ /f/      <f>
       <f>    /f/  ─┤
                     └ [v] ──────────→ /v/      <v>

                     ┌ [θ] ──────────→ /θ/      <th>
       <þ/ð>  /θ/  ─┤
                     └ [ð] ──────────→ /ð/      <th>

                     ┌ [s] ──────────→ /s/      <s>
       <s>    /s/  ─┤
                     └ [z] ──────────→ /z/      <z>
```

6.3.2. 中英語の母音文字と音

　古英語の抱き合わせ文字 <æ> は中英語期に消失し、母音文字は <i, u, e, o, a> の五つになった。また、文字 <y> は半母音を表すようになった。長母音を表すつづり字は <a>、<e>、<o> 以外にも、<aa>、<ee>、<oo> のように同じ母音文字を重ねる書記法が導入された。

　また、古英語の無強勢の母音 /æ/ と /i/ は古英語期の間に弱音化し、あいまい母音 /ə/ (shwa) になった。それに続いて、無強勢の /ɑ, u, o/ も弱音化

していった。弱音化したこれらの母音は、多くの場合、文字 <e> で表された。たとえば、古英語の tima (= time) の <-a> が弱音化して中英語では <-e> となり、今日の単語 time になった。

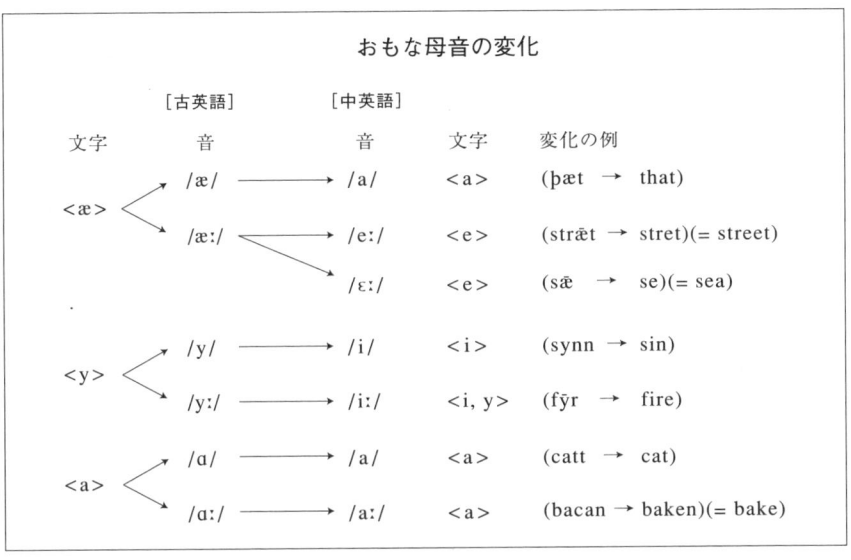

おもな母音の変化

文字	[古英語] 音	[中英語] 音	文字	変化の例
<æ>	/æ/	/a/	<a>	(þæt → that)
	/æ:/	/e:/	<e>	(strǣt → stret)(= street)
		/ɛ:/	<e>	(sǣ → se)(= sea)
<y>	/y/	/i/	<i>	(synn → sin)
	/y:/	/i:/	<i, y>	(fȳr → fire)
<a>	/ɑ/	/a/	<a>	(catt → cat)
	/ɑ:/	/a:/	<a>	(bacan → baken)(= bake)

無強勢母音の弱音化

	[古英語]	[中英語]		[変化の例]
<a>	/ɑ/	/ə/	<e>	(cuman → cumen) = come
<o>	/o/	/ə/	<e>	(nacod → naked)
<u>	/u/	/ə/	<e>	(nosu → nose)

6.3.3. 中英語における語末の <-e>

　強勢のない母音のうち、前舌母音 /i, e, æ/ が古英語中ごろから、そして後舌母音 /ɑ, u, o/ は古英語末期に弱音化し、<e> で表記されるようになった。このような経緯で語末の <-e> になった多くの <-e> は、中英語末期にその音を消失していった。中英語の語末の <-e> には以下の種類があった。

1) 語源的語尾 -e：語源上存在した母音が弱音化して <-e> になったもの
　　例：OE talu → ME tāle (= tale)
2) 屈折語尾の -e：屈折語尾が弱音化して <-e> になったもの
　　例：His hors were gode (= His horses were good.)
3) 余剰的な -e：語源からも屈折からも説明できず、偶然付加された <-e>
　　例：OE hīw → ME hewe (= hue)

　現代英語の単語には <e> で終わる単語が比較的多い。これは上の語末の <-e> と関係している。中英語で語末の <-e> が発音されなくなったが、文字だけが残る場合も多くあった。この無声の語末の <-e> の多くは、直前の母音が二重母音または長母音であることや、<-th> が有声子音 <ð> であることを合図する機能を担うことになった。

現代英語の語末の <-e> の機能

1) 直前の母音が二重母音か長母音であることを合図する。

　　kite — kit　　　　cute — cut

　　site — sit　　　　mete — met

2) 先行する <-th-> の発音が [θ] ではなく、[ð] であることを合図する。

　　breathe — breath　　bathe — bath

---

6. 4. 大母音推移 (Great Vowel Shift)

　キャクストンが1476年にロンドンで印刷所を開設し、イギリスでははじめて印刷を始めた。活字本が流布し始めた中英語の終わりごろから、シェイクスピア (1564-1616) やドライデン (1631-1700) が活躍した初期近代英語期にかけて、強勢のある長母音に大きな変化が起こった。具体的には1400年ごろから初期近代英語期の1700年の300年ほどの間に、強勢がある長母音 /aː/, /ɛː/, /eː/, /ɔː/, /oː/ を発音するとき、調音点すなわち舌の高さが1段階か2段階高くなった。その結果、/aː/ → /ɛː/, /ɛː/ → /eː/, /eː/ → /iː/, /ɔː/

→ /oː/ → /uː/ に変化した。そして舌の位置が最も高く、それ以上は高くできなかった /iː/ と /uː/ は、二重母音 /iː/ → /ai/, /uː/ → /au/ に変化して、その場所を空けた。この現象をデンマークの言語学者イェスペルセン (O. Jespersen) は the Great Vowel Shift と呼んだ。その日本語訳が大母音推移である。

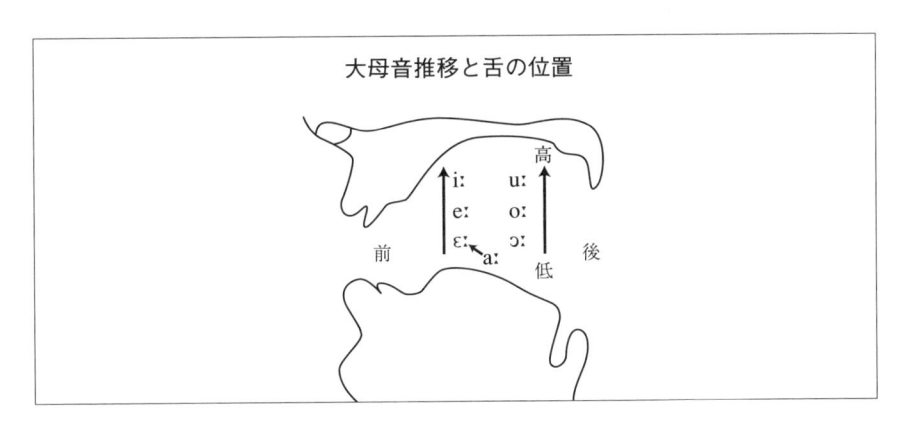

大母音推移と舌の位置

大母音推移は、一つの長母音が1段高い音になり、その場所が空になると、その場所を埋めようとして下の音が1段高くなる「引き上げ連鎖」を起こしたと考えられる。

大母音推移の概略

推移の時期	引き上げ連鎖と押し上げ連鎖	推移の時期
iː > əi > ai ME 16c 18c	/iː/ ← /uː/	uː > əu > au ME 16c 18c
eː > iː ME 15c-16c	/eː/ /əi/ /əu/ /oː/	oː > uː ME 16c
ɛː > eː ME 16c-17c	/ɛː/ /ai/ /au/ /ɔː/	ɔː > oː ME 16c
aː > æː ME 15c	/æː/ ← /aː/	

大母音推移の結果、チョーサー時代の長母音を含む単語の発音がシェイクスピアの時代には違った発音になった。たとえば、チョーサーの時代には time は team のように、fame は <r> を発音しない farm のように、now は

noodle の /nu:/ に近い音であった。

現代英語	Chaucer	Shakespeare
name	/na:mə/	/nɛ:m/
deep	/de:p/	/di:p/
find	/fi:nd/	/fəind/
meat	/mɛ:t/	/me:t/
fool	/fɔ:d/	/fu:d/
now	/nu:/	/nəu/

　このような変化が始まった時期は活字本の流布によってつづり字が固定し始めたころに当たる。しかし、大母音推移が起こり、長母音が変化した後もつづり字は固定したままであったので、大母音推移が起こる前の単語と大母音推移が起こった後の単語の母音のつづり字は同じであるにもかかわらず、異なる発音を表わすことになった。大母音推移が起こった原因については多くの学説があるが、その結果として、長母音全体に以下の表のような発音の変化がほぼ規則的に起こった。

大母音推移の概略と音変化の結果を示す例

	[中英語]		[近代英語]		[中英語]		[近代英語]	
					単語	発音	発音	単語
1.	/i:/	→	/əi/	→ /ai/	five	/fi:v/	→ /faiv/	five
2.	/e:/	→	/i:/		deep	/de:p/	→ /di:p/	deep
3.	/ɛ:/	→	/e:/	→ /i:/	sea	/sɛ:/	→ /si:/	sea
					(great, break, steak などは途中から別変化を起こし、7の変化と合流して、[ei] になる。)			
4.	/u:/	→	/əu/	→ /au/	hous	/hu:s/	→ /həus/	house
5.	/o:/	→	/u:/		food	/fo:d/	→ /fu:d/	food
6.	/ɔ:/	→	/o:/	→ /ou/	hoom	/hɔ:m/	→ /houm/	home
7.	/a:/	→	/ɛ:/	→ /e:/ → /ei/	name	/nɛ:m/	→ /neim/	name

6. 4. 1. 大母音推移と文字 <A, E, I, O, U> の名称

　文字 <a, e, i, o> は中英語では、それぞれ、/a/ または /a:/、/e/ または

/e:/, /i/ または /i:/, /o/ または /o:/ と発音されていた。これらの発音のうち長母音は大母音推移によって、それぞれ、/ei/, /i:/, /ai/, /ou/ になった。大母音推移の結果変化したこれらの発音が、そのままこれらの文字の名称になった。文字 <u> は中英語で /u/ または /u:/ と発音された。中英語期に /u:/ を表記する文字として <ou> が使用されるようになった。/u:/ が大母音推移にしたがって /au/ と変化したが、<ou> の表す音が /au/ として定着したために、文字 <u> が /au/ と呼ばれることはなかった。<u> は、中英語期には、この文字が表していた音 /u/ または /u:/ がこの文字の名称であったが、後にフランス語の影響を受けて /ju:/ と呼ばれるようになった。

6.5. 無声子音 /f, θ, s, th, ks/ の有声化

of, this, horses は、古英語ではそれぞれ、/of/, /θis/, /horsis/ と発音され、<-f>, <th->, <-s> は /f, θ, s/ と発音されていた。しかし、これらは中英語期の終わりから初期近代英語期の間に有声音化して /v, ð, z/ になった。この有声化は、直前の音節または母音に強勢がない場合に起こった。この現象はグリムの法則 (Grimm's Law) を修正したヴェルネルの法則 (Verner's Law、5頁参照) に類似しているので、「英語におけるヴェルネルの法則」と呼ばれることがある。イェスペルセンが最初に言及したので「イェスペルセンの法則」(Jespersen's Law) とも呼ばれることもある。

this, that, the, they, their, them, than などは1音節語であり、直前には音節も母音もない。これらについては、at, in などの前置詞が at the (man), in this のようにこれらの語の前に置かれると、前置詞が無強勢音節の働きをして直後の <th-> (/θ/) を有声音 /ð/ にしたと考えられる。この有声化が他の単語にも波及して、有声化が確立したのであろう。この現象は摩擦音を2番目に持つ <ks> にも起こった：例 execute /éksəkjù:t/ — executor /ɪgzékjətə/。

6.6. /d/ と /ð/ の交替

15世紀ごろから /r/ の近くにある /d/ と /ð/ が入れ代わる現象が起こっ

た。これが中英語と近代英語の間につづり字の違いを起こさせている。

無声子音の有声化

ME		ModE	単語の例
/f/	→	/v/	o<u>f</u>
/θ/	→	/ð/	<u>th</u>is
/s/	→	/z/	horse<u>s</u>
/tʃ/	→	/dʒ/	spina<u>ch</u>
/ks/	→	/gz/	an<u>x</u>iety

/d/ と /ð/ の交替

	ME		ModE
1.	/d/	→	/ð/
	fader		father
	hider		hither
	weader		weather
2.	/ð/	→	/d/
	burthen		burden
	morther		murder

第7章
語　形

本章のポイント

格とは何か

格語尾の消失

名詞の屈折語尾の変遷

代名詞の変遷

数詞の表現の変遷

形容詞の屈折語尾の水平化

副詞の派生方法の変遷

動詞の活用語尾の変遷

7.1. 語形の変化

本章では名詞、代名詞、冠詞、形容詞、動詞などの語形変化に焦点を当て、これらの歴史的変化を概観する。

古英語の語形と現代英語の語形を比較すると、現代英語の屈折語尾が驚くほど単純になっていることがわかる。屈折語尾が単純化するプロセスは大きく3段階に分けることができる。

```
屈折語尾が消失する過程

第1段階：屈折語尾完備の期間……………………………………古英語期
         (the period of full endings)

第2段階：屈折語尾水平化の期間…………………………………中英語期
         (the period of levelled endings)

第3段階：屈折語尾消失の期間……………………………………近代英語期
         (the period of lost endings)
```

7.2. 屈折

屈折 (inflection) は、文中の語が同一文中の他の語との関係を示すために付加される語形であり、それには2種類ある。一つは名詞、代名詞、定冠詞、形容詞の性 (gender)・数 (number)・格 (case) を示すために付加される屈折である。これを語形変化 (declension) と言う。他は、動詞の法 (mood)・時制 (tense)・態 (voice)・人称 (person)・数を示すために付加される屈折である。これを活用 (conjugation) と言う。

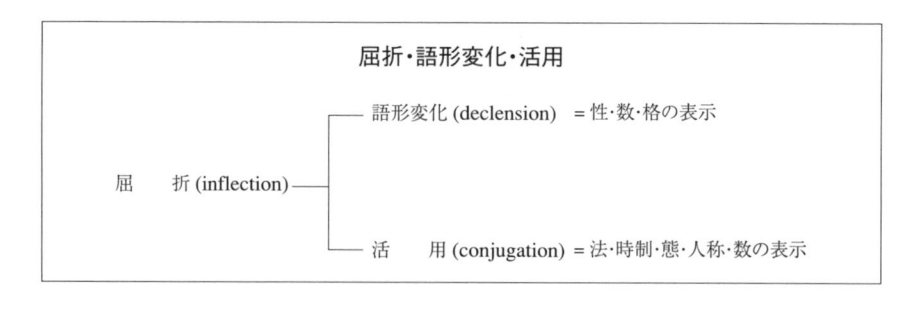

```
屈折・語形変化・活用

                    ┌─ 語形変化 (declension) ＝性・数・格の表示
屈  折 (inflection)─┤
                    └─ 活   用 (conjugation) ＝法・時制・態・人称・数の表示
```

7.3. 名詞と代名詞

古英語の名詞と代名詞は文法的性、数、格の3種類の情報を示すための語形変化を持っていた。

7.3.1. 文法的性

古英語の名詞と代名詞は男性 (masculine)、中性 (neuter)、女性 (feminine) のいずれかの性を持っていた。これらの文法的性 (grammatical gender) は自然界の性 (sex) とは必ずしも一致しない。たとえば、太陽 (OE sunne > sun) は女性であり、月 (OE mōna > moon) は男性である。また、リンゴ (OE æppel > apple) は男性、豆 (OE bēan > bean) は女性、卵 (æġ > egg) は中性である。これらには、元来、文化に支えられた固有の認識の仕方があったのであろうが、古英語期にはすでに理解できなくなっていた。名詞の文法的性は古英語期中に消失し、自然の性に従うようになった。

```
                名詞の性
         文法的性から自然の性へ

    OE   wīfmann   wīf     mæġden   hlæfdiġe
         [男性]    [中性]   [中性]    [女性]     [文法的性]

    ME   wīfman    wīf     mæiden   lafdiʒ

    ModE woman     wife    maiden   lady
         [女性]    [女性]   [女性]    [女性]     [自然の性]

    注：
    ・古英語では woman を he で指し、wife を it で指した。
```

7.3.2. 数

古英語の名詞には、現代英語と同じく、単数 (singular) と複数 (plural) の2種類の数があった。ただし、人称代名詞の1人称と2人称にはさらに二人だけを指す両数 (dual) があった。両数は古英語期中に消失した。

7.3.3. 格

古英語の名詞は主格、対格、与格、属格の四つの格を持ち、指示代名詞と疑問代名詞は、この四つの格に具格を加えた五つの格を持っていた。

古英語の格 (case)

[主な機能]

1. 主格 (Nominative case)　：主語、補語、呼びかけ語であることを合図する格
2. 対格 (Accusative case)　：直接目的語であることを合図する格
3. 与格 (Dative case)　　　：間接目的語であることを合図する格
4. 具格 (Instrumental case)：手段や様態の副詞、比較表現に使用
5. 属格 (Genitive case)　　：名詞の修飾、動詞の目的語、時間・様態等の副詞表現に使用

注：
・具格は道具格あるいは助格とも呼ばれる。具格は指示詞と疑問代名詞にある。

---

1) 主格

主格は現代英語と同じように主語、主格補語、呼びかけ語として用いられた。

2) 対格

対格は現代英語の直接目的格に対応する。動詞、前置詞の目的語であることを合図する格である。対格は空間や時間を表す副詞になることもできた。現代英語の (go) *home*, (work) *all day* などの名詞の副詞用法は古英語のこの用法にさかのぼる。

3) 与格

与格は現代英語の間接目的格に対応する格である。giefan (> give), secgan (> say) の授与や告知を表す動詞は与格名詞を従えた。古英語の形容詞のなかには与格名詞を従える形容詞もあった。下がその例である。

---

hī　　beoð　　*deoflum*　　gelice.
　　　　　　　(与格名詞)　　(形容詞)
they　are　　*devils*　　　like

(= They are like devils.)

3-1) 利害の与格：与格には利害関係を示す働きがある。'She bought *me* a book.' の me は、利害を受ける人を示すので、'She bought a book *for me*.' と書きかえることも可能である。この用法も古英語の与格機能にさかのぼる。この与格を利害の与格 (dative of interest) と呼んでいる。

3-2) 所有の与格：与格は所有関係を表すのにも用いられた。me は対格形と与格形は同形であるが、以下の例 1 の mē は与格の機能を持っており、noma (> name) の所有者を表し、'my name' と同義である。例 2 も同様で、与格の him が heafod (> head) の所属を表している。この与格を所有の与格 (possessive dative) と呼んでいる。

>   1. *mē* wæs Symeon noma,
>   to-me was Symeon name,
>   (= Symeon was my name.)
>   2. *him* on heafod
>   to-him on head
>   (= on his head.)

3-3) 絶対与格：ラテン語の絶対奪格 (ablative absolute) の模倣から生まれた用法で、現代英語の '*I* being absent for a long time, things went wrong.' のような主格付き分詞構文の基になった構文である。古英語では主格 I の代わりに与格 mē が用いられた。

>   *him* sprecendum hīe cōmon.
>   him speaking they came.
>   (= He speaking, they came.)

3-4) 副詞的与格：対格と同様に、与格にも副詞的用法がある。古英語ではこの用法は普通であったが、近代英語では希になった。現在では hwīl (> while) の与格・複数語尾を留めている whilom (＝かつて、昔) に化石的にその形を残している。

4) 具格

具格は助格とも呼ばれている。古英語の五つの格のうち、具格は指示詞

と疑問代名詞に備わっており、時、比較、手段などの表現に関与した。その機能の一部は与格に吸収され、他は in, with, through などの前置詞で表現されるようになった。古英語の名詞の格には具格がないが、これは与格が具格の機能を吸収した後に古英語になったためである。下の例は具格の機能を表す古英語の名詞の例である。sweorde は与格であるが具格の働きをし、現代英語に訳するときには、手段を表す前置詞 with を用いて訳す。

具格の機能を吸収した与格の例

iċ hine <u>sweorde</u> swebban nelle.
I him <u>with-sword</u> kill will-not.
(= I will not kill him <u>with sword</u>.)

Beowulf (l. 697)

　具格を表す語尾は消失したが、現代英語の疑問詞 why (< OE hwȳ) の <-ȳ> にその痕跡を留めている。why の具格的な意味は 'by what' (= 何によって) である。そこから理由を尋ねる疑問詞へと変わっていった。また、'the sooner the better' の最初の the は起源をたどると定冠詞ではなく、古英語の指示代名詞の具格形 þȳ にさかのぼる。þȳ が弱音化した þe を経て、定冠詞と同じ形態の the になったのである。それは 'by how much (sooner)'「(早く)することによって」を意味する副詞である。ここでは古英語の具格を意味上留めている。

5) 属格：現代英語と同じく所有関係を表すものがもっとも多い。

5-1) 部分属格：次のように部分関係を表す。

　　例：ðreo ðusend <u>manna</u>
　　　　= three thousand <u>of-men</u> (3,000 of men = 3,000 men)

5-2) 属格副詞：現代英語の days and nights, always, sometimes, nowadays の語末の -s は古英語における属格語尾の名残である。

　次頁の 1a、2a、3a は古英語の文である。古英語文の語順を保ちながら現代英語に逐語訳したのが右側の 1b、2b、3b である。この例示からわかるように、古英語では主格と対格の語尾は同じでも、名詞を修飾する指示代

名詞が格の情報を名詞に与えているので、解釈上の混乱を防ぐことができた。このように古英語では格に関する情報が十分にあったので、語順に関する規制は緩やかであった。

屈折語尾の完備と語順

　　　　　　　　［古英語］　　　　　　　　　［現代英語逐語訳］

1a.　Se cyning lufode þone bearn.　＝　The king loved the child.　1b.

2a.　Þone bearn lufode se cyning.　≠　The child loved the king.　2b.

3a.　Se cyning þone bearn lufode.　≠　*The king the child loved.　3b.

注：
- ＊＝非文であることを示す。
- se (= that)　　　　：指示代名詞・男性・単数・主格
- cyning (= king)　：名詞・男性・単数・主格または対格。ただし、前置されている指示代名詞 se によって主格であることが明確になる。
- lufode (= loved)：動詞・過去・単数・1人称または3人称
- þone (= that)　　：指示代名詞・男性・単数・対格
- bearn (= child)　：名詞・男性・単数・主格または対格。ただし、前置されている指示代名詞 þone によって、対格であることが明確になる。

　古英語の語順を保ったまま現代英語に訳すると意味が異なってしまったり、非文法的な文になったりすることがある。これは現代英語の名詞は格を示す語尾を持っていないためである。それを補うために近代英語は語順を固定し、動詞から見た位置によって格の情報を与えるようになった。たとえば、'The man gave a woman a book.' では、'The man' は動詞 gave の前にあるので主格であり、'a woman' は動詞の直後にあるので間接目的格、'a book' は動詞の後方2番目にあるので直接目的格、というように名詞が置かれた場所が格に関わる情報を与えている。この語順を乱す場合には、間接目的語に to を付加して、'The man gave a book to a woman.' とすることによって、解釈上の混乱を防ぐように工夫されている。

　主格語尾と対格語尾は多くの場合同じであった。また、対格と与格は古英語末期から形態上の区別を失い始め、現代英語では対格も与格も変化語尾がなく同形になってしまった。機能上は対格は直接目的格に対応し、与格は間接目的格に対応している。現代英文法では、これら二つの格を合わ

せて目的格 (objective) と呼んでいる。名詞の屈折語尾の消失の結果、近代英語において名詞の格を形態上区別できるのは、属格と他の格（主格、目的格）の間のみになった。主格と目的格は形態上同じであるので、この二つの格を通格 (common case) と呼び、屈折語尾を持つ属格と区別している。

格の変遷

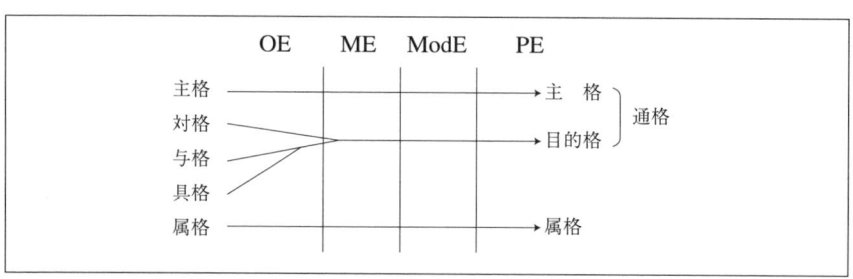

```
         OE    ME   ModE   PE
 主格 ──────────────────→ 主 格 ┐
 対格 ╲                              │ 通格
 与格 ──────────────────→ 目的格 ┘
 具格 ╱
 属格 ──────────────────→ 属格
```

注：
- 古英語の名詞は、中英語期に主格、対格、与格を示す語尾を消失させたので、これら3種類の格は形態上同形になった。同形になったこれら3つの格は、属格と区別するために通格 (common case) と呼ばれている。その結果、英語の名詞の単数形は、形態上、通格と属格の2種類になった。
- 指示詞と疑問代名詞は具格を持っていた。名詞や形容詞の具格形は古英語以前に与格に吸収され、与格形が具格の機能を兼ねていた。

7.4. 名詞

　古英語の名詞は文法的性、数、格に応じて語尾変化をした。ただし、性、数、格をそれぞれ個別の方法で合図するための手段は持っていない。性・数・格を示す変化語尾には {-e}, {-es}, {-a}, {-as}, {-um} などがあるが、一つの変化語尾が性・数・格の三つの情報を同時に伝えた。たとえば語尾 {-es} を例にとると、この語尾は「性は男性、数は単数、格は属格」の三つの情報を伝える語尾である。なお、{ } はそのなかにあるのは形態素であることを示す。形態素とは、独自の意味を持つ語形成上の最小単位を言う。
　名詞の語形変化の型には強変化 (strong declension) と弱変化 (weak declension)、ウムラウト (umlaut) による変化やその他の不規則な変化型があった。ウムラウトはミューテーション (mutation) の一種であるが、日本語では母音変異あるいは母音交替という名称を与えている。古英語では強変化型がもっとも多く、75％以上を占めていた。

7.4.1. 強変化型と弱変化型

　強変化型と弱変化型の違いは屈折の多様性にある。強変化名詞の男性/中性・単数/複数と、弱変化名詞の男性/中性/女性・複数の屈折形は3種類で、強変化名詞の女性・単数/複数と弱変化名詞の男性/中性/女性・単数の屈折形は2種類である。弱変化名詞は-n語尾が優勢である。

名詞の屈折：強変化名詞と弱変化名詞

数	格	強 変 化 型			弱 変 化 型		
		男 性 (day)	中 性 (house)	女 性 (speech)	男 性 (ox)	中 性 (eye)	女 性 (sun)
単数	主格	dæġ	hūs	sprǣċ	ox-a	ēag-e	sunn-e
	対格	dæġ	hūs	sprǣċ	ox-an	ēag-e	sunn-an
	与格	dæġ-e	hūs-e	sprǣċ-e	ox-an	ēag-an	sunn-an
	属格	dæġ-es	hūs-es	sprǣċ-e	ox-an	ēag-an	sunn-an
複数	主格	dag-as	hūs	sprǣc-a	ox-an	ēag-an	sunn-an
	対格	dag-as	hūs	sprǣc-a	ox-an	ēag-an	sunn-an
	与格	dag-um	hūs-um	sprǣc-um	ox-um	ēag-um	sunn-um
	属格	dag-a	hūs-a	sprǣc-a	ox-ena	ēag-ena	sunn-ena

注：
・dæġ の <æ> は、複数形では <a> になって、dag となり、<ġ> の音が/j/から/g/に変化する。

7.4.2. ウムラウト型と不規則型

　ウムラウトとは、強勢のある母音が後続母音の影響を受けて、後続母音に近い音に変化する現象を言う。複数語尾 {*-iz} を付加したゲルマン祖語の名詞の複数形 *manniz (=men) を例に説明をしよう。*manniz は母音 /a/ に強勢が置かれている。強勢のあるこの母音が後続の複数語尾 {*-iz} の母音 /i/ の影響を受けて、/i/ に近い音になろうとして /e/ に変化した。その結果、*manniz が menniz になり、さらに強勢のない語尾 {*-iz} が脱落して menn になった。このようにして menn が mann の複数形になってから古英語に現れたのであるが、古英語以前に起こったウムラウト現象を考慮して、men のような複数形を母音変異複数 (umlaut plural または mutation plural) と呼んでいる。

```
古英語に「母音変異複数」が出現する過程

PGC:     *mánn-iz  ———→  *menn-iz     /a/ が /i/ に影響を受けたの
           ①↑              ②↓消失      で i-umlaut と言う。
     (/a/ が後ろの /i/ に近い母音になろうとする)
                                       母音変異を引き起こさせた
                                       複数語尾が消失した後、古
OE:                       menn         英語の複数形として出現。

ModE:                     men

注：
・これは i-umlaut の例であるが他に u-umlaut, o-umlaut, a-umlaut がある。
・PGC = Proto-Germanic = ゲルマン祖語
```

```
母音変異複数

brother  —  brethren      foot   —  feet
tooth    —  teeth         goose  —  geese
louse    —  lice          mouse  —  mice
man      —  men           woman  —  women

注：
・brethren は OE の複数語尾 brōþer-u に、さらに弱変化型の複数語尾 {–(e)n} が付いた。
```

　このような母音変異によって生まれた複数形には上表の名詞がある。
　ウムラウトは名詞の複数形を作るときにのみ現れる現象ではなく、言語一般に起こる現象である。たとえば、ゲルマン祖語の動詞 *fulljan の強勢が置かれる母音 /u/ が、後続の音 /j/ の影響を受けて /j/ に近い音 /y/ に変化した後、古英語では fyllan (= to fill) として現れた。この場合、/u/ が後続の /j/ の影響を受けてそれに近い音になったので i-ウムラウト (i-umlaut) と言う。/j/ 音の影響を受けたので j-ウムラウトであるが、/j/ 音は /i/ 音に近い音であるので、i-ウムラウトに分類されている。
　ウムラウト型変化をする名詞と不規則な変化をする名詞の屈折例をあげる。

名詞の屈折：ウムラウト変化名詞と不規則変化名詞

		ウムラウト型			その他不規則な変化をする名詞		
		男性 (foot)	男性 (man)	女性 (goose)	男性 (son)	中性 (child)	女性 (hand)
単数	主格	fōt	mann	gōs	sun-u	ċild	hand
	対格	fōt	mann	gōs	sun-u	ċild	hand
	与格	fēt	menn	gēs	sun-a	ċild-e	hand-a
	属格	fōt-es	menn-es	gōs-e	sun-a	ċild-es	hand-a
複数	主格	fēt	menn	gēs	sun-a	ċild-ru	hand-a
	対格	fēt	menn	gēs	sun-a	ċild-ru	hand-a
	与格	fōt-um	mann-um	gōs-um	sun-um	ċild-rum	hand-um
	属格	fōt-a	mann-a	gōs-a	sun-a	ċild-ra	hand-a

注：
・children は OE の複数形 ċildru に、さらに弱変化型の複数語尾 -en が付いた二重複数

OE　　　　ME　　　　ModE
ċild-ru → child-re + -(e)n → children

7.5. 屈折語尾の消失

名詞の屈折語尾の多くは中英語期に消失した。強変化型の男性名詞 stān (= stone) の屈折語尾を例に、古英語から近代英語までの間に起こった屈折語尾の消失の過程を示したのが次頁の上の表である。他の屈折語尾もこれに類似した変化をたどった。一般的には、屈折語尾が水平化して <-e> になり、次の段階で消失した。その過程で起こったおもなできごとに、以下のことがある。

1) 属格 {-'s} の誕生：強変化型の男性と中性の属格語尾とウムラウト型の男性・単数の属格語尾は {-es} であるが、この属格語尾が英語の唯一の属格語尾になった。現代英語では John's のようにアポストロフィ(') を置くが、これは {-es} の e を省略したことを示す。
2) 複数語尾 {-s} の誕生：強変化型男性の主格と対格の複数語尾は {-as} であるが、この複数語尾が現代英語の唯一の複数語尾 {-es} になった。
3) {-en} で終わる複数形の誕生：ox（牛）の複数形 oxen の語尾 {-en} は、111頁の表であげたように、古英語の弱変化形の複数形語尾 {-an} が弱化して {-en} になったものである。この類に属していた名詞に ash, bee, egg, eye, pea, sun, shoe, tree などがあったが、これらは {-es} 型複数形に転換していった。

強変化型男性名詞で見る屈折語尾の消失・単純化の過程

stone		古英語	中英語		近代英語	
強変化			前期	後期		
		男性	文法的性の消失			
単数	主格	stān	stōn	stōn	→ stone	通格
	対格	stān	stōn	stōn		
	与格	stān-e	stōn-e	stōn		
	属格	stān-es[1]	stōn-es	stōn-es	→ stone-'s[1]	属格
複数	主格	stān-as[2]	stōn-es	stōn-es	→ stone-s[2]	通格
	対格	stān-as[2]	stōn-es	stōn-es		
	与格	stān-um	stōn-e	stōn-es		
	属格	stān-a	stōn-e	stōn-es	→ stone-s'	属格

注：
1. 現代英語の属格語尾 |-'s| は強変化型単数の男性と中性、およびウムラウト型男性の |-es| に由来する。これが複数・属格にも拡大した。
2. 現代英語の複数語尾 |-s| は強変化型男性の主格および対格の |-as| に由来する。

7.6. 代名詞

7.6.1. 人称代名詞

　古英語の人称代名詞は次に示すように複雑な屈折変化を行った。注目すべき点は、古英語には「私たち二人」や「あなた方二人」を表す両数 (dual) を指す代名詞があったこと、2人称代名詞には単数形代名詞と複数形代名詞があったこと、3人称においては対格代名詞と与格代名詞が別々にあったことである。

古英語の人称代名詞

		1 人称			2 人称			3 人称			
		単数	両数	複数	単数	両数	複数	単数			複数
								男性	中性	女性	すべての性
主格		iċ	wit	wē	ðū	ġit	ġē	hē	hit	hēo	hīe
属格		mīn	uncer	ūre	ðīn	incer	ēower	his	his	hiere	hiera, heora
与格	}	mē	unc	ūs	ðe	inc	ēow	him	him	hiere	hem, heom
対格								hine	hit	hīe	hīe

注：
・2人称単数形の ðū, ðīn, ðe は þū, þīn, þe ともつづる。

7.6.1.1. 主格代名詞の変遷

古英語・主格の人称代名詞は近代英語の人称代名詞になる過程で、以下のことが起こった。

代名詞の主格形の変遷

主格	性	古英語	中英語 (14世紀後半)	近代英語	おもな変化
1人称	単数	iċ	ich, i	I	-chの脱落とiの大文字化
	両数	wit	we	we	両数形の消失
	複数	wē			
2人称	単数	ðū	thou	thou	・両数形の消失 ・単数形thouの消失 ・目的格のyouが主格のyeを駆逐して主格と目的格になる。
	両数	ġit	yē	you(目的格) → you	
	複数	ġē		ye	
3人称	単数 男性	hē	hē	he	新しい女性代名詞形の出現
	単数 女性	hēo	shē	she	
	単数 中性	hit	hit	it	it
	複数	hīe	þai hī	thai	they	ヴァイキングの代名詞がアングロ・サクソンのhīを駆逐

1) Iが大文字に：1人称単数形・主格の iċ は中英語で ich になった後、13世紀に語末の -ch が脱落し、i または y の1文字になった。i は /iː/ と発音された。この長母音が大母音推移の適用をうけて近代英語で /ai/ になった。i が大文字Iになったのは、当初iの上には上に丸がなくɩのように書かれた。1文字1単語で上に丸がない代名詞ɩがmnなどの草書体と一緒に現れ、ɩnmnのようにつづられるとɩ, m, n の読みに混乱が生じたので、1文字で1単語であることがわかるように大文字が使用されるようになった。
2) 両数形の消滅：古英語の1人称と2人称には両数を表す人称代名詞があったが、we both や ye both という表現が優勢になった後、両数形は古英語期中に消失した。
3) 主格になった目的格you：2人称代名詞・複数・主格の語形は古英語ではġē、中英語ではyē, yeであった。このまま近代英語に向かうと現代英語の2人称代名詞の主格形はyeであったはずであるが、現代英語では目的格と同じ語形のyouである。ye も you も強勢が置かれない環境では [jə]

と発音されるので、両形に混乱が生じた後、主格も目的格も you が定着した。ye ではなく you が選択されたのは単数形の thou のつづり字の影響も考えられる。1611年に出版された『欽定訳聖書』では、2人称主格の代名詞に ye と you の間で揺れがみられる。下の下線部の yee, you, ye はいずれも2人称主格ある。

yee shall reioyce in all that *you* put your hand vnto, *ye* and your housholds

『欽定訳聖書』(「申命記」12:7)

4) h で始まった古英語の3人称代名詞：古英語では3人称代名詞の語頭は、すべて、h であったが、中英語で中性形は語頭の h を消失し、hit から it になった。また女性形は hēo から she になった。she の起源については諸説あるが、いまだ定説はない。

5) ヴァイキングの代名詞 they：古英語の3人称・複数形は中英語で、ヴァイキングが用いていた古ノルド語の代名詞 they と交替した。

6) you は本来複数形：古英語の2人称は単数形と複数形を持っていたが、近代英語で単数形が消失し、単数形の機能は複数形に吸収された。その結果、古英語の複数形が単数と複数を表すようになった。このことが起こった背景には次のような言語事情があった。

君主は自分一人を指すのに、I の代わりに we を用いた。これを「君主の we」(Royal *we*) または「君主の複数」(plural of majesty) と言う。由来はローマ帝国の寡頭政治時代にさかのぼり、複数のリーダーが決めたことを一人のリーダーが発表するときに1人称・複数代名詞を用いたことから発達した、と言われている。君主が一人であるときに複数の we を用いるのに対して、臣下の側は君主に対して複数の ye (= you) で呼びかけることが習慣になった。この用法が拡張して、単数を表わす ye は君主や貴族以外にも、目上の人などに「敬意」を表すために用いられるようになった。それに対して、元来、単数を表した thou は「目下の者」または「親しい人」に対して用いられるようになった。この対立がある間は、単数の ye と単数の thou は共存できたが、ye が次第に2人称・単数・代名詞としても認識されるようになると、thou と ye の意味分担が曖昧になり、身分の下の者を指す thou は消滅していった。

7.6.1.2. 対格、与格、属格代名詞の変遷

古英語、中英語、近代英語の人称代名詞の対格、与格、属格の屈折変化は下の表にあるとおりである。

人称代名詞単数（対格、与格、属格）形の変遷

対格・与格・属格 単数			古英語	中英語 (14世紀後半)	近代英語	
1人称		対格・与格	mē	mē	me	
		属格	mīn	mȳn　mȳ	mine　my	
2人称		対格・与格	ðē	thē	thee	you, yourに吸収され消滅
		属格	ðīn	thȳn　thȳ	thine　thy	
3人称	男性	対格	hine	hym	him	
		与格	him			
		属格	his	his	his	
	中性	対格	hit	hit　it	it	
		与格	him			
		属格	his	his	its	
	女性	対格	hīe	hir	her	
		与格	hiere			
		属格	hiere	hir	her	

古英語の人称代名詞の対格、与格、属格の史的変遷の主な点を述べる。

1) 与格形が対格機能を吸収：3人称・単数では中英語期に与格形が対格形の機能を吸収し、対格形を追い出した。その結果、3人称・男性の目的格はhim、3人称・女性の目的格はherになり、男性／女性の対格hine / hīeは消滅した。

2) 対格形が与格機能を吸収：3人称・中性では逆に対格形が与格形を追い出し、itが対格と与格両方の機能を持つ目的格になった。そのために男性形と同じ代名詞himが中性形から消滅した。

3) 中性・属格hisの消滅：3人称単数・中性の属格形hisは、男性形hisとの混乱を避けるためであろう、itに属格接辞を添加した新たな属格形itsがつくられた。itsは16世紀の終わりごろに出現したが、その後、半世紀余りの間hisと共存した後、hisは中性形から消滅した。

人称代名詞複数（対格、与格、属格）形の変遷

対格・与格・属格 複数		古英語	中英語 （14世紀後半）	近代英語	
1人称	対格・与格	ūs	us	us	
	属格	ūre	our	our	
2人称	対格・与格	ēow	you	you	二人称単数形の thineを吸収し、 単数と複数を表す。
	属格	ēower	your	your	
3人称	対格	hīe	*þaim	*them	
	与格	hem, heom	hem		
	属格	hiera, heora	*þe₃re *þair hir, here	*their	

注＊：
・ヴァイキング（古ノルド語）からの借用代名詞

4) mine と my：古英語の1人称・単数・属格の mīn は、母音またはhで始まる語の前では変化がないが、hを除く子音の前で語末のnが12世紀後半から脱落を始めた。その後、すべての環境で -nが脱落した。1500年ごろから1700年ごろの間、-nがある形 (mine) と -nがない形 (my) が共存した。そして、古英語のmīnから形態上2種類の属格形mine と myが生まれたが、mineは独立所有代名詞を、myは名詞を修飾する限定的な用法をそれぞれ分担した。2人称・属格・単数形thine は thou, thy, theeとともに消滅した。

5) ヴァイキングの代名詞they, their, them：3人称・複数形は、古英語末期から与格形が対格形を追い出し、与格形hemが目的格として確立した。しかし、主格形および属格形と同様にアングロ・サクソンの目的格hemはヴァイキングが用いていた古ノルド語の代名詞þaim (> them) に追い出され、þaimが目的格としての地位を確立していった。複数・属格も同様にヴァイキングの代名詞と交替した。ヴァイキングとの休戦を定めたウェッドモー条約締結以来、ヴァイキングは北部を中心に住んでいたが、彼らの南下とともにヴァイキングの3人称・複数代名詞も南下しアングロ・サクソンの代名詞と交替していった。その結果、古英語の3人称・複数の人称代名詞hīe - hiera - hemは消滅し、代わってヴァイキングのtheir - themが英語の代名詞になった。ヴァイキングの代名詞が一般化したのは15世紀末である。

現代英語の口語では them を hem とすることがある。たとえば 'I love them.' のことを 'I love 'em.' と言うことがある。この 'em は them の省略形ではなく、古英語の hem の語頭の <h> が脱落した形が口語英語で今日まで残ったものである。

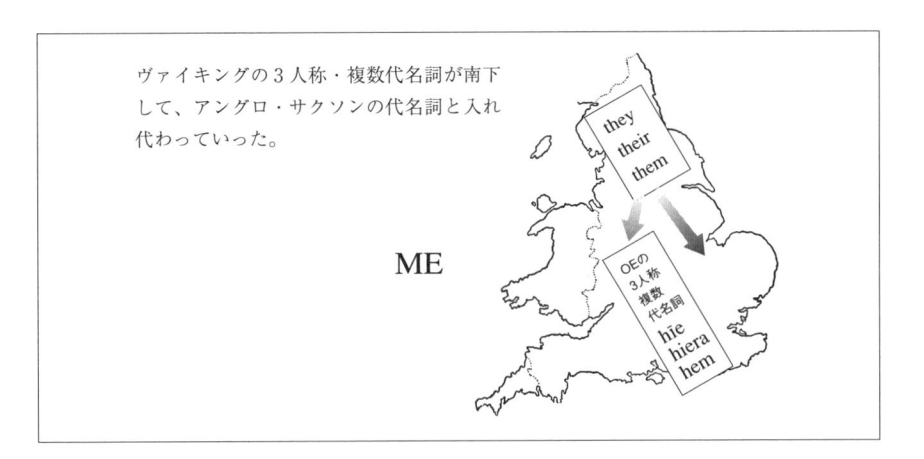

ヴァイキングの3人称・複数代名詞が南下して、アングロ・サクソンの代名詞と入れ代わっていった。

ME

they their them

OEの3人称複数代名詞 hīe hiera hem

7.6.1.3. 再帰代名詞

　古英語では人称代名詞が再帰代名詞 (reflexive pronoun) の働きをした。再帰代名詞の働きをする代名詞の後ろには、しばしば、same を意味する self が置かれた。self は形容詞であるので、修飾をする名詞や代名詞の性・数・格に応じて屈折変化をした。そのようななかでも self は再帰代名詞の働きをする対格代名詞と共起することが特に多かった。そのために「対格代名詞 + self」の結合が定着し始め、再帰代名詞へと発達していった。

再帰代名詞の働きをする対格代名詞 hine と self の付加

1. Hē *hine* tæhte
   He *him* taught
   = He taught himself
2. Hē *hine selfne* tæhte
   He *him self* tæught
   = He taught himself

1200年ごろにmeself（対格形 + self）、ðeself（対格形 + self）（= theeself）と並行して対格meとðeの弱音形であるmiとðiがselfと結合したmiselfとðiselfが出現した。対格の弱音形mi, ðiと属格形mȳ, thȳが、音が類似していたために、両者の間で対格の解釈と属格の解釈の混乱が生じた。その後selfを後ろに従えるmiとðiが属格形であるという解釈が働き、同時にselfも名詞と認識されるようになった。これには中英語における3人称単数・女性・目的格hir (> her)が属格形と同形であったことも影響したと考えられる。1500年ごろからmeself, theselfよりもmyself, thyselfのほうが優勢になり、今日に至っている。この類推が複数形 'us selve (n)' と 'you selve (n)' にも働き、また、selfが名詞であるという再解釈も加わって、selfに複数形の接尾辞 {-s} を添加したourselvesとyourselvesが16世紀に現れた。selfが名詞であるという類推は3人称・複数形にも及び、selve (n)に複数語尾 {-s} が付加され、them selve (n) がthemselvesになった。並行してtheirselvesも使用されたが、これが使用された期間は14世紀から17世紀の間に限定され、一般化しなかった。属格が定着したのは1人称と2人称の再帰代名詞で、3人称の再帰代名詞には属格形は定着しなかった。

　selfによる再帰代名詞の発達によって、目的格の代名詞が再帰代名詞として使用されなくなっていった。

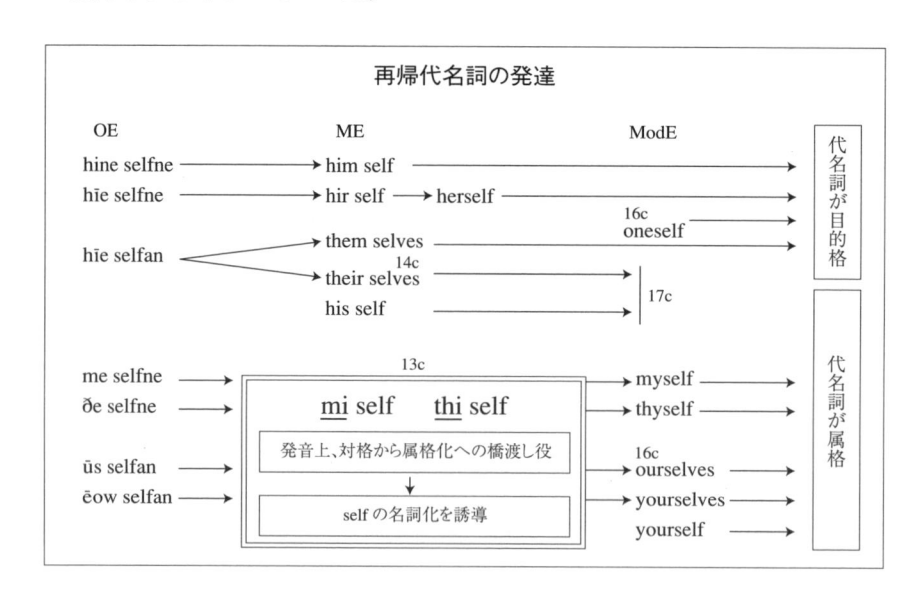

再帰代名詞の発達

OE	ME	ModE	
hine selfne	→ him self	→	代名詞が目的格
hīe selfne	→ hir self → herself	→	
hīe selfan	→ them selves	16c oneself →	
	→ their selves 14c	→ 17c	
	his self	→	
me selfne	→	→ myself →	代名詞が属格
ðe selfne	→	→ thyself →	
ūs selfan	→	16c → ourselves	
ēow selfan	→	→ yourselves	
		yourself	

（13c mi self　thi self　発音上、対格から属格化への橋渡し役 ↓ selfの名詞化を誘導）

7.6.2. 指示詞

指示詞 (demonstrative) は狭義では指示代名詞 (demonstrative pronoun) の略称であるが、広義では指示代名詞の他、指示形容詞、指示副詞、定冠詞を含む。ここでは指示詞を広義で使用する。

that と this はそれぞれ異なる古英語の指示詞にさかのぼる。that と this が由来する古英語の指示詞は現代英語の that と this とは異なり、性・数・格に応じて複雑な屈折変化をした。これらの屈折変化は指示する名詞や修飾する名詞の性、数、格に従った。

指示詞から発達したおもな用法に定冠詞と接続詞がある。

古英語の指示詞 (< that, the)

単数	男性	中性	女性	男・中・女	複数
主格	sē (< *the*)	þæt (< *that*)	sēo	þā	主格
属格	þæs	þæs	þǣre	þǣra	属格
対格	þone	þæt	þā	þā	対格
与格	þǣm	þǣm	þǣre	þǣm	与格
具格	þȳ, þon	þȳ			具格

古英語の指示詞 (< this)

単数	男性	中性	女性	男・中・女	複数
主格	þes	þis (< *this*)	þēos	þās	主格
属格	þisses	þisses	þisse	þissa	属格
対格	þisne	þis	þās	þās	対格
与格	þissum	þissum	þīsse	þissum	与格
具格	þȳs	þȳs			具格

古英語における指示詞の使用例

1. sēo   næddre   cwæþ   = that serpent said
   (指・主・単・女) (名・主・単・女) (動)

2. þæt   wīf   andwyrde = that woman answered
   (指・主・単・中) (名・主・単・中) (動)

3. sē   hræfn   fleah   = that raven flew
   (指・主・単・男) (名・主・単・男) (動)

注：
・指＝指示詞、主＝主格、単＝単数、女＝女性、名＝名詞、中＝中性、男＝男性、動＝動詞

1) 定冠詞

　　定冠詞を発達させたのは sē, þæt, sēo の系列の指示詞である。sē は þ- で始まる他の指示詞の語頭音 þ- の影響を受け、語頭音 s- が þ- と交替して、þe が生まれた。古英語末期から中英語期にかけて起こった性、数、格を示す屈折語尾の水平化あるいは衰退と並行して、指示詞自身も屈折変化をやめ、おもに既知の情報（名詞）が来ることを合図するための定冠詞になった。

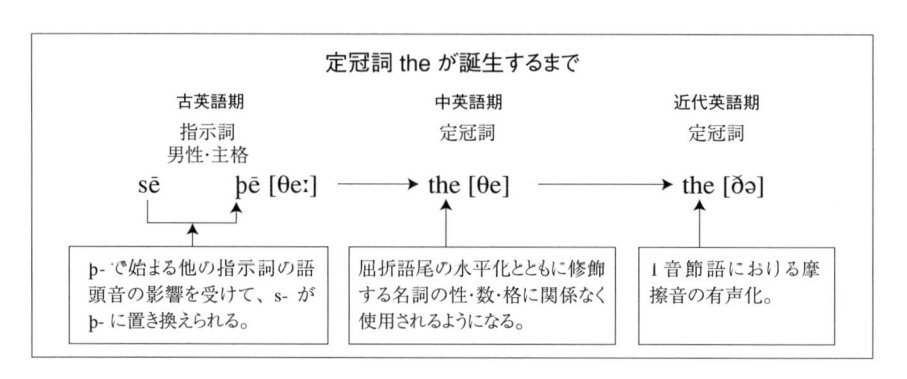

```
             定冠詞 the が誕生するまで
       古英語期              中英語期            近代英語期
       指示詞                定冠詞              定冠詞
       男性・主格

       sē    þē [θeː]  ───→  the [θe]  ───→  the [ðə]
         ↑___|

  ┌──────────────┐  ┌──────────────┐  ┌──────────────┐
  │þ- で始まる他の │  │屈折語尾の水平 │  │1音節語における│
  │指示詞の語頭音 │  │化とともに修飾 │  │摩擦音の有声化。│
  │の影響を受けて、│  │する名詞の性・ │  │              │
  │s- が þ- に置き │  │数・格に関係な │  │              │
  │換えられる。   │  │く使用されるよ │  │              │
  │              │  │うになる。     │  │              │
  └──────────────┘  └──────────────┘  └──────────────┘
```

2) 接続詞 that

　　接続詞 that は sē の系列の中性・主格の þæt から発達した。接続詞の機能を発達させたのは指示詞の代名詞機能である。代名詞の働きをする指示詞は節を指すことができる。指示詞の後に指示詞が指示する節が置かれ、指示詞 that に強勢がなくなり、節を導く接続詞へと機能変化を起こしていった。

```
         指示代名詞から接続詞への機能変換の過程

  1. He once lived here : we all know thát.
     [that に強勢が有り、先行の節（下線部）を指示]

  2. That we all know : he once lived here.
     [that が know の目的語で、後続の節を指示]

  3. We all know that : he once lived here.
     [that が know の目的語で、直後の節を指示]

  4. We all know that he once lived here.
     [指示機能を喪失し、that に強勢がなく、直後の節を導く接続詞へ機能変化]

  5. We all know he once lived here.
     [that が省略可能であることは、that に指示機能がないことの証拠]

  注：
  ・例文と説明は OED (that, conj.) による。
    OED は、2 の that は今日では this (now this)、3 の that は this も可 (or this) としている。
```

7. 6. 2. 1. that と this の複数形

　指示詞の屈折表でわかるように、þæt (> that) の複数形は þā であり、þis (> this) の複数形 は þās である。しかし、þæt (> that) の複数形 þā からは、音韻上、現代英語の those を予測できないし、þis (> this) の複数形 þās からも現代英語の these への変遷を、音韻上、説明することは困難である。これには次のような複雑な経緯があったと考えられる。þæt (> that) の複数形 þā が中英語で þo になった。þo は þis (> this) の中英語における複数形 þos と最初の2音 þo [θou] が同じであったので、þæt (> that) の複数形として þos が使用されたり þo が使用されたりした。この混乱の後、þos が þæt (> that) の複数形とみなされるようになった。一方、þis (> this) は、形容詞の複数形語尾 -e を添加した新たな複数形 þise (> these) を作った。新たな複数形 þise が出現したのは12世紀であり、þo と þos の交替が始まったのは14世紀前半である。

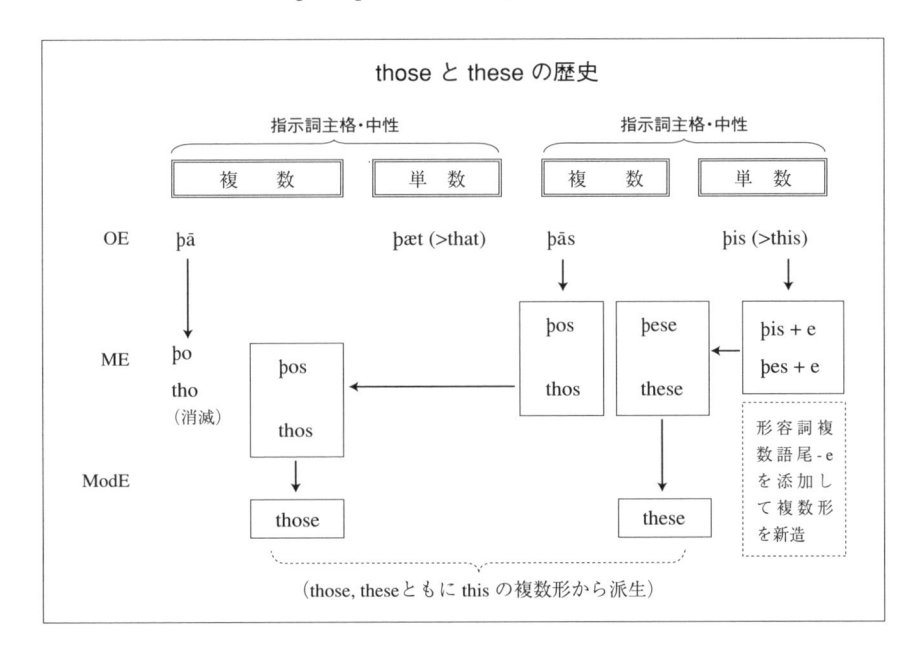

```
                    those と these の歴史

         指示詞主格・中性              指示詞主格・中性
        [複 数]  [単 数]              [複 数]  [単 数]

OE       þā      þæt (>that)         þās      þis (>this)
          ↓                            ↓         ↓
ME       þo              þos         þos      þese      þis + e
         tho                         thos     these     þes + e
        (消滅)                                           
                                                       形容詞複
                                                       数語尾 -e
                                                       を添加し
                                                       て複数形
ModE            those                        these      を新造

         (those, these ともに this の複数形から派生)
```

　古英語期にあった複雑な屈性形は、中英語になって単数・中性の主格形にさかのぼる this と that と、複雑な経緯によって出現した these と those だけになった。

	単数	複数
	this	these
	that	those

7.6.3. 疑問代名詞

　古英語の疑問代名詞は、形態上、主格形と対格形が同形の男性・女性と中性の2種類の区別があるが、他の格では性による区別はない。現代英語では who, what, why は3種類の異る疑問詞とみなされているが、古英語では、これらは疑問代名詞の屈折体系の一部であった。人称代名詞の男性・女性および中性の主格と同様に、疑問代名詞においても与格が対格を吸収し、対格の疑問代名詞は消滅した。

疑問代名詞の変遷

格＼性	古英語		近代英語
	男性・女性	中性	男性・女性・中性
主格	hwā　(>who)	hwæt　(>what)	who
対格	hwone	hwæt	whom
属格	hwæs　(>whose)		whose
与格	hwæm　(>whom)		whom
具格	hwȳ　(>why)		why

注：
・11世紀中頃から12世紀にかけて語頭の /h/ 音がしばしば脱落：OE hwæt > ME wat [wat]。what の <wh-> のように <h> が挿入されたのは、ノルマン人写字生が行っていた書記法の影響。
・hwȳ = for what → why

7.7. 数詞

　古英語の基数詞 (cardinal number) と序数詞 (ordinal number) はつぎの表のように表された。

古英語の数詞

基数詞	序数詞
1. ān 　　(M)　　(N)　　(F)	1. fyrst 　　forma, ǣrest
2. twēġen　tū　twā	2. ōþer
3. þrīe　þrēo　þrēo	3. þridda
4. fēower	4. fēorþa
5. fīf	5. fīfta
6. siex, six	6. siexta
7. seofon	7. seofoþa
8. eahta	8. eahtoþa
9. nigon	9. nigoþa
10. tīen, tȳn	10. tēoþa
11. endleofan	11. endlefta
12. twelf	12. twelfta
13. þrēotīene	13. þrēotēoþa
20. twēntiġ	20. twēntigoþa
21. ān and twēntiġ	21. ān and twēntigoþa
100. hund(red), hundtēontiġ	100. hundtēontigoþa
110. hundendleofontiġ	110. hundendleofontigoþa
120. hundtwelftiġ	120. hundtwelftigoþa
200. twā hund (red)	———————
1000. þūsend	

7.7.1. 基数詞

　古英語の基数詞のおもな特徴をあげる。
1) 基数詞には名詞を修飾する形容詞用法と独立用法がある。
2) 1, 2, 3 の基数詞は修飾する名詞の性、数、格に応じて屈折変化をした。1 を表す ān は、通常、強変化・単数の屈折をする。

数詞 ān (>one) の屈折		
	単数	
	男性・中性	女性
主格	ān	ān
対格	ǣnne	āne
与格	ānum	ānre
属格	ānes	ānre

twēġen (> two) の屈折

	男性	女性	中性
主格	twēġen	twā	tū
属格	twēġra		
与格	twǣm		
対格	twēġen	twā	tū

þrīe (> three) の屈折

	男性	女性	中性
主格	þrīe	þrēo	þrēo
属格	þrēora		
与格	þrim		
対格	þrīe	þrēo	þrēo

3) 13 - 19 までの基数詞は、1位の数詞に <-tīene> を付ける。
4) 20, 30, 40, 50, 60 は、1位の数詞 2 - 6 に <-tiġ> を付ける。
5) 2桁の基数詞表現は 'five and twenty' のように「1位の数詞 + and + 10位の数詞」である。これはドイツ語式表現である。現代英語では 'twenty-five' のように書く「10位の数詞 － 1位の数詞」である。これはフランス語式表現である。1611年に出版された『欽定訳聖書』では、語順がフランス語式表現と同じであるが、and を付加して 'twenty and five' のように書く「10位の数詞 + and + 1位の数詞」の数詞表現が90%近くを占めている。英訳聖書の基数詞表現は原典のヘブライ語表現の「なぞり」で出現した表現である。英訳聖書で使用されているこの基数詞表現が、フランス語式表現の一般化を後押ししたものと考えられる。(10章 6.2.2 参照。)

初期近代英語期に見る基数詞表現

基数詞表現の型	one and twenty 型	twenty and one 型	twenty-one 型
欽定訳聖書	10.8%	88.5%	0.2%
シェイクスピア	70.6%	3.9%	25.5%

(橋本：1998)

7.7.1.1. 基数詞 one と不定冠詞

不定冠詞 an, a と数詞 one はいずれも OE の数詞 ān (> one) に由来する。強勢が置かれない ān は不定冠詞へと変化し、強勢が置かれた ān は数詞 one の機能を保った。

強勢が置かれず、音が弱化した古英語の数詞 ān は不定冠詞になったが、13 世紀以降、h 以外の子音で始まる語の前では -n が脱落し、a となった。

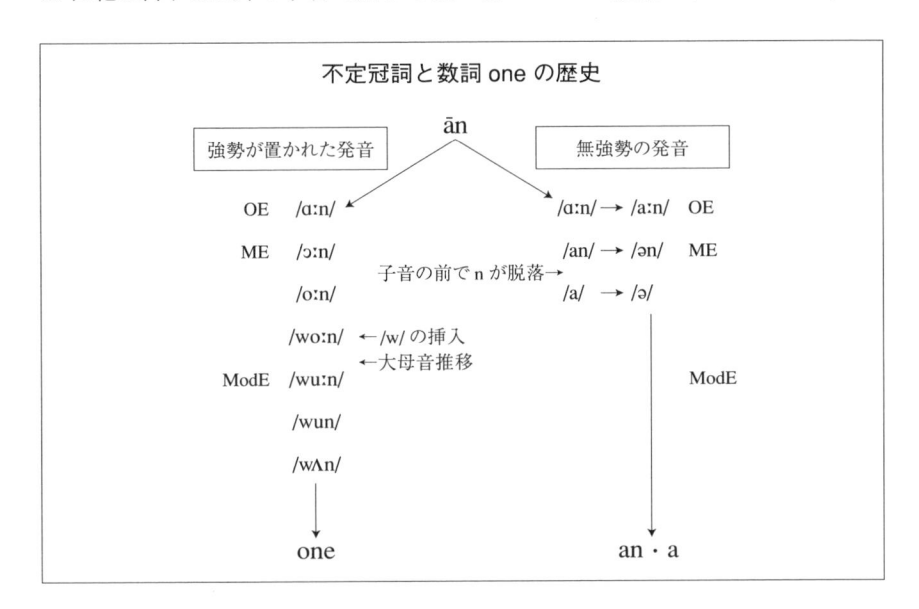

```
            不定冠詞と数詞 one の歴史
                      ān
      ┌───────────────┴───────────────┐
  強勢が置かれた発音                  無強勢の発音

  OE    /ɑːn/                    /ɑːn/ → /aːn/   OE
  ME    /ɔːn/                    /an/  → /ən/   ME
                  子音の前で n が脱落→
        /oːn/                    /a/   → /ə/

        /woːn/  ←/w/ の挿入
  ModE  /wuːn/  ←大母音推移                      ModE
        /wun/
        /wʌn/
          ↓
         one                              an・a
```

7.7.2. 序数詞

125 頁に古英語の序数詞が示されている。古英語の序数詞には次のような特徴がある。

1) 1 番目の fyrst と 2 番目の ōþer を除いて、他は -a で終わっている。これは ōþer を除く他の数詞は弱変化・単数・男性・主格形をあげたので、語末が -a で終わっているのである。
2) 1 番目と 2 番目の序数詞は基数詞からの派生ではない。
2-1) 古英語では「1 番目」の序数詞は fyrst (> first) 以外に、「最初の」を意味する forma (> former = 前の・最初の) や ǣrest (> earliest) などが使用された。

2-2) 2番目の序数詞は ōþer (> other) であるが、現代英語では second である。これは、13世紀末にフランス語（ノーマン・フレンチ）から入ってきた second が、アングロ・サクソンの other を序数詞から追い出したためである。

7. 8. 形容詞
7. 8. 1. 弱変化と強変化

　古英語の形容詞は修飾する名詞の性・数・格に応じて語尾変化をした。変化の仕方には弱変化と強変化の2種類があり、どちらの屈折の仕方をとるかは以下の条件で決定された。
1) 弱変化：① 指示詞（定冠詞）や所有代名詞が先行している形容詞
　　　　　　② 呼びかけ語の名詞を修飾する形容詞
　　　　　　③ 最上級と比較級の形容詞
　　　　　　（格の情報が他の手段で表されている環境では弱変化屈折）
2) 強変化：① 指示詞（定冠詞）や所有代名詞が先行していない形容詞
　　　　　　② be動詞の補語になった形容詞
　　　　　　（格の情報を多く与えなければならない環境では強変化屈折）
　多様な古英語の屈折は、古英語末期には、単数と複数の区別をするための屈折だけになり、他のすべての屈折語尾は消失した。good と (the) good king を例に、古英語、中英語、近代英語における屈折の消失過程を示したのが次の表である。近代英語の形容詞は、性、数、格のすべての屈折語尾を消失した。

古英語の形容詞の屈折語尾

(good)		弱変化			強変化		
性		男性	中性	女性	男性	中性	女性
単数	主格	gōd-a	gōd-e	gōde	gōd	gōd	gōd
	属格		gōd-an		gōd-es	gōd-es	gōd-re
	対格	gōd-an	gōd-e	gōd-an	gōd-ne	gōd	gōd-e
	与格		gōd-an		gōd-um	gōd-um	gōd-re
	具格		gōd-an		gōd-e	gōd-e	gōd-re
複数	主格 対格		gōd-an		gōd-e	gōd	gōd-a
	属格		gōd-ena		gōd-ra	gōd-ra	gōd-a
	与格 具格		gōd-um			gōd-um	

中英語の形容詞の屈折語尾

	弱変化	強変化
単数	good-e	good
複数	good-e	good-e

形容詞の屈折語尾消失の過程：(the) good king の場合

［形容詞 gōd］+［男性・強変化名詞 cyning］=(the) good king(s)

gōd = good cyning = king		弱変化 指示詞 + 形容詞 + 名詞		強変化 形容詞 + 名詞	
古英語の形容詞の屈折 単数	主格	sē gōda	cyning	gōd	cyning
	属格	þæs gōdan	cyninges	gōdes	cyninges
	対格	þone gōdan	cyning	gōdne	cyning
	与格	þæm gōdan	cyninge	gōdum	cyninge
	具格	þȳ gōdan	cyninge	gōde	cyninge
複数 主格・対格		þā gōdan	cyningas	gōde	cyningas
属格		þæra gōdena	cyninga	gōdra	cyninga
与格・具格		þæm gōdum	cyningum	gōdum	cyningum

中英語の形容詞の屈折

	弱変化	強変化
単数	the goode kining	good kining
複数	the goode kininges	goode kininges

近代英語の形容詞
(the) good king
(the) good kings

7.8.2. 比較

1) 比較接尾辞

古英語では形容詞の比較級の語尾は {-ra}、最上級の語尾は {-ost} であった。中英語で、これら比較級と最上級の語尾は {-er} と {-est} になった。

古英語 比較級と最上級				中英語 比較級と最上級	
	比較級	最上級		比較級	最上級
heard (> hard) oft　(> often)	heard-**ra** oft-**ra**	heard-**ost** oft-**ost**	→	hard-**er** often-**er**	hard-**est** often-**est**

2) 比較級および最上級語尾と母音変異（ウムラウト）

比較級と最上級において語幹の母音が変化した比較級がある。そのなかでも現代英語に残っているのはoldの比較級と最上級 elder, eldestである。この母音変異は古英語以前に起こった現象である。

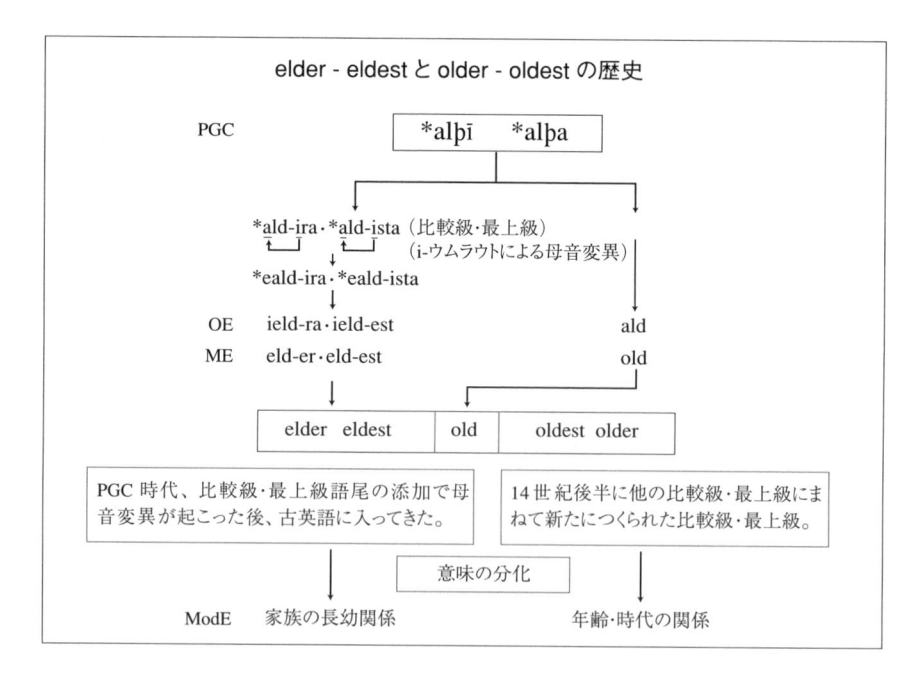

```
           elder - eldest と older - oldest の歴史

   PGC                *alþī  *alþa
                        │       │
                        ↓       │
           *ald-ira・*ald-ista（比較級・最上級）
                                 （i-ウムラウトによる母音変異）
             *eald-ira・*eald-ista
                        ↓
   OE       ield-ra・ield-est               ald
   ME       eld-er・eld-est                 old
                        ↓                    │
           ┌────────────────┬──────┬──────────────┐
           │ elder  eldest  │ old  │ oldest  older │
           └────────────────┴──────┴──────────────┘

   ┌──────────────────────────┐   ┌──────────────────────────┐
   │ PGC時代、比較級・最上級語尾の  │   │ 14世紀後半に他の比較級・最上級にま │
   │ 添加で母音変異が起こった後、古  │   │ ねて新たにつくられた比較級・最上級。│
   │ 英語に入ってきた。            │   │                            │
   └──────────────────────────┘   └──────────────────────────┘
              │           意味の分化          │
              ↓                              ↓
   ModE    家族の長幼関係              年齢・時代の関係
```

3) 不規則な比較級

古英語には原級とは異なる語源の語を比較級と最上級に利用する方法もあった。この現象は少数の形容詞で起こった。この方法を補充法 (suppletion) と言う。以下は現代英語に引き継がれている例である。

補充法による比較級と最上級

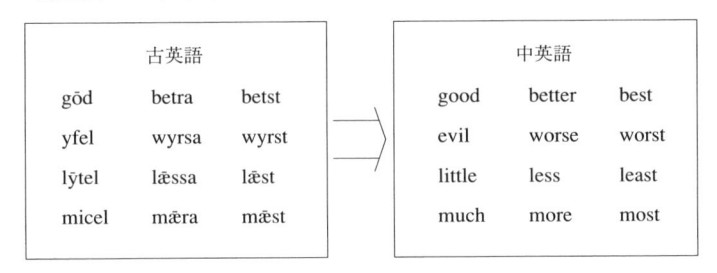

古英語				中英語		
gōd	betra	betst		good	better	best
yfel	wyrsa	wyrst		evil	worse	worst
lȳtel	læssa	læst		little	less	least
micel	mæra	mæst		much	more	most

4) 迂言的比較級

形容詞に接尾辞 {-er}, {-est} を添加せず、more, most を形容詞の前に置く比較級と最上級もあった。この方法は13世紀に始まった。この比較級と最上級は2語で表現するので、迂言的比較級 (periphrastic comparison) と呼ばれている。

7. 9. 副詞

副詞の派生方法は大きく2種類に分かれる。一つは接尾辞 {-e} の添加、他は名詞の屈折形である。名詞を対格形、与格形または属格形にして副詞の機能を持たせることができた。

古英語の副詞生成法

1) 形容詞 + -e
2) 名詞の対格形、与格形、属格形

7.9.1. 副詞接尾辞 {-e}

古英語の多くの副詞は形容詞に副詞語尾 {-e} を添加してつくられた。この {-e} は形容詞の具格の屈折語尾にさかのぼる。形容詞にもともと -e が付いている場合は、新たに {-e} を添加することはしなかった。中英語期に副詞の接辞 {-e} が弱音化のために消滅し、形容詞と同じ語形になったが、その後も副詞機能は残ったので、同一の語形が形容詞と副詞の働きをすることになった。

deep の類
形容詞と副詞機能を持つに至った歴史

古英語		中英語	近代英語
	形容詞に -e を添加	語末音の脱落	形容詞と副詞が同形
形容詞	副詞		形容詞・副詞
1) dēop	dēop-e	接尾辞 -e の脱落 ⇒	deep
2) fæst	fæst-e		fast
3) heard	heard-e		hard
4) hlūd	hlūd-e		loud
5) slāw	slāw-e		slow
6) sōfte	sōfte		soft

古英語の副詞の比較級と最上級は接尾辞 {-or}, {-ost} を添加してつくった。

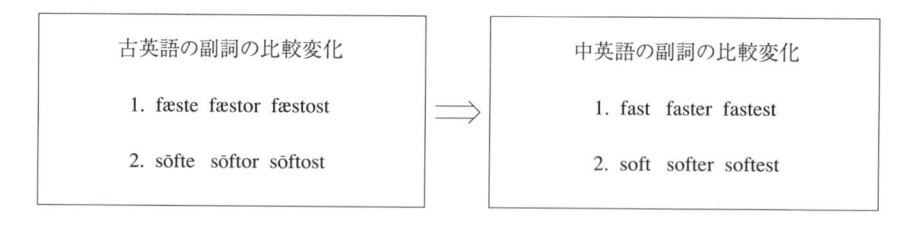

古英語の副詞の比較変化	中英語の副詞の比較変化
1. fæste fæstor fæstost	1. fast faster fastest
2. sōfte sōftor sōftost	2. soft softer softest

⇒

7.9.2. 形容詞接尾辞 + 副詞接尾辞 ({-līċ}+{-e})

古英語では名詞に接尾辞 {-līċ} を添加して形容詞を作ることができた。

このようにしてできた形容詞に、さらに、接尾辞 {-e} を添加して副詞を作った。古英語後期には {-līċ} に {-e} を添加した {-līċe} が、副詞の接尾辞であると認識されるようになった。その後、副詞の接尾辞 {-līċe} の -e が、弱音化のために脱落し、形容詞接尾辞 {-līċ} と副詞接尾辞 {-līċe} が両方とも同形 {-līċ} になった。次の段階で {-līċ} から ċ が脱落して {-lī} になった。この -lī が近代英語で {-ly} になった。その結果、「名詞 + -ly」が副詞と形容詞の両方の機能を兼ねることになった。

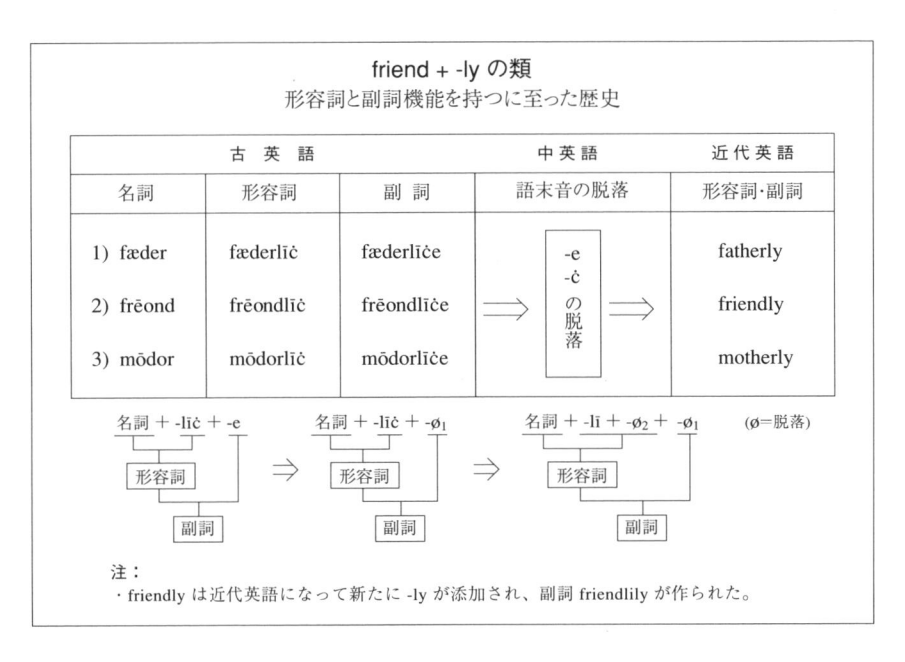

```
                    friend + -ly の類
              形容詞と副詞機能を持つに至った歴史
```

	古 英 語		中英語	近代英語
名詞	形容詞	副 詞	語末音の脱落	形容詞・副詞
1) fæder	fæderlīċ	fæderlīċe	-e -ċ の脱落 ⇒	fatherly
2) frēond	frēondlīċ	frēondlīċe		friendly
3) mōdor	mōdorlīċ	mōdorlīċe		motherly

```
名詞 + -līċ + -e        名詞 + -līċ + -ø₁       名詞 + -lī + -ø₂ + -ø₁    (ø=脱落)
   ┌─────┐                ┌─────┐                  ┌─────┐
   │形容詞│       ⇒        │形容詞│       ⇒          │形容詞│
   └─────┘                └─────┘                  └─────┘
     │                      │                        │
   ┌─────┐                ┌─────┐                  ┌─────┐
   │副詞 │                │副詞 │                  │副詞 │
   └─────┘                └─────┘                  └─────┘
```

注：
・friendly は近代英語になって新たに -ly が添加され、副詞 friendlily が作られた。

古英語後期に {-līċe} が副詞の接尾辞と考えられるようになると、副詞を派生させるための本来の接尾辞 {-e} と {-līċe} はしばらくの間共存しながらも競合した。その後、{-e} は消滅し、{-līċe} からも副詞語尾 {-e} が消滅して {-līċ} になった。次の段階で {-līċ} から ċ が脱落した。その結果、副詞接尾辞がなくなり形容詞と同形になった副詞 deep と副詞 deeply の2種類の副詞が出現することになった。このプロセスを次頁の図で示す。

deep vs. deeply
2種類の副詞誕生の歴史

	古　英　語		中　英　語	近　代　英　語
	形容詞に -eを添加	新副詞接辞	語末音の 脱落	zero 接辞・-ly 接辞
形容詞	副　詞	-līċe		副　詞
1) dēop	dēop-e$_1$	dēop-līċe$_2$	-e$_1$ -ċe$_2$ の脱落 ⇒	deep deeply
2) slāw	slāw-e$_1$	slāw-līċe$_2$		slow slowly

7. 9. 3. 名詞の屈折形に由来する副詞

　副詞機能を持った古英語の対格形、与格形、属格形のなかには、現代英語にその機能を留めているものがある。
1) 対格形　① ealne weg > all the way　　　　　② gecyrr hām > go home
2) 与格形　① ðære ylcan nihte > (in) the same night　② hwilum > whilom
3) 属格形　① dæges ond nihtes > (by) days and nights　② nīedes > needs
　　　　　つぎの副詞の -s や -ce も古英語における属格の屈折語尾の名残である：always, hence, nowadays, since, onwards, sometimes

7. 10. 動詞

1) 文法範疇
　　古英語の動詞は以下の四つの文法範疇 (grammatical category) で活用する。文法範疇とは、類似の文法的な働きをするものの集まり（類= class）のことである。
　　1) 法 (mood)　：直説法 (indicative mood)
　　　　　　　　　　仮定法 (subjunctive mood) 接続法とも言う
　　　　　　　　　　命令法 (imperative mood)
　　2) 時制 (tense)：現在 (present)
　　　　　　　　　　過去 (past or preterit)
　　3) 数 (number)：単数 (singular)

複数 (plural)
4) 人称 (person)：1人称 (first person)
2人称 (second person)
3人称 (third person)

　これらの文法範疇は名詞の屈折語尾と同じく、一つの活用形で総合的に表示をする。たとえば活用語尾 {-est} は、それだけで、直説法・現在・単数・2人称の四つの文法範疇に関わる情報を総合的に示している。
　古英語の動詞の非定形 (non-finite form) は以下の三つである。
1) 不定詞：
　(1) tō (> to) 無し不定詞。接尾辞は -an　　例：libb-an　　（> live）
　　　　　　　　　　　　　　　　　　　　　　　　luf-ian　　（> love）
　(2) tō (> to) 付き不定詞。接尾辞は -enne。与格不定詞とも呼ばれる。
　　　　　　　　　　　　　　　　　例：tō libb-enne （> to live）
　　　　　　　　　　　　　　　　　　　tō luf-ienne （> to love）
2) 現在分詞：接尾辞は -ende　　　　例：libb-ende　（> living）
　　　・現代英語の接尾辞 -ing は動名詞の接尾辞に由来する。
3) 過去分詞：動詞の種類によって異なる。　例：lif-d　　　（> lived）
　　　　　　　　　　　　　　　　　　例：sung-en　　（> sung）
　　　　　　　　　　　　　　　　　　例：ge-bund-en （> bound）
　tō (> to) 無し不定詞の接尾辞の基本形は -an であり、tō 付き不定詞の接尾辞の基本形は -enne である。現在分詞の接尾辞は現代英語の接尾辞とは異なり -ende である。過去分詞の接尾辞は強変化動詞と弱変化動詞で異なる。強変化動詞の過去分詞の接尾辞はいつも -en であるが、弱変化動詞の過去分詞の接尾辞には -(e)d と -od がある。上記の libban は弱変化動詞でその過去分詞は lifd である。sungen は強変化動詞 singan (> sing) の過去分詞である。gebunden は強変化動詞 bindan (> bind) の過去分詞である。この動詞のように過去分詞は接頭辞 ge- を付けることも少なくない。
2) 動詞の種類
　　古英語の動詞は過去形と過去分詞形の作り方によって大きく4種類に分類できる。

1) 強変化動詞　　(strong verb)
2) 弱変化動詞　　(weak verb)
3) 過去現在動詞 (preterit-present verb)
4) 不規則動詞　　(irregular verb)

7. 10. 1. 強変化動詞と弱変化動詞

　強変化動詞は動詞の語幹の母音を変えることによって活用する動詞である。現代英語の動詞の基本形 (principal parts) は不定詞、過去形、過去分詞であるが、古英語の強変化動詞の基本形は、不定詞、直説法・過去・単数・1人称と3人称、直説法・過去・複数、過去分詞の四つであり、それぞれ母音を変異させる。強変化動詞には七種類の母音変異の型がある。それらを示したのがつぎの表である。すべての強変化動詞の過去複数形の語尾は -on であり、過去分詞の語尾は -en である。

古英語の強変化動詞の母音変異の型
現代英語との比較

母音変異の型	不定詞	過去単数1・3人称	過去複数	過去分詞
クラスⅠ	ī rīdan (ride	ā rād rode	i ridon rode	i riden ridden)
クラスⅡ	ēo/ū ċēosan (choose	ēa ċēas chose	u curon chose	o coren chosen)
クラスⅢ	i/e helpan (help	a/ea healp helped	u hulpon helped	u/o holpen helped)
クラスⅣ	e stelan (steal	æ stæl stole	ǣ stǣlon stole	o stolen stolen)
クラスⅤ	e sprecan (speak	æ spræc spoke	ǣ sprǣcon spoke	e sprecen spoken)
クラスⅥ	a standan (stand	ō stōd stood	ō stōdon stood	a standen stood)
クラスⅦ	x cnāwan (know	ē/ēo cnēow knew	ē/ēo cnēowon knew	x cnāwen known)

・クラスⅦでは不定詞と過去分詞が常に同じ母音であることをxで示した。
・クラスⅤの sprecan の異形から現代英語の speak が来ている。

一方、弱変化動詞は /d/ または /t/（歯茎閉鎖）音を持つ接尾辞 {-ed}、{-d}、{-t}、{-od} を添加して過去形と過去分詞形を作る。弱変化動詞は三つのクラス（類）に分類できる。クラスⅠは不定詞と過去および過去分詞の母音が異なる動詞を含み、クラスⅡは不定詞語尾が {-ian} である動詞を含み、クラスⅢは habban (> have), hycgan (= think), libban (> live), secgan (> say) の四つの動詞からなるクラスである。弱変化動詞の基本形は不定詞、直説法過去・単数・1人称・3人称、過去分詞の三つである。

古英語
弱変化動詞の基本形の活用
現代英語との比較

クラス	不定詞	過去・単数 1・3人称	過去分詞
Ⅰ）古英語	þeċan	þōhte	þōht
（現代英語）	think	thought	thought ）
Ⅱ）古英語	lufian	lufode	lufod
（現代英語）	love	loved	loved ）
Ⅲ）古英語	habban	hæfde	hæfd
（現代英語）	have	had	had ）

　次頁の「強変化動詞と弱変化動詞の活用語尾（概略）の変遷」は、古英語の強変化動詞と弱変化動詞の活用語尾が近代英語に移行する過程で起こした変化の様子を概観したものである。おもな変化につぎのものがある。

1) 強変化動詞が弱変化動詞に：現代英語では弱変化動詞は規則動詞と呼ばれ、強変化動詞は不規則動詞と呼ばれている。現代英語の規則動詞の数は不規則動詞に比べて圧倒的に多いが、古英語においても規則変化動詞の前身である弱変化動詞の数は圧倒的に多く、動詞全体の4分の3を占めていた。強変化動詞は300以上あったが、約3分の1は規則動詞になり、約3分の1は消失し、約60の強変化動詞は不規則動詞として現代まで生き残った。
2) 3人称・単数・現在の語尾 {-s} の確立：古英語の名詞や形容詞の屈折語尾の多くは中英語期に消失し、屈折組織は単純化の方向に向かった。しかし、動詞の活用語尾は中英語においても古英語の語尾を比較的よく保ち、そのうえ、各方言が固有の活用語尾を発達させた。たとえば、古英語の3人称・

単数語尾 {-eþ> -th} に代わる新しい語尾がノーザン方言に現れた。それが、現代英語の3人称・単数・現在の語尾の基になった {-es} である。この語尾は中英語期の間に南下を始め、16世紀後半から17世紀初めに一般化した。日常頻繁に使用されていた3人称・単数・現在形 hath (> has), doth (> does) は18世紀後半になっても古英語以来の -th (< -eþ) 語尾を保っていた。

3) 現在分詞語尾 {-ing} の出現：古英語の現在分詞語尾は -ende である。現代英語の friend, fiend の -end に古英語の現在分詞語尾が痕跡を留めてい

強変化動詞と弱変化動詞の活用語尾（概略）の変遷

	古英語		中英語			近代英語	
	強変化	弱変化	南部	中部	北部	初期	後期
直説法・現在							
単数・1人称	-e		-e	-e	-(e)	—	—
2人称	-(e)st		-est	-est	-es	-(e)st	—
3人称	-(e)þ		-eth	-eth	-es	-th, -s	-s
複数1-3人称	-aþ		-eth	-e(n)	-es		
直説法・過去			強変化動詞	弱変化動詞 (1) (2) (3)			
単数・1人称	—	-(e)d -e	—	-ed -d -t		-ed	
2人称	-e	-st	-(e)	-edest -dest -test		-(e)st	-ed
3人称	—	-e	—	-ed -d -t		-ed	
複数1-3人称	-on	-on	-e(n)	-ed(en) -d(en) -t(en)		-(e)(n)	
仮定法・現在							
単数1-3人称	-e	-(e)d -e		-(e)		-(e)	—
複数1-3人称	-en			-e (n)			
仮定法・過去			強変化動詞	弱変化動詞 (1) (2) (3)			
単数1-3人称	-e		-ed	-d -d -t		-ed	-ed
複数1-3人称	-en		-e(n)	-ed(en) -d(en) -t(en)		-(e)(n)	
命令法							
単数2人称	—		—			—	—
複数2人称	-aþ		-eth	-eth	-es		
tō 無し不定詞	-an			-en		-(e)(n)	—
tō 付き不定詞	-enne						
現在分詞	-ende		-ind(e) -ing(e)	-end(e)	-and(e)	-ing	-ing
過去分詞	-en	-ed, -od	強変化動詞 -e(n)	弱変化動詞 -e(d)		-en, -ed	

る。これらは名詞化した現在分詞の例である。現代の現在分詞語尾 {-ing} は古英語期では動詞から名詞を派生させるための語尾、動名詞語尾であった。ところがサザン方言において12世紀ごろから動名詞語尾が現在分詞語尾と交替を始め、最終的には動名詞語尾が現在分詞語尾を兼ねるようになった。その原因としてつぎの現象が考えられる。まず、サザン方言で現在分詞語尾 {-end (e)} が {-ind (e)} に音を変化させた。語頭に同一音を持つ現在分詞語尾 {-ind} と動名詞語尾 {-ing} との間に混乱が起こった後、{-ing} が {-end} を追い出し現在分詞語尾になった。ただし、混乱の後になぜ現在分詞語尾として動名詞語尾 {-ing} が定着したのかはいまだ不明である（146頁参照）。

7.10.2. 過去現在動詞

古英語になる前の時代に過去形であった動詞が、現在形であると解釈されるようになり、そこから新たに過去形が作られた動詞がある。この種の動詞を過去現在動詞という。このグループの動詞は古英語時代には12あったが、そのなかでもよく使用されたのがつぎの表の7つの動詞である。これらの動詞の古英語における基本活用形と現代英語との関係は下表に示されている。

過去現在動詞と現代英語

不定詞	現在・単数 1・3人称	現在・複数	過去・単数 1・3人称	現代英語
1. āgan (= possess)	<u>āh</u>	āgon	<u>āhte</u>	ought
2. cunnan (= know)	<u>cann</u>	cunnon	cūðe	can
3. durran (= dare)	<u>dearr</u>	durran	dorste	dare
4. magan (= be able to)	<u>mæg</u>	magon	mihte	may
5. mōtan (= be allowed to)	mōt	mōton	<u>mōste</u>	must
6. sculan (= be obliged to)	<u>sceal</u>	sculon	scolde	shall
7. <u>witan</u> (= know)	wāt	witon	wisse	wit

注：
・下線は現代英語の基になった語形であることを指す。
・7. の witan は、現代英語では、名詞 wit で知られている。

これらの動詞の史的変化について特筆すべきことは以下である。
1) must, ought に過去形がない理由：現代英語の ought と must の語末が -t である。これは古英語で新たに作られた過去形であることを示している。そのために、これら二つの助動詞は現代英語においてもさらに過去形を作ることはできないのである。過去形であった must と ought が現在形として使用されるようになったのは1500年前後である。
2) can の過去形 could に <l> がある理由： shall と will には <l> があるので、その過去形 should と would に <l> があるのは理解できるが、can には <l> がないにもかかわらず、その過去形 could には <l> がある。これは、should と would に <l> があることの類推によって could に <l> が挿入されたことによる。
3) 表にある現代英語の六つ (1-6) の助動詞は過去現在動詞から発達したが、will は過去現在動詞からではなく、以下に述べる古英語の不規則動詞 willan (= wish) から発達した助動詞である。

7.10.3. 不規則動詞

古英語の動詞のなかで、活用にはなはだ規則性を欠く動詞が四つある。その動詞を不規則動詞と呼ぶ。

```
古英語の不規則動詞

1. bēon   (> be)
2. dōn    (> do)
3. gān    (> go)
4. willan (> will)
```

7.10.3.1. be 動詞

be動詞のつづり字は多様である。それは be 動詞は3種類の異なるゲルマン祖語の語根に由来するためである。

ゲルマン祖語の語根と語根の意味
現代英語の be 動詞

1) *es　　(= to be, set in motion)　　　　　> am, are, is
2) *wes　(= to remain, continue to be)　　> was, were
3) *beu　(= to become, exist)　　　　　　> be, being, been

注：
・ゲルマン祖語の語根 *es, *wes には <r> がないのに、古英語や現代英語の be 動詞には <r> がある。これは、この /r/ 音はもともと /s/ 音であったが、/s/→/z/→/r/ の順に音変化して、/r/ になったためである。

---

　be 動詞の変遷は次頁の「be 動詞の活用語尾（概略）の変遷」にまとめた。be 動詞の歴史のおもな特徴は以下である。

1) 古英語の多様な活用形は語根別に整理されていった。すなわち、*es から派生した語は現在形を担当し、*wes から派生した語は過去形を担当し、*bheu から派生した語は、その他（不定詞、現在分詞、過去分詞、仮定法現在、命令法）を担当するようになり、他は消滅していった。

2) be 動詞の過去分詞は古英語では使用されていない。12世紀に他の動詞の過去分詞をまねて作られた。はじめは gebēon, gebean, iobean などの形態があったが、15世紀以降に been に統一された。

3) 中英語期に直接話法・現在・複数形として are が北部方言に現れた。この語は古ノルド語と類似しているので、ヴァイキングによって北部地方にもたらされたと言われている。古ノルド語から借用したとしてもゲルマン祖語の *wes を語根とすることには変わりがない。この are が南下し、bee (n) を追い出し直接話法・現在・複数形として定着した。1611年に出版された『欽定訳聖書』では、下の例にあるように、従来型の been の弱音形である be と北部地方から来た新しい are が連続した行で混用されている。are が been にとって代わったのは17世紀後半である。

　　We *are* true men; we *are* no spies.

　　We *be* twelue brethren, sonnes of our father:

　　　　　　　　　　　　　　『欽定訳聖書』(「創世記」42: 31-32)

4) 中英語期に仮定法・現在・複数形の been、過去・複数形の weren、不定詞の been の各語末の -(e)n が脱落し、それぞれ be, were, be になった。その結果、仮定法現在は単数形と複数形が同一の be になり、仮定法過去も単数形と複数形がともに were になった。
5) 命令法複数形では古英語から中英語に引き継がれた beeth は、語末の -eth を脱落させ、複数形と単数形が同形の be になった。結果的には、命令形は不定詞とも同形になった。
6) 過去分詞だけは、今日まで、語末の -n が保たれて been である。これは、-n が脱落することによって他の類似形との混乱を避けようとする力が働いたためであろう。

Be 動詞の活用表（概略）の変遷

ゲルマン祖語の語根	古英語			中英語	近代英語	
	*es	*beu	*wes	14世紀末	初期	後期
直説法・現在 単数　1人称 　　　2人称 　　　3人称 複数 1-3人称	eom eart is sind (on) earon	bēo bist biþ bēoþ		am art is are (n) bee (n)	am art is are be(e)	are are
直説法・過去 単数　1人称 　　　2人称 　　　3人称 複数 1-3人称			wæs wǣre wæs wǣron	was were　wast was were (n)	was wert wast was were	were
仮定法・現在 単数 1-3人称 複数 1-3人称	sīe sīen	bēo bēon		be bee (n)	be	
仮定法・過去 単数 1-3人称 複数 1-3人称			wǣre wǣren	were were (n)	were	
命令法 単数　2人称 複数　2人称		bēo bēoþ	wes wesaþ	be beeth	be	
tō 無し不定詞 tō 付き不定詞		bēon bēonne	wesan	bee (n)	be	
現在分詞		bēonde	wesende	being	being	
過去分詞				been	been	

7. 10. 3. 2. do と go

do と go の史的変遷のおもな特徴は以下である。

古英語の過去・複数形 dydon (> did) の語末の -on は無強勢のために、古英語末期から中英語初期にかけて -en になり、さらに語末の -n が脱落して dyde, dide (> did) になった。その結果、過去・複数形が過去・単数形と同形になった。

古英語の gān (> go) の過去形は、gān とは異なる語源の動詞の過去形 ēode, ēodon が充てられていた。ēode, ēodon による補充が 16 世紀ごろまで続いたが、一般化しなかった。代わって、古英語の弱変化動詞 wendan (= go) の過去形 went が go の過去形として補充され、定着していった。一方で wendan は次第に使用されなくなっていった。

Do・Go
古英語と近代英語

	不定詞	過去・単数 1.3人称	過去・複数	過去分詞
古英語	dōn	dyde	dydon	dōn
近代英語	do	did		done
古英語	gān	ēode	ēodon	gān
近代英語	go	went		gone

7. 10. 3. 3. will

will の史的変遷のおもな特徴をあげる。
1) 直説法現在 2 人称・単数形は古英語の wilt を近代英語まで保っていたが、18 世紀後半に thou が廃れると wilt も消滅した。
2) 直説法現在・複数形は古英語では willaþ であったが、中英語で willen が勢力を得た。willen の語末の -en は弱音節のために、最初に -n が脱落し、ついで -e も脱落した。直説法現在の 1 人称と 3 人称の wille も語末の -e を脱落させたので、直説法の単数形と複数形がともに will になった。仮定法現在・複数形 willen と単数形 wille もそれぞれ同じ原因で語末の -en, -e が

脱落した。その結果、後期近代英語では直接法と仮定法の現在形は単数形と複数形ともにwillになった。

3) 直説法過去と仮定法過去においても語末の -on, -en が脱落し、ともにwoldになった。wold (/wo:ld/) は、母音 /o:/ が大母音推移よって /u:/ に変化したので、/wu:ld/ になり、ここから /u:/ が弱化して /wuld/ になった後、さらに /l/ 音が脱落して、/wud/ になった。

Will
古英語と近代英語

		古英語			近代英語 17世紀初期	
		直説法		仮定法		
		現在	過去	現在	過去	現在	過去
単数	1人称	wille	wolde	wille	wolde	will	would
	2人称	wilt	woldest			wilt	wouldst
	3人称	wille	wolde			will	would
複数 1-3人称		willaþ	woldon	willen	wolden	will	would
tō 無し不定詞		willan					
tō 付き不定詞		willenne willanne		注： ・willが法助動詞化するのと平行して、不定詞と現在分詞が消滅。			
現在分詞		willende					

7.10.4. 不定詞、動名詞、現在分詞
7.10.4.1. 不定詞語尾

古英語には2種類の不定詞があった。tō (> to) 無し不定詞と tō (> to) 付き不定詞である。tō 無し不定詞は後に助動詞になったcunnan (> know), magan (> may)、sculan (> shall), willan (> will) などの動詞や他の動詞の目的語として、あるいは、geseon (> see), hīeran (> hear) などの動詞の目的補語として使用された。

例：iċ <u>geseah</u> ða englas dreorige *wepan*.

(I saw those angels bitterly *weep*)
（私は天使が激しく泣いているのを見た。）

　古英語では、前置詞 tō の後に来る名詞は与格語尾 -enne を持った。前置詞 tō の後に来る不定詞は名詞であるので、不定詞に与格語尾を添加したのである。ただし、tō 付き不定詞は現代英語の動名詞と類似の機能、すなわち、名詞と動詞の両方の機能を持っていた。

例1： Hē wearð asend *tō bewerigenne* mē.
　　　(He was sent *to guard* me.) （彼は私を守るために送り込まれた。）
例2： hit is god gōdne to herienne.　注：gōdne=形容詞・強変化・男性・対格
　　　(It is good (the) good to praise. = It is good to praise the good.)
　　　（いい人を褒めることは良いことだ。）

　名詞は文脈によって受動態にも能動態にも解釈可能である。古英語の不定詞は名詞的機能を持っていたので、受動と能動の両方の解釈が可能であった。以下は受動の読みが必要な不定詞の例である。

例： Is *to witenne*.　(be 動詞が非人称動詞として使用されているので無主語。171頁参照。)
　　 (Is *to note.* = It should-be *to be-noted.*) （注意すべきである。）

　構造は能動態であるが、意味は受動態である次の現代英語の不定詞も、古英語の不定詞の名詞用法に由来する。

例： I am *to blame* for his laziness.
　　 (I am to be blamed for his laziness.)
　　 （彼が怠惰なのは私が責められるべきである。）
例： a house *to let*
　　 (a house to be let ＝貸し屋)

7.10.4.2. 動名詞語尾と現在分詞語尾

　古英語の動名詞語尾は -ung (e) または -ing (e) であった。blets-ung（= 祝福）のように弱変化動詞に動名詞語尾を添加して、文法的性が女性である抽象名詞を作った。古英語後期には、understand-ing（= 理解）のように強変化動詞にも動名詞語尾を添加して名詞を派生させることが可能になった。一方、古英語の現在分詞語尾は -ende であった。ところが15世紀に動名詞語尾が現在分詞語尾をも兼ねるようになった。それと同時に、動名詞も名詞の機能に加えて動詞的な機能も持つようになった。

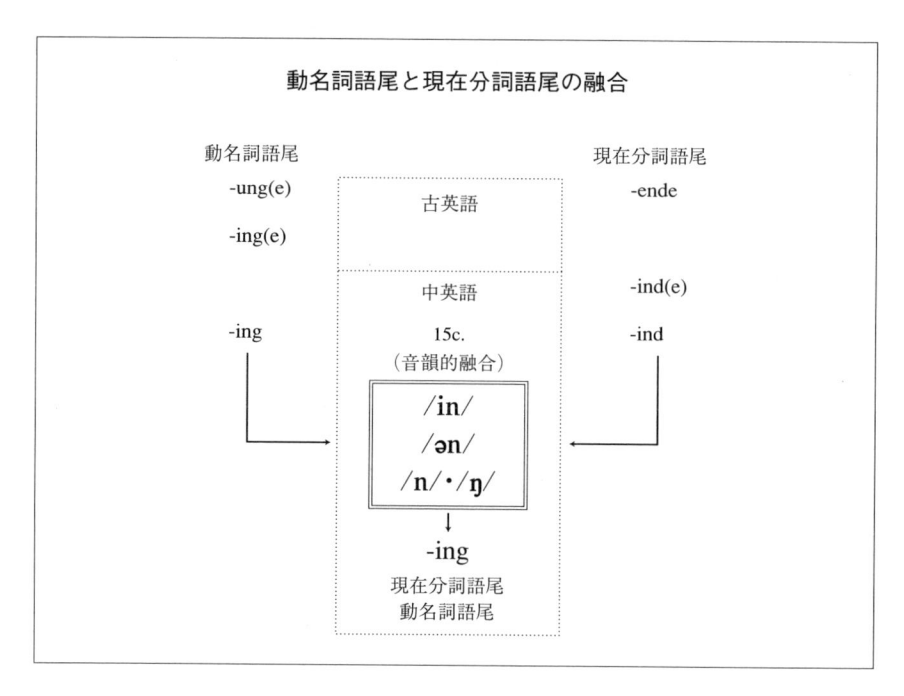

```
         動名詞語尾と現在分詞語尾の融合

  動名詞語尾                        現在分詞語尾
  -ung(e)        ┌─────────┐
                 │  古英語  │        -ende
  -ing(e)        └─────────┘

                 ┌─────────┐
                 │  中英語  │        -ind(e)
  -ing            　 15c.            -ind
                 （音韻的融合）
                 ┌─────────┐
                 │  /in/   │
                 │  /ən/   │
                 │ /n/・/ŋ/│
                 └─────────┘
                     ↓
                   -ing
                 現在分詞語尾
                 動名詞語尾
```

　動名詞語尾が現在分詞語尾を兼ねるようになった経緯については、次のように考えられている。
1) 古英語の現在分詞語尾 -ende は中英語初期に南部方言で -inde になった。
2) -inde が語末の -e を脱落させた。
3) 古英語の動名詞語尾 -ung と -ing のうち、-ing が中英語初期に優勢になった。

4) 15世紀に -ing と -ind が語末音の弱音化のために類似音 [ŋ], [n] になり、動名詞語尾と現在分詞語尾との間に混乱が生じた。両語尾の音韻的接触と融合が繰り返された後、動名詞語尾が動名詞語尾を保持したまま現在分詞語尾にもなった。ただし、なぜ現在分詞語尾が消失し、動名詞語尾が現在分詞語尾を兼ねるようになったのかは不明である。
5) この音韻的融合の後、動名詞は動詞的機能を獲得した。

第8章
統語法

本章のポイント

進行形の発達

完了形の発達

受動形の発達

関係代名詞の発達

疑問文や否定文のdoの歴史

否定文の歴史

もともと主語のない構文の歴史

語順の歴史

8.1. 進行形、完了形、受動形

7章10節で語形変化に関係する動詞の文法範疇を示した。動詞の文法範疇は、それ以外に相 (aspect) と態 (voice) がある。動詞が表す行為または状態には、時間軸に沿って、「始まり」・「進行中」・「完了」などの諸相がある。それを相 (aspect) と呼ぶ。また、能動態と受動態を合わせて態 (voice) と呼ぶ。

英語を歴史的に観察すると、それまでは1語で示していた表現が現代英語に近づくにつれて、2語あるいはそれ以上の語を用いて表現する傾向を強めていった。後者の表現方法を迂言法 (periphrasis) と言う。進行形、完了形、受動形などは迂言法による表現形式を発達させた。迂言的 (periphrastic) に表現される形式に対して、1語による表現形式を単純形と呼ぶ。

進行形、完了形、受動形の発達には、いずれも、分詞（現在分詞と過去分詞）が関与している。分詞は、古英語では、動詞から派生した形容詞であった。進行形の発達にはさらに動名詞も深く関わっている。動名詞は、古英語では、弱変化動詞に {-ing} または {-ung} を添加して作られた女性名詞で、抽象概念を表した。古英語末期からは弱変化動詞に限らず、強変化動詞からも動名詞を派生させることが可能になった。このように進行形、完了形、受動形の形成には分詞と動名詞の歴史が深く関わっている。

8.1.1. 進行形

「be + 現在分詞」に現代英語の進行形としての機能が備わったのは比較的新しく、1800年前後である。1600年代の初期に書かれたシェイクスピア (William Shakespeare, 1564-1616) の作品では、現代英語では進行形を使用すべきところに単純形が使用されている。進行形が発達していなかった時代には、単純形が進行形の機能を兼ねていた。

> 1603 : What *do* you *read*, my lord? ... I mean, the matter you *read*, my lord.
> 　　　（なにをお読みですか、殿下。... 殿下がお読みになっているのはどのような問題ですか、という意味でして。）
> 　　　　　　　　　　　　　　　　　(Shakespeare, *Hamlet,* II, ii, 193-7)

1700年代の前半でも、進行形の使用がいまだ一般化していなかったことを下のリチャードソン (Samuel Richardson, 1689-1761) からの例が示している。

　　1740: What *do* you *laugh* for, Mrs. Jervis?
　　　　（なにを笑っていらっしゃるのですか、ジャーヴィス婦人。）
　　　　　　　　　　　　　　　　　(Richardson, *Pamela*, Letter xxviii)

　進行形の用法が現代英語の用法に近づき、その使用頻度が急速な伸びを示したのはオースティン (Jane Austen, 1775-817) が執筆活動を行った18世紀末から19世紀初頭である。単純形が多種多様な意味を持つとコミュニケーションに曖昧性が生じるために、新たな表現形式に単純形の持つ意味の一部を分担させようとする力が進行形の発達を促進させたと考えられる。
　「be + 現在分詞」の使用は古英語では希である。現れる場合は、現在分詞はおもに状態や運動を示す自動詞であった。

　　(1) Hīe wæron wuniende. (They were living.)
　　(2) Hīe wæron huntende. (They were hunting.)

　古英語では現在分詞は動詞的機能を内蔵した形容詞であり、修飾する名詞の性・格・数に応じて屈折変化した。この構文で使用される現在分詞は形容詞的機能を持つので、上の (1) と (2) の「be + 現在分詞」は「be + 形容詞」と同等である。形容詞は持続する状態を示すので、(1) は「住んでいるという持続状態」を表している。(2) は「いつも猟を繰り返している状態」から、さらに「彼らは猟師であった。」というように職業を表すこともあった。現代英語の進行形はこのような意味を表さない。一方において、「bēon/wesan (> be) + 現在分詞」と単純形との間に違いはなく、両者が交替可能であるという例もあった。
　古英語の「be + 現在分詞」はラテン語の翻訳として現れることもある。古英語訳聖書や中英語訳聖書はラテン語訳聖書からの訳である。これらの古英語訳聖書や中英語訳聖書にラテン語の訳から意味が明確ではない「be +

現在分詞」の構文が出現することがある。

ラテン語の翻訳から出現した「be + 現在分詞」の例
——「ルカによる福音書」19：17——

a. ラテン語訳聖書：... *eris* potestatem *habens* supra decem ciuitates
 (= you shall be power having over ten cities)
 (= you shall be having power over ten cities)

b. 古英語訳聖書：... þu *byst* and-weald *hæbende* ofer tyn ceastra;
 (= you are power having over ten cities;)
 (= you are having power over ten cities;)

c. 中英語訳聖書：... thou schalt *be hauynge* power on ten citees.
 (= you shall be having power on ten cities.)

参考：『欽定訳聖書』(1611)：... haue thou authoritie ouer ten cities.
 (あなたは10の町の支配権を持つことになるでしょう。)

注：
・bとcはaのラテン語からの訳。『欽定訳聖書』の「新約」は原典のギリシャ語からの訳
・ラテン語訳聖書 = ヴルガータ (The Vulgate)
・古英語訳聖書 = アングロ・サクソン訳聖書
・中英語訳聖書 = ウィクリフ訳聖書（改訂訳）

　古英語では、前置詞と動名詞を用いた (3) 型の構文が存在していた。(3) 型構文の表す基本的な意味は「……している最中」である。これは現代英語の進行形の基本的な意味と同じである。現代英語の進行形と同じ構造を持つ (2) 型の構文が現代英語の進行形の意味を持たずに、(3) 型の構文が現代英語の進行形の意味を担っていた。

　　(3) a. Hīe wǣron on hunting. (= They were in the course of hunting.)
　　　 b. Hīe wǣron in hunting. (= They were in the course of hunting.)
　　　　　　　　　　　　　　　 (= They were on/in hunting.)

　古英語の「bēon/wesan + 現在分詞」が進行形として発達してゆく過程で大きく関与したのが、(3) 型の動名詞の構文と動名詞の語尾 -ing である。(7章 10.4.2参照。)

古英語のbe動詞の不定詞を表記するときは一般にbēon/wesanのように2種類のbe動詞を書くことが多い。これは古英語のbe動詞はゲルマン祖語の異なる語根から来た2種類の不定詞があるためである。ただし、現代英語の不定詞beはbēonにさかのぼる。（142頁の表参照。）

　進行形は、概略、次のようなプロセスを経て形成された。(3) 型の「bēon/wesan + on/in + 動名詞」構文の前置詞onまたはinが弱音化して /ən/ や /ə/ と発音され、<an>, <a>と書かれた後、発音されなくなった。また、古英語では現在分詞の語尾が -ende、動名詞の語尾が -ingであったが、これらの語尾には強勢が置かれないために弱音化し、両語尾が類似音 [n] または [ŋ] になった。そのために両語尾の使用に混乱が起こった後、現在分詞語尾が消滅し動名詞語尾 -ingが現在分詞語尾を兼ねるようになった。（146頁参照。）

　古英語の動名詞は純粋な名詞であるので、動名詞の意味上の目的語を表現するには、'on hunting *of birds*' のように動名詞の直後に「of + 目的語」を付加した。このofの句と動名詞の間に次のような現象が起こった。

(4) *c*1644: the enemy was *a plundering of* the country ayde.
　　　（敵は国の援助金を奪っている最中だった。）
　　　　　　　　　　　　　　　　(Hashimoto (1975): *Diary of Marches*)

(5) *c*1620: The king of France *is levying of* an army.
　　　（フランス国王は軍隊を招集しているところだ。）
　　　　　　　　　　　　　　　　(Hashimoto (1975):*Diary of Walter Yonge*)

　(4) は前置詞onまたはinが弱音化してaになった段階である。(5) はaが消滅し、動名詞の目的語を導くofだけが残った段階である。次の段階でofも消滅する。その結果、この構文の動名詞は目的語をとる現在分詞とみなされるようになった。いわゆる「再分析」が起こったのである。

　このような言語環境の中で、(2) 型の現在分詞の構文と (3) 型の動名詞の構文が融合し、(2) 型からは構造を、(3) 型からは意味を取り入れた進行形の基本形が生まれた。その後、進行形は多様な意味と多くの機能を発達させた。本書ではそのうち二つの進行形の発達について述べる。

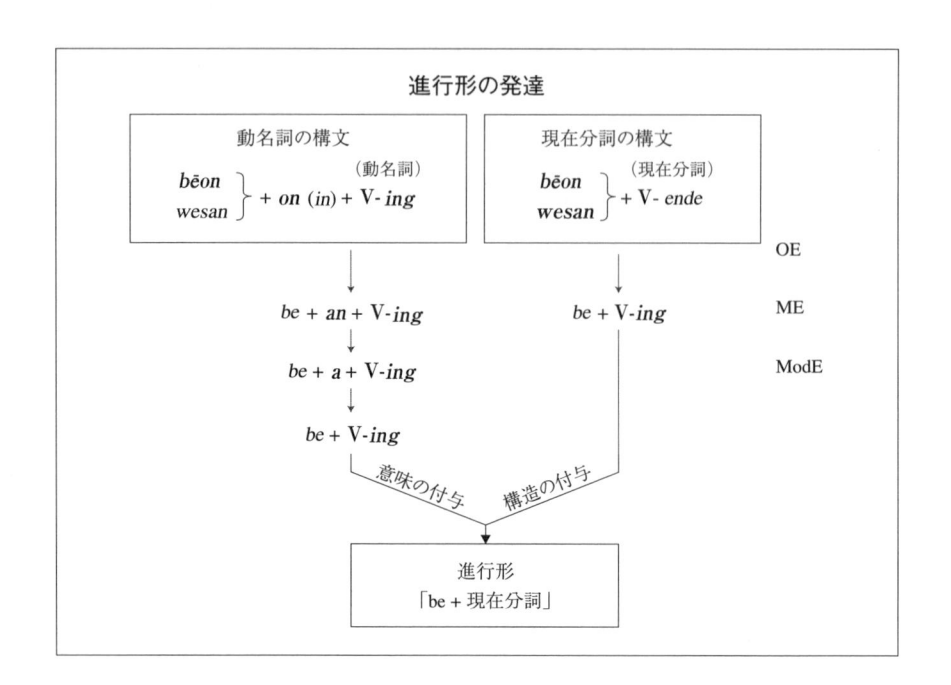

```
┌─────────────────────────────────────────────────────────┐
│                    進行形の発達                          │
│   ┌──────────────────────┐   ┌──────────────────────┐   │
│   │    動名詞の構文       │   │    現在分詞の構文     │   │
│   │         (動名詞)      │   │         (現在分詞)    │   │
│   │   bēon  }             │   │   bēon  }             │   │
│   │   wesan } + on (in) + V-ing │ wesan } + V-ende   │   │
│   └──────────────────────┘   └──────────────────────┘  OE│
│              ↓                          ↓                │
│         be + an + V-ing             be + V-ing         ME│
│              ↓                                           │
│         be + a + V-ing                                ModE│
│              ↓                                           │
│         be + V-ing                                       │
│                 意味の付与   構造の付与                  │
│                   ┌──────────────────┐                   │
│                   │     進行形       │                   │
│                   │  「be + 現在分詞」│                   │
│                   └──────────────────┘                   │
└─────────────────────────────────────────────────────────┘
```

8. 1. 1. 1. The house is building と The house is being built

　進行形の構造が形成される過程で能動を表わす構造でありながら、受動の意味を表わす進行形が誕生した。(6) はシェイクスピアが用いたこの型の例である。シェイクスピアは、また、受動の意味を表す (5) 型の表現も使用している。

　　(5)　when it <u>was a-doing</u>,
　　　　（それが行われていたとき）

　　　　　　　　　　　　　　　　(Shakepeare, *Coriolaus*, IV, ii, 5.)

　　(6)　While grace is <u>saying</u>,
　　　　（食事のお祈りがとなえられている間に）

　　　　　　　　　　　　　　　(Shakespeare, *The Merchant of Venice*, II, ii, 185.)

　(5) の 'a-doing' の a- は、on または in が弱音化したものである。したがって doing は前置詞の目的語であり動名詞である。古英語の動名詞は純然たる名

詞である。名詞は態 (voice) に対して中立であるので、文脈によって受動の意味にも能動の意味にも解釈可能である。(5) の doing の主語は行為者ではなく it であるので、doing は受動の意味である。(6) の saying は (5) の段階からさらに一歩進み、前置詞の弱音形 < a > が消滅した段階である。そのために、be 動詞の直後にある V-ing は表面上は現在分詞と解釈されるが、「態に対して中立」であるという動名詞の特性は残しており、saying を受動態として解釈することができる。

このように、「be + on/in + 動名詞」構文の前置詞が消滅したことにより進行形が誕生したが、この構文の現在分詞は「態に対して中立である」という動名詞の特性を引き継いだ。その結果、能動形で受動の意味を表す 'The house is building.' 型の進行形が誕生した。しかし、形と意味の不一致は解釈上の曖昧さを引き起こすので、18世紀に、構造も受動形である 'The house is being built.' 型の進行形が現れた。ただし、この表現については、1870年発行のイギリスの雑誌 *Scribner's Monthly* に「きちんと国語（英語）教育を受けた人ならば、このような変な言い回しが現れたことを嘆かわしく思うでしょう」という内容の記事が載った。

8. 1. 1. 2. He is being a fool 型進行形

受動進行形 'be being built' の 'be being' の部分は be 動詞の進行形である。'be being' は「行為が真っ最中である」ことを表す。この表現の影響もあって、「be being + 形容詞」のように過去分詞を形容詞に置き換えた be 動詞の進行形が19世紀の中ごろに現れた。この進行形は「ある時だけの一時的な振る舞い」を強調する。

たとえば、'She was being pretty.' は「彼女は（そのときだけ）可愛く振る舞った」のような意味になる。さらに、補語が形容詞ではなく名詞である場合も出現した。この場合は、名詞は疑似形容詞のように働くものと思われる。たとえば、'He was being a fool.' や 'He was being a child.' は「彼は（そのときだけ）バカのように振る舞った。」、「彼は（そのときだけ）子供のように振る舞った。」の意味である。

8.1.2. 完了形

　完了形が定着したのは、シェイクスピア時代が過ぎてからである。シェイクスピアは現代英語では完了形を使用すべきところに単純形を使用していることが多い。(1) と (2) はシェイクスピアの作品からの引用である。

(1)　This seven years *did not* Talbot *see* his son;
　　　（この7年というもの、トールボットは息子に会っていないのです。）

(Shakespeare, *King Henry VI,* IV, iii, 37)

(2)　I did that I *did* not this seven year, (= I did what I did not...)
　　　（この7年間にやれなかったことをやった。）

(Shakespeare, *King Henry IV,* II, v, 314-315)

　　注：(2) の that は 8.2.2 で述べるが、先行詞を含む関係代名詞 what と同じ機能を持っている。

　シェイクスピアおよびそれ以前の時代では、過去形が現在完了形と過去完了形の機能を担っていた。これは次のような経緯による。インド・ヨーロッパ祖語の動詞組織は時制 (tense) よりも相 (aspect) の区別に重点を置いていた。ゲルマン語がインド・ヨーロッパ祖語から分離したころゲルマン語に変化が起こり始め、動詞組織は相よりも時制の区別に重きを置くようになっていった。それと共にゲルマン語の過去形がインド・ヨーロッパ祖語の完了相を引き継ぎ、ゲルマン語の現在形が未完了相を引き継いだ。英語がイギリス諸島に来てからも、迂言法による完了形と進行形が確立するまでの間、過去形が完了相の働きを兼ね、単純形が進行相の働きを兼ねていた。

　英語には歴史的に2種類の完了形が存在した。一つは現代英語で使用されている (3) のように have を用いた完了形であり、もう一つは現代英語では、特定の動詞を除き、古風になった (4) ～ (7) 型の be を用いた完了形である。本書では、前者を have 完了形、後者を be 完了形と呼ぶ。have 完了形は経験や動作を表し、be 完了形は動作の結果起こった状態を表す。現代英語では be 完了形は (4) ～(7) のような特定の表現でしか使用されなくなった。

(3) He has gone.（行ってしまった。行っている。）

(4) He is gone.（どこかへ行ってしまってもういない。死んだ。など）
(5) My money was gone.（お金がなくなってしまった。）
(6) The sun is set.（太陽は沈んだ。）
(7) Be gone.（立ち去れ。）

8. 1. 2. 1. have完了形

　完了形「have + 過去分詞」は古英語の「habban (> have) + 対格目的語 + 過去分詞」の構文から発達したと考えられている。この構文のhabbanは「持つ」の意味を表す動詞であり、過去分詞は目的語を修飾する形容詞であった。形容詞である過去分詞は、修飾する目的語の性・数・格に従って語尾変化した。また、この構造の過去分詞は他動詞であるので受動の意味を表した。したがって、(8)の文は「私は（誰かによって）書かれた本を持っている。」の意味を表した。

　　　　(8) ic habbe þā bōc writenan.
　　　　　　(= I have the book written.)
　　　　　　(= I have the book in the written state.)

　古英語後期になると過去分詞は対格目的語よりも、主語との結び付きを強め「have + 過去分詞 + 目的語」構文に移行した。この移行には以下の変化を伴わなければならない。

① 「目的語－過去分詞」の語順を「過去分詞－目的語」に変換
② haveが「持つ」の意味を消失し、助動詞に機能変化（haveの文法化）
③ 形容詞であり受動の意味を持つ過去分詞が、他動詞機能と能動の意味を獲得（過去分詞の再分析）
④ haveの目的語を過去分詞の目的語に変換

　古英語前期では、形容詞である過去分詞の屈折は修飾する名詞の性・数・格と一致したので、被修飾語と修飾語の関係が強く保たれていた。古

英語後期には、屈折語尾の弱音化や文法的性の消失により、形容詞が屈折を止めたために、目的語と過去分詞の間にあった「被修飾語－修飾語」の関係が曖昧になった。このことが、「habban + 対格目的語 + 過去分詞」構造から「have + 過去分詞 + 目的語」構造への移行を容易にしたと考えられる。しかし、①〜④の変化が起こったことに対する理論的な説明については今なお定説はない。

一方において、古英語の「habban + 対格目的語 + 過去分詞」は、その語順を変えないで、使役、受動、達成感を表わす用法も発達させた。これらの用法は次の二つの要素が重なり合って発生したと考えられる。一つは「主語」と「行為者」との関係、他は「主語」と「目的語」の関係である。「行為者」とは過去分詞が表す行為や動作を行うもの (agent) である。

(9) I had the purse stolen.
  1. ［主語≠行為者］+［目的語 (purse) ≠主語の所有物］
    a. 使役 ………「(誰かに) 財布を盗ませた。」
    á. 使役 ………「(誰かに) 財布を盗んでもらった。」
  2. ［主語≠行為者］+［目的語 (purse) ＝主語の所有物］
    b. 受動 ………「私は財布を盗まれた。」
  3. ［主語＝行為者］+［目的語 (purse) ≠主語の所有物］
    c. 達成 ………「財布を (うまく) 盗んだ。」

(9) 3. c. の意味と完了形の意味はきわめて接近している。両者の発達に関連性があると思われる。

8. 1. 2. 2. be完了形

be完了形の起源は「bēon/wesan + 過去分詞」である。be完了形で使用された動詞は arrive, come, go, move, fall, walk などの運動を表す自動詞、いわゆる変移動詞 (mutative verb) や、静止状態を表す lie や stand などの自動詞である。古英語の過去分詞は形容詞であるので、主語の補語である過去分詞は主語の性・数・格に一致した。しかし、be 完了形の構造は受動形

の構造「be + 過去分詞」と同じであるために、受動形との混乱を避けようとする力が働いたためであろう、be 完了形は have 完了形に吸収され始めた。18 世紀末には自動詞の完了形は、be 完了形よりも have 完了形のほうが優勢になり、19 世紀前半には be 完了形が廃れてしまった。その結果、「have + 過去分詞」の構造は完了形を表し、「be + 過去分詞」の構造は受動形を表すことになった。現代英語では特定の動詞だけが化石的に be 完了形で表されることがある。

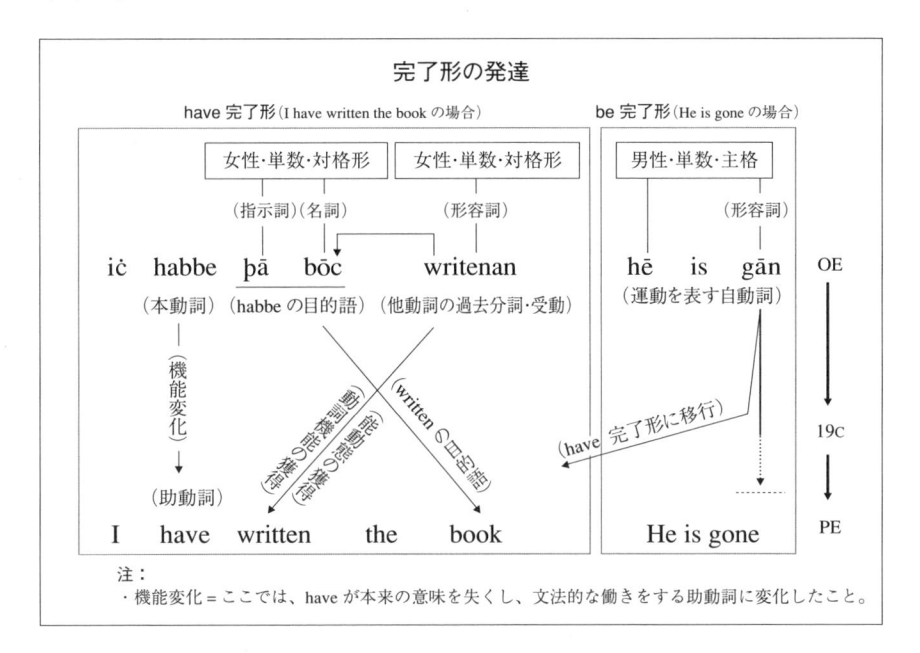

完了形の発達

have 完了形（I have written the book の場合）

女性・単数・対格形	女性・単数・対格形
(指示詞)(名詞)	(形容詞)

ič habbe þā bōc writenan
(本動詞)(habbe の目的語)(他動詞の過去分詞・受動)

↓(機能変化)

I have written the book
(助動詞)

be 完了形（He is gone の場合）

男性・単数・主格
(形容詞)

hē is gān
(運動を表す自動詞)

(have 完了形に移行)

He is gone

OE → 19C → PE

注：
・機能変化 = ここでは、have が本来の意味を失くし、文法的な働きをする助動詞に変化したこと。

8.1.3. 受動形

ゲルマン語は、本来、動詞の屈折変化だけで受動態を表した。しかし、古英語ではこの屈折変化が消滅し、hātan (= call) 1 語だけが例外的に受動態を表すことができた：hātte (= is/was called)。(1) はその例である。

　(1) OE： An ea of ðæm *hātte* Fison

　　　(= One river of those *was-called* Pison)

　　　(その川の一つはピションと呼ばれていた)

(Ælfric 訳「創世記」2:11)

hātte は中英語では希ではあるが hatte として、依然として使用され、初期近代英語でも hight のつづり字で使用された。(2) はシェイクスピアが使った例である。文語調で古風な雰囲気を醸し出すために使われている。

(2) This grizzly beast, which "Lion" *hight* by name,
　　（名前はライオンと呼ばれておりまするこれなる恐ろしき動物は）
　　　　　　　　　　(Shakespeare, *A Midsummer Night's Dream*, V, i, 138)

古英語の受動態は「bēon/wesan ＋過去分詞」または「weorþan ＋過去分詞」が一般的であった。bēon/wesan は be 動詞である。しかし、weorþan は be 動詞ではなく become あるいは get に相当する意味を持つ動詞であり、ドイツ語の werden に相当する。「bēon/wesan ＋過去分詞」と「weorþan ＋過去分詞」の間には「状態」と「動作」の区別が認められる場合もあるが、認められない場合もある。中英語期に近づくにつれ、「be (< bēon) ＋過去分詞」は状態の受動態 (statal passive) を表し、「wurthe (<weorþan) ＋過去分詞」は動作の受動態 (actional passive) を表す傾向を強めていった。

(2) a. bēon/wesan ＋過去分詞 ：状態の受動態　(statal passive)
　　b. weorþan　　＋過去分詞 ：動作の受動態　(actional passive)

(2) b. の weorþan は古英語では活発に使用されたが、11世紀に使用は減少し、12世紀前半に消滅した。その結果、「be ＋過去分詞」は状態と動作の両方の受動態を表すようになった。これが現代英語の受動形にも引き継がれている。(3) は動作と状態の両方の解釈が可能である。「状態の受動態」は、過去分詞が形容詞であった古英語の過去分詞の意味、すなわち「動作の結果の状態」を現在まで伝えている。

(3) The door was closed.
　　a. 状態の受動態：ドアが閉められていた。
　　b. 動作の受動態：ドアが閉められた。

現代英語では受動態の動作を明確に表現したい場合は、be の代わりに become や get が用いられる。

8.1.3.1. 受動文の主語

　古英語で受動文の主語になることができたのは、行為の影響が直接及ぶ対格目的語だけであった。中英語期に対格目的語と与格目的語の形態上の区別が失われたことなどの理由によって、与格目的語も受動文の主語になることが可能になった。与格目的語を主語とする受動文を間接受動文 (indirect passive) と言う。間接受動文が一般化したのは初期近代英語期である。1611年の『欽定訳聖書』では 'He was given a book.' 型の間接受動文は使用されていない。以下はシェイクスピアからの例である。

　　　(4) she is allowed her virgin rites,
　　　　　（彼女は処女の花を撒く儀式を許されています。）
　　　　　　　　　　　　　　　　　　　(Shakespeare, *Hamlet*, V, i, 226)

　14世紀には speak of, write of, look to, deal with, laugh at のような「自動詞＋前置詞」の目的語が、15世紀には make mention of, find fault with, speak ill of などの前置詞を伴う句の目的語が、いずれも受動文の主語になり始めた。

　19世紀になると 'He slept in the bed.' の受動文 'The bed was slept in.' も可能になった。この受動文は「このベッドに（誰かが）寝ていた。」の意味であるが、ベッドが乱れていたり、動いていたりなど、ベッドは使用前にくらべて寝た後の影響が残っていたことを示す文である。現代英語の受動文で興味深い現象の一つは、(5) a型の受動文は認められるが、(5) b型の受動文は認められる確率が低いことである。

　　　(5)　a.　England was lived in by Oliver Cromwell.
　　　　　　　（イギリスにはオリバー・クロムウェルが住んでいた。）
　　　　　b.　?*England was lived in by Brian Cook.
　　　　　　　（イギリスにはブライアン・クックが住んでいた。）
　　　　　　(注：* ＝非文法的な文、? ＝非文法性がやや低い文、?* ＝人によって判断に揺れがある文)

　その原因は受動文の主語が動作の影響を受けているかどうかにある。(5) b

のブライアン・クックという一市民は、主語である England（イギリス）という国に大きな影響を及ぼすことは通常は考えられないので、(5) b の受動文は不自然な文となる。しかし、(5) a のオリバー・クロムウェルは、あの共和制を樹立した人物であり、主語の England に及ぼした影響や作用が大きいので、(5) a の受動文は認められる。現代英語の受動文は、主語が受ける影響の程度によって容認可能性が左右されるという要素も持っている。

8. 1. 3. 2. 動作主を導く前置詞

受動文「主語 + be + 過去分詞 + by + 動作主」の動作主 (agent) を導く前置詞は、現代英語では by であるが、古英語では「起点」を表す前置詞 fram (> from) と of が一般的であった。from は 14 世紀に使われなくなり、代わって優勢になったのは of である。of は 1600 年ぐらいまで続いたが、その間に 1400 年ごろに使用され始めた by が次第に優勢になっていった。by は古英語や中英語では接近した場所・空間・時間（〜の近くに）、離脱（〜から）、手段（〜によって）、方法（〜によって）、理由（〜のために）などの多様な意味を表す前置詞であった。

頻度は from, of, by には及ばないが at, through, mid, with などの前置詞も使用された。at は中英語初期に、through は 15 世紀末に、mid は 13 世紀中ごろに使用されなくなった。with は 12 世紀ごろから初期近代英語までの間よく

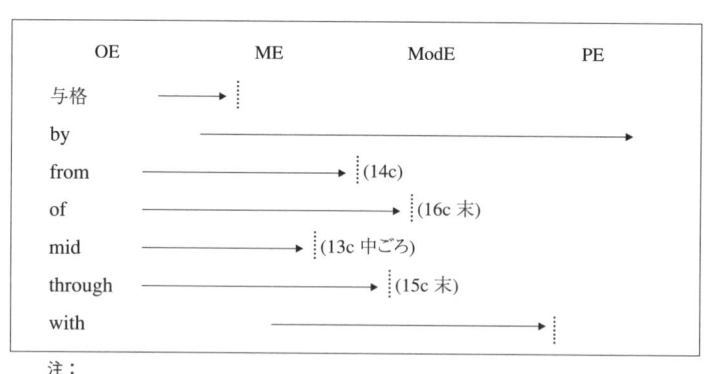

受動文の動作主を導く前置詞等の変遷

	OE	ME	ModE	PE
与格	——→ ┊			
by	———————————————————————→			
from	————————————→ (14c)			
of	————————————————→ (16c 末)			
mid	————————→ (13c 中ごろ)			
through	————————————————→ (15c 末)			
with	————————————————————→ ┊			

注：
┊ = 使用されなくなった時期を示す。

使用された。with は現代英語では動作主が災難、病気などのときに用いられることがある：He was seized with cramp.（彼はこむら返りを起こした。）

　古英語では与格形が動作主を表すこともあった。

  he ... wearð ða *him* inweardlice gelufod.
 (= he ... was then *by-him* inwardly beloved.)
  （彼はそのとき心のなかで彼に愛されていた。）　　(Ælfric, *The Homilies*)

8. 2. 関係詞

　関係詞 (relative) は関係代名詞 (relative pronouns) と関係副詞 (relative adverb) の総称である。関係詞には、先行詞があるものとそれ自身が先行詞の機能を持つものの二つに大別できる。前者を単一関係詞 (simple relative) と呼び、後者を複合関係詞 (compound relative) と呼ぶ。

8. 2. 1. 関係代名詞

　古英語には以下の3種類の関係代名詞があった。

 ① þe   ：不変化詞（先行詞の性・数と関係代名詞の格に
          応じた変化はなし）
 ② sē þe, sēo þe, þæt þe ：指示代名詞 + 不変化詞
 ③ sē, sēo, þæt   ：指示代名詞

1) ①の þe は屈折変化をしないので不変化詞と呼ばれている。したがって、この関係代名詞は先行詞の性・数および関係代名詞の格をまったく示さない。おもに、関係代名詞が主格と対格のときに使用された。

  þā cyningas *þe* ðone onwald hæfdon
  (those kings *who* the power had)
  (= those kings *who* had the power)
  （力を持っていたあの王達）

2) ②は、①の不変化詞 þe の直前に指示代名詞を置く方法である。古英語の指示代名詞は性、数、格に応じて屈折変化をしたので、この方法をとることによって、先行詞の性・数と関係代名詞の格を示すことが可能になる。

  scēlde weorþan gebōren sē *sē* *þe* is leohtra ...
  (should be born the-one *who* is brighter ...)
  (= there should be born the one *who* is brighter ...)
  （他人よりも賢い人が生まれる）

3) ③では指示代名詞が単独で先行詞の性・数と関係代名詞の格を示した。

  ān mere *sē* is genemned Bethsaida
  (= a pond *which* is named Bethzatha)
  （ベトサイダと名付けられた池）

 これら古英語の3種類の関係代名詞のうち、③の指示代名詞・中性・単数・主格形（または対格）の þæt だけが、現代英語の関係代名詞 that へと発達していった。関係代名詞は代名詞の機能と同時に関係代名詞の前後にある二つの節を関係づける接続詞としての機能をも兼ね備えている。古英語の関係代名詞のなかでも指示代名詞 þæt だけが関係代名詞として生き残った背景には、指示代名詞 þæt が、一方では、接続詞 that へと発達していったことと密接に関係していると思われる。（122頁参照。）

 ①～③の関係代名詞のうち中英語で使用されたのは、þe と þæt だけである。他は古英語末期にほぼ消滅した。þe は15世紀中に消滅した。中英語で þe と þæt が共存していた間は、特に中部方言で、þe は有生名詞を先行詞とし、þæt は無生名詞を先行詞とする傾向があった。þe の衰退後は þæt が þe の用法を吸収して、有生名詞と無生名詞を先行詞とした。その結果、þæt (> that) は中英語の代表的な関係代名詞になった。

8. 2. 2. that

 that は初期近代英語期では最も一般的な関係代名詞であり、生物も無生物も先行詞とすることができた。しかし、その間に疑問詞から転用された wh-関係代名詞 (what, which, who, whose, whom) の使用が拡大を続け、17世紀後半に

はthatを凌ぐほど広範囲に使用されるようになった。それと並行して、wh-関係代名詞のなかではwhoとwhichの間で用法の分化が起こり始め、whoは生物を先行詞とし、whichは無生物を先行詞とするようになっていった。一方で、thatとwhichの間でも用法の分担を明確にし始めた。thatはおもに制限的用法の場合や先行詞が最上級に修飾されている場合を担当し、whichはおもに非制限用法や先行詞が節である場合や、前置詞を伴う場合を担当するようになった。

　初期近代英語期は、関係代名詞that, which, whoの機能や用法が確立した時代である。

8.2.3. thatの関係副詞的用法

　thatが「前置詞 + which」と同じ副詞的な機能を持つことがある。これは副詞的な機能を持つthatの対格形に由来する。

　　on the day *that* Juan had first taken hold of her.
　　（ジュアンがはじめて彼女を抱きかかえた日に）
　　　　　　　　　　　　　(Araki (1954) : K.A. Porter, *Marria Concepcion*)

　　in the same way *that* you were human.
　　（あなたが人間であるのと同じように）
　　　　　　　　　　　　　(Araki (1954) : G. Greene, *The Fallen Idol*)

8.2.4. what, which, who, whose, whom

　wh-関係代名詞は、古英語末期から中英語期にかけて出現した。それらの歴史のおもな特徴は以下である。
1) what：wh-関係代名詞のなかでは、whatは一番古く、古英語末期に出現し、以来今日まで複合関係代名詞として使用されてきた。
2) which：whichの関係代名詞の機能は12世紀に始まった。複合関係代名詞の用法は13世紀からである。

3) the which：定冠詞を伴う関係代名詞 the which は、13世紀に北部（ノーザン）方言で始まった。それが徐々に南下し、広く用いられるようになった。この用法は、おもに、先行詞が無生物でかつ前置詞を伴う場合にしばしば現れる。18世紀には使用されなくなった。1611年出版の欽定訳聖書にも使用されている。

　　he ouerthrew the cities, *in the which* Lot dwelt.
　　（彼は、ロトが住んでいた町々を滅ぼした。）

(『欽定訳聖書』「創世記」19:29)

theの出現理由として、古英語における2種類の関係代名詞の影響が考えられる。一つは、上述した古英語の関係代名詞 sē þe の sē が the になったものとする説であり、他は古英語期に希ではあるが使用されていた sē swa hwelc (= the such which) の sē が the になったとする説である。

4) who, whose, whom：whose と whom が12世紀末に単一関係代名詞として出現した。who は12世紀末に中英語初期に複合関係代名詞として使用されたが、13世紀末に単一関係代名詞の用法を獲得した。who の複合関係

関係代名詞の発達

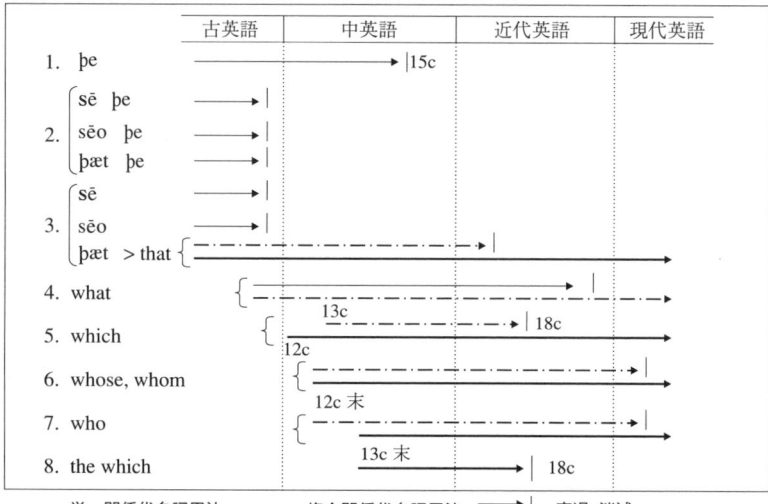

		古英語	中英語	近代英語	現代英語
1.	þe	⟶	⟶ 15c		
2.	sē þe / sēo þe / þæt þe	⟶			
3.	sē / sēo / þæt > that	⟶	⟶	⟶	⟶
4.	what		⟶		⟶
5.	which		13c ⟶	18c	⟶
6.	whose, whom		12c ⟶	⟶	⟶
7.	who		12c末 ⟶	⟶	⟶
8.	the which		13c末 ⟶	18c	

⟶ = 単一関係代名詞用法　－・→ = 複合関係代名詞用法　⇉ = 衰退・消滅

代名詞の用法は1500年前後に最も盛んになったが、現在では、古風な雰囲気を出そうとする場合以外には、使用されない。

Who wins her love shall lose her.
(彼女の愛を勝ち得た者は、彼女を失うことになる。)

(Araki (1954)：A. Lang, *Lost love*)

8. 2. 5. 関係副詞 where, when, why, how

関係副詞 where, when, why, how は、間接疑問文で使用される疑問詞から発達した。wh-関係副詞の出現は wh-関係詞よりも早く、古英語で使用されていた。両者に共通しているのは、先行詞を含む複合用法が単一用法よりも先に発達したことである。

8. 3. 助動詞 do

現代英語では助動詞 do は以下のように使用される。
① 否定文：You don't like a dog.
　　　　：Don't be silly.
② 疑問文：Do you like a dog?

現代英語で重要な働きをする助動詞 do は、古英語では、不規則動詞の一つ dōn に由来する。動詞 dōn は大きく分けて、「～を置く」、「～を成し遂げる」、「～に～をさせる」の3つの意味を持っていた。このうち、3番目の使役の意味から助動詞の do が発達した。使役の意味を持つ do は「do + 目的語 + 不定詞」の構造をとった。この構造では、(1) が示すように、不定詞 (sadillyn) の意味上の主語は使役動詞 (dede) の目的語 (Davy) である。

(1) he dyde Davy sadillyn an-oder hors

(= he made Davy saddle another horse)

(彼はデービーに別の馬を用意させた)

(Araki (1954), *Paston Letters*)

(2) do （目的語の省略）fecche a book
(= make (someone) fetch a book)
((誰かに) 本を取ってこさせなさい)

(Araki (1954), *Chaucer*)

　この構造では、(2) の例のように、不定詞の主語である目的語がしばしば省略された。目的語の省略が繰り返されている間に、主語と不定詞との結びつきが強くなり、不定詞の主語は文の主語であると分析され、解釈されるようになった。これを再分析 (reanalysis) と言う。再分析が行われるとともに、do は使役の意味を消失させ、機能変化を起こし助動詞となっていった。助動詞の機能を持つ do は 13 世紀から認められるが、助動詞としての do が一般的になるのは 18 世紀以降である。

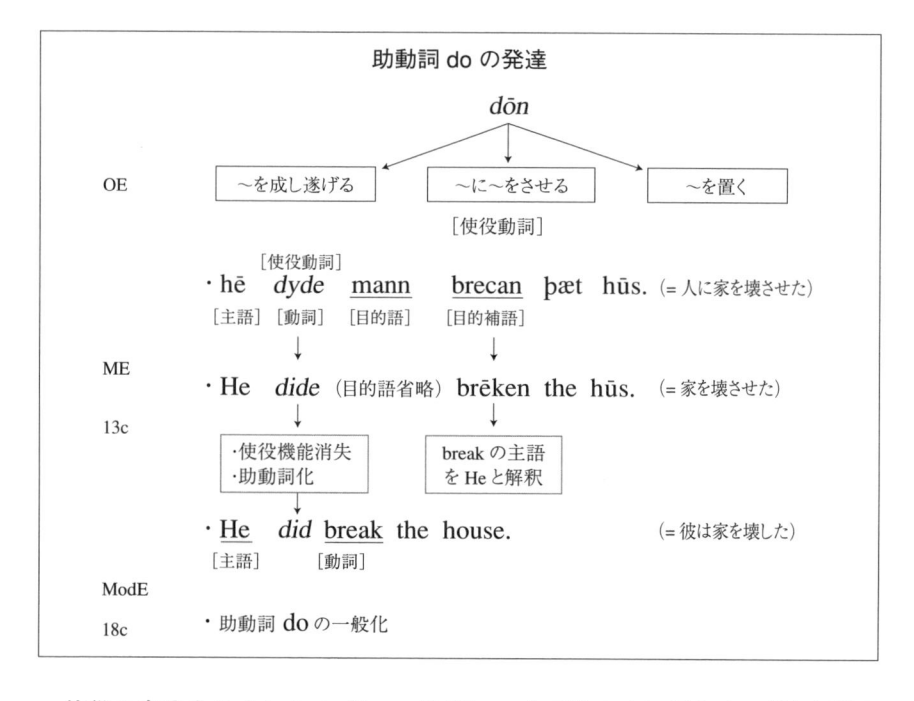

```
                    助動詞 do の発達
                         dōn
OE     ～を成し遂げる    ～に～をさせる    ～を置く
                        [使役動詞]

           [使役動詞]
        ・hē  dyde  mann   brecan  þæt hūs.  (= 人に家を壊させた)
        [主語][動詞][目的語]        [目的補語]
              ↓        ↓
ME
       ・He  dide （目的語省略）brēken the hūs.  (=家を壊させた)
13c           ↓
         ・使役機能消失          break の主語
         ・助動詞化             を He と解釈
              ↓
       ・He  did break the house.  (= 彼は家を壊した)
        [主語]  [動詞]

ModE
18c    ・助動詞 do の一般化
```

　使役の意味をなくした do が、13 世紀に、まず肯定文に現れた。『欽定訳聖書』では、set, run のような単音節の動詞の前にしばしばこの do が置かれているが、その目的ははっきりしない。この do の使用は 16 世紀から 17 世紀に

ピークになるが、その後消失した。

　13世紀末には疑問文で使用された。古英語では疑問文は主語と動詞の倒置 'Broke he the house?' によって作られたが、助動詞 do の出現によって、主語と動詞の語順を保持したまま疑問文 'Did he break the house?' を作ることが可能になった。これが一般的に使用されるようになるのは18世紀以降である。

　16世紀には do は否定文でも使用されるようになった。古英語の否定文は動詞の直後に否定辞が置かれ、'You broke not the house.' のように表現された。この語順の場合、「not が否定するのは直後の名詞」と誤解される可能性があった。しかし、do の出現によって、'You did not break the house.' のように、not は動詞の前に置かれるので否定の対象が明確になった。

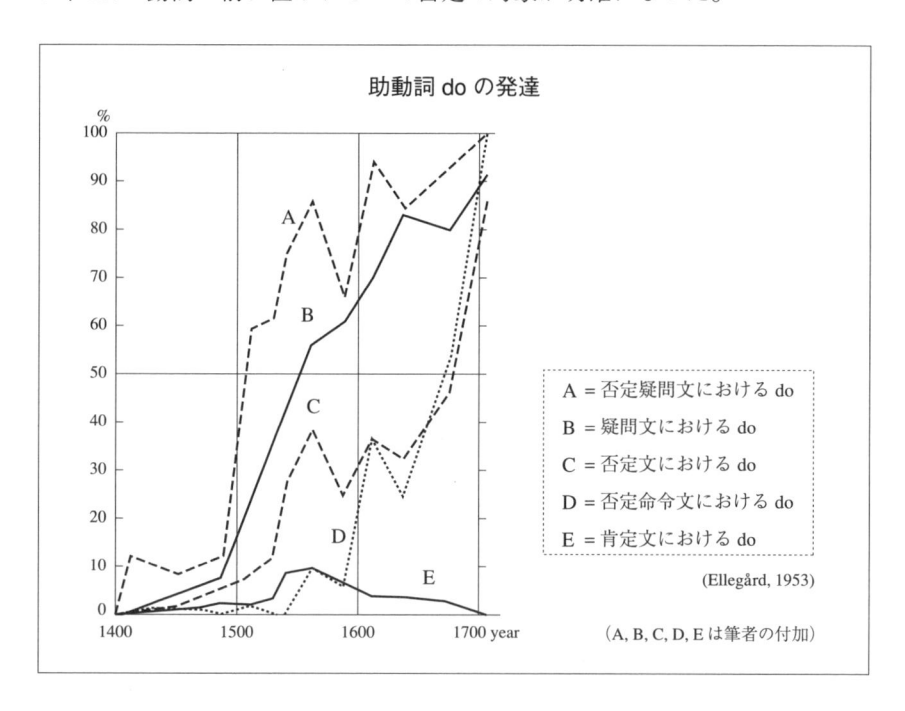

助動詞 do の発達

A = 否定疑問文における do
B = 疑問文における do
C = 否定文における do
D = 否定命令文における do
E = 肯定文における do

(Ellegård, 1953)
(A, B, C, D, E は筆者の付加)

8. 4. 否定文の not の語順

否定文は次の五つの段階を経て発達した。
　① 古英語　：否定辞 ne は常に定動詞の前
　② 中英語　：ne が無強勢のため、強勢のある not を動詞の後に付加

③ 中英語　：neが消失し、notが動詞の後に残留
　　　　　　動詞が目的語を伴うときは、notは目的語の前か後
　　　　　　例文 (1) と (2) 参照
④ 近代英語：notが動詞の直前に移動
⑤ 近代英語：助動詞doの発達により、「助動詞－not－動詞」型の否定構造の成立

② で付加された否定辞notは古英語のnōwihtの短縮形である。nōwihtはnō (> no)とōwiht (> aught) との複合語で、ōwihtは「なにか (anything)」の意味である。nōwihtはnaught、または、nought（＝無）として現代英語に残っている。

can, will, shall, may などの助動詞は古英語では動詞であったので、古英語の否定辞neは主語とこれらの動詞cunnan (> can), willan (> will), sculan (> shall), magan (> may) の間に置かれた。下図のⅡ段階目でnotはこれらの動詞とこれらの動詞の目的語である不定詞との間に置かれた。Ⅲ段階目でneが消失し、これらの動詞が助動詞化してゆくと、「助動詞－not－動詞」型の否定構造が成立した。これら動詞の助動詞化も否定構造の確立を促進させた。

Ⅲ段階からⅣ段階への移行が遅い動詞があった。それらは、believe, care, doubt, knowなどの動詞である。近代英語になってもnotはこれらの動詞の後に置かれることがしばしばあった。

否定文の発達

発達段階		do + 否定辞	will + 否定辞
Ⅰ	OE	ič *ne* secge.	ič *ne* wille secgan.
Ⅱ	EME － 15c	I *ne* seye *not*.	I *ne* will *not* seyen.
Ⅲ	LME	I say *not*.	I will *not* say.
Ⅳ	15c － EModE	I *not* say.	willの助動詞化
Ⅴ	16c	I *do not* say.	
Ⅵ	17c	I *don't* say.	I *won't* say.

注：
・EME = 初期中英語、LME = 後期中英語、EModE = 初期近代英語

発達段階Ⅲの語順を留めている植物の名前

touch-me-not （オジギソウ）	forget-me-not （わすれな草）

(1) 1611 : they *knew not* him.

　　（彼らは彼を知らなかった。）　　　　　　（『欽定訳聖書』「創世記」(42:8)）

(2) 1611 : ye *beleeue* me not.

　　（= you believe me not.)

　　（あなた方は私を信用していない）

　　　　　　　　　　　　　　　　　　　　　　（『欽定訳聖書』「民数記」(20:12)）

8. 4. 1. 多重否定

　否定を強調するために、否定辞を二つまたはそれ以上重ねる方法は古英語から中英語にかけては一般的であった。これは多重否定 (multiple negation)、または累積否定 (cumulative negation) と呼ばれている。また、否定辞の数によって、二重否定 (double negation)、三重否定 (triple negation) と呼ばれる。多重否定は近代英語に入ると減少する。以下はシェイクスピアの例である。

(3) I can*not* go *no* further.

　　（もう歩けない）　　　　　　(Shakespeare, *As You Like It*, II, iv, 9)

(4) *nor never none* / Shall mistress be of it save I alone.

　　（私以外のどのご婦人もその持ち主になれません。）（/ は原典では改行）　　　　　　　　　　　　(Shakespeare, *Twelfth Night*, III, i, 157-8)

8. 5. 非人称構文

　主語が省略されているのではなく、主語がない文を非人称構文 (impersonal construction) と呼ぶ。また、この構文の動詞を非人称動詞と呼ぶ。古英語では次のような非人称構文があった。

(1) hēr *sniwde*

　　（= here *snowed* = it snowed here)

　　（ここで雪が降りました）

(2) mē *ðyncð* betre

(= to-me *seems* better = it seems better to me)

(私には良いようだ)

(3) mē *lyst* rædan

(= to-me *pleases* to-read = it pleases me to read)

(読書することは私には嬉しいことです)

中英語になると非人称動詞がノーマン・フレンチから流入した。古英語や中英語で用いられた非人称動詞は、次の2種類に分類できる。

1) (1) のように、自然現象を表す動詞で、後に主語としてitが付加された動詞であり、現代英語のrain, snow, thunderなどに対応する古英語の動詞
2) (2) と (3) のように、このグループの動詞は直説法・3人称・単数・現在形で、多くの場合、与格または対格目的語をとる。これには以下のような動詞がある。
 ① 精神作用を表す動詞： grieve, like, list, please, repent, dread, long など
 ② 発生 ： chance (= ～が起こる), happen など
 ③ その他 ： seem, appear, be good, be better, be best など

これらのうち、1) は古英語から近代英語に至るまでの間に主語として形式主語itが置かれただけであるが、2) の動詞の大部分は、与格目的語または対格目的語が主語になり、人称動詞へと変化した。この変化は14世紀に起こり、初期近代英語期の間に完了したが、think, please, repentなどは近代英語になっても依然として与格代名詞を保持したまま使用された。人称動詞への移行の過程で、(4) のように、itを主語とする構造が出現した。この過程を経た後、meが主語になる構造へと移行した。(5) ～ (7) の引用文にあるmethinks, meseemethのme-は非人称動詞の前に置かれた与格代名詞であり、これが非人称動詞と結合して1語になった動詞である。近代英語には、(7) のように、これらの動詞の過去形も出現した。

(4) It *repenteth* me that I haue set vp Saul to be king.

(私はサムエルを王にしたことを悔やむ。)

『欽定訳聖書』「サムエル記上」(15:11)

(5) *methinks* I see my father.

   (父を見かけたように思いました。)

   (Shakespeare, *Hamlet*, Ⅰ, ii, 183)

(6) *Meseemeth* then it is no policy,

   (それは賢明なやりかただとは私には思われません。)

   (Shakespeare, *king Henry* Ⅵ, Ⅲ, i 23)

(7) *Methought* all his senses were locked in his eye ...

   (すべての感覚が彼の目の中にとじ込められて……、というように私には思われました。)

   (Shakespeare, *Love's Labour's Lost,* Ⅱ, i, 242)

非人称構文から人称構文への変化には次の3通りの型があった。

1) 非人称動詞の前に置かれた対格名詞、または与格名詞の屈折語尾が消失し、主格名詞と与格名詞または対格名詞との区別がなくなり、動詞の前にある名詞が主格と解釈されて主語になった。非人称動詞から人称動詞化したとき、動詞の意味に変化を伴う場合が多い。like と please の場合には、主語がある種の精神作用を「与える」から「受ける」への意味変化が起こった。

2) ①のように、自然現象を表す動詞と同じように、形式主語 it を置く。ただし、形式主語を置いた構文も多くは、形式主語を消去して、与格目的語または対格目的語を主語とする人称構文へ移行した。

3) 形式主語 it を置き、与格目的語は to や for を用いた前置詞句で表現された。この構造から、②のように、非人称構文の与格目的語が不定詞の主語になり、it が不定詞を指す構文が発達した。

　① sufficeth *me* → it suffices *to me*

   (= suffices to-me)

   （私には十分です）

　② mē wǣre betra gān → it would be better *for me* to go

   (= to-me were better go)

   （私は行くほうがいい）

非人称動詞のまま主語を欠いた状態で使用されている現代英語表現に、as follows, as regards, as respects がある。

8.6. 語順
8.6.1. 古英語と現代英語の語順

　下の古英語の文は、ビード (Bede, the Venerable, c 673-735) がラテン語で書いた『イギリス教会史』(*Historia ecclesiastica gentis Anglorum*) を、アルフレッド大王 (Alfred the Great, 871-99) が古英語訳したと言われている *the Ecclesiastical History of the English People* からの一節である。

　この古英語の文を語順の観点から観察する。現代英語と大きく異なるのは、5行目と6行目である。現代英語では「主語－動詞－目的」の語順とすべきところを古英語では「主語－目的語－動詞」にしている点である。3行目と7行目では「主語－動詞」の語順が倒置して「動詞－主語」になっているが、これは文頭に副詞または副詞句があるためである。このような場合、現代英語においても倒置が起こる。このように、古英語の語順は現代英語の語順と異なっていることもあれば、共通点もある。総じて、古英語と現

The Ecclesiastical History of the English People

1. Ðā Angel þēod and　　Seaxna wæs ġelaðod
   The Angle people and (the) Saxons' was　invited

   アングル人とサクソン人が前述の王に招かれ、

2. fram þām foresprecenan cyninge,
   by　　the　　foresaid　　king,

3. and on Breotone cōm on þrim myclum sċypum; …
   and into Britain came in three great　ships; …

   大きな3艘の船でブリテン島にやって来た。……

4. And hī sōna compedon wið heora ġewinnan,
   And they soon fought　with their　enemies,

   彼らはただちに敵と戦った。

5. þe hī oft ǣr norðan onhergedon;
   who them often before from-north harassed;

   敵はしばしば北方から彼らを襲撃した。

6. and　　Seaxan þā siġe gheslōgan.
   and (the) Saxons the victory　won.

   そして、サクソン人は勝利した。

7. þā sendan hī hām ǣrenddracan
   Then sent they home (a)　messenger

   すると、彼らは本国に使いを送り

8. and hēton　　secgan þysses landes wæstmbǣrnysse,
   and commanded (to) report　this　land's　fruitfulness,

   この土地の豊かさとブリトン人の臆病さを報告するように命じた。

9. and　　Brytta　yrġþo.
   and (the) Britons's　cowardice.

・Bede' Ecclesiastical History of the English People. (A.D. 731)
・行番号は筆者による。各行の下にあるイタリック体は逐語訳。
・( ) 内は原典には無いが現代英語で必要な語。

代英語の語順は極端に異なっているわけではい。

　ただし、古英語の名詞、指示詞、形容詞は性・数・格を示す屈折語尾を持ち、それによって文の要素間の関係を合図していたので、現代英語に比べると語順の自由度は高かった。'The dog killed the bear' を古英語で表現し、語順を変更しながら現代英語と比較すると、古英語の語順の自由度が理解できる。古英語は語順を変更しても屈折語尾によって文法関係が保持できるので、文の基本的な意味は保たれるが、その語順を現代英語に適用すると、意味が変わってしまうか非文法的な文になる。

古英語と現代英語の語順

(1) sē hund ofslōg þone bera.
　 = [the dog killed the bear]

(2) sē hund þone bera ofslōg
　 = [*the dog the bear killed]

(3) þone bera sē hund ofslōg.
　 = [*the bear the dog killed]

(4) þone bera ofslōg sē hund.
　 = [the bear killed the dog]

sē	= 指示詞・男性・主格
hund	= 名詞・男性 = 犬
ofslōg	= 動詞・単数・過去 = killed
þone	= 指示詞・男性・対格
bera	= 名詞・男性 = 熊

注：
・[ ] = 上の古英語文の現代英語逐語訳
・＊ = 非文法的な文

8.6.2. SOV語順からSVO語順へ

　古英語の基本的な語順はS（主語）－V（動詞）－O（目的語）である。しかし、上で引用した the Ecclesiastical History of the English People にSOV語順があったことからもわかるように、SOV語順も存在した。特に、以下の条件下ではSOV語順が優勢であった。

　① 従属節ではSOV語順が優勢
　② 目的語が代名詞ある場合は主節でも通例SOV
　③ andで始まる文はしばしばSOV

Fries (1940) は1000年から1500年の間におけるO－V語順を調査した。ただし、主節と従属節の区別はしていない。この調査結果から判断すると、SVO語順は15世紀に確立したと思われる。

SVO 語順の発達過程

	c1000	c1200	c1300	c1400	c1500
1. 対格目的語―動詞	52.5%	53.7%	40+%	14.3%	1.87%
2. 動詞―対格目的語	47.5%	46.3%	60－%	85.7%	98.13%

(Fries, 1940)

第9章
アメリカ英語

本章のポイント

アメリカに英語が来た時期

アメリカに来たイギリス方言

アメリカ英語の三つの方言

アメリカ英語とイギリス英語の違い

9.1. アメリカ東海岸に英語が到着

　エリザベス女王時代（在位1558-1603）、世界の英語話者人口は500万人から700万人の間であっただろうと推定されている。その400年後には、英語を母語とする人々の人口は3億5000万人以上にもふくれ上がり、英語は世界の共通語の一つになった。英語が世界の言語になるきっかけを作ったのはエリザベス女王の時代である。

　ポルトガルやスペインを中心とするヨーロッパの大航海時代に、スペインの援助を得たイタリア人航海家コロンブス (Christopher Columbus) が、1492年にバハマ諸島に到着した。上陸して出会った人びとの姿から、コロンブスはこの島はインドであると信じた。その後、ポルトガルの援助を得たイタリア人の探検家アメリゴ・ヴェスプッチ (Amerigo Vespucci) は1501年から1502年にかけての探検でアメリカ大陸を発見した。「アメリカ (America)」という名称はこの探検家の名前Amerigoに由来する。ただし、ヴェスプッチもアメリカの地を踏んでいない。

　この時代の探検によって、スペインはフロリダを植民地化し、フランスはミシシッピ川流域を植民地化した。また、オランダはハドソン川流域でニュー・ネザーランド (New Netherland) の植民地化を進めた。これは現在のNew Yorkに当たる地域である。

　これらの国ぐにの植民地建設にもかかわらず、アメリカ合衆国の母体となる植民地化を行ったのはイギリスである。イギリスはスペインやポルトガルよりも遅れて1584年に、ウォルター・ローリー (Sir Walter Raleigh) 指揮の下に編成された探検隊がロアノーク島 (Roanoke Island) を切り拓いて植民地化をしようとしたが、先住民との戦いに敗れ、植民地化に失敗した。イギリス人最初の入植は1607年であった。これは、イギリスの植民地建設会社が（『欽定訳聖書』の翻訳を許可した）国王ジェイムズ1世 (King James I) から勅許状 (charter) を得て進めた植民地建設である。勅許状とは植民地建設の許可書であり、植民地の創設条件や権利・特権が記されている。この探検隊はチェサピーク湾から上陸して、植民地建設を始めた。建設した町の名前は、勅許状を与えた王ジェイムズ1世にちなんで、ジェイムズタウン (Jamestown) と名付けられた。ついで1620年に宗教上の迫害を逃れる

ために102名の清教徒たち (Puritans) がメイフラワー号 (the Mayflower) で新大陸にやって来た。彼らはピルグリム・ファーザー (the Pilgrim Fathers) と呼ばれている。メイフラワー号はチェサピーク湾から北に位置するコッド岬 (Cape Cod) に入り、現代のプリマス (Plymouth) に上陸した。1630年には、ウィンスロップ (John Winthrop) 率いる大規模な清教徒の一団がマサチューセッツ湾 (Massachusetts Bay) から上陸した。ウィンスロップはマサチューセッツ湾植民地の初代総督になった。彼らは理想社会「岡の上の町」 (City upon a Hill) を築くべく、現代のボストンを中心とする地域を切り拓いて町を創り、聖書に基づく厳格な神政政治を行った。ここからアメリカ文化を支える主要な思想の一つが発展した。1640年までにボストンやプリマス地域の人口は約25,000人になった。

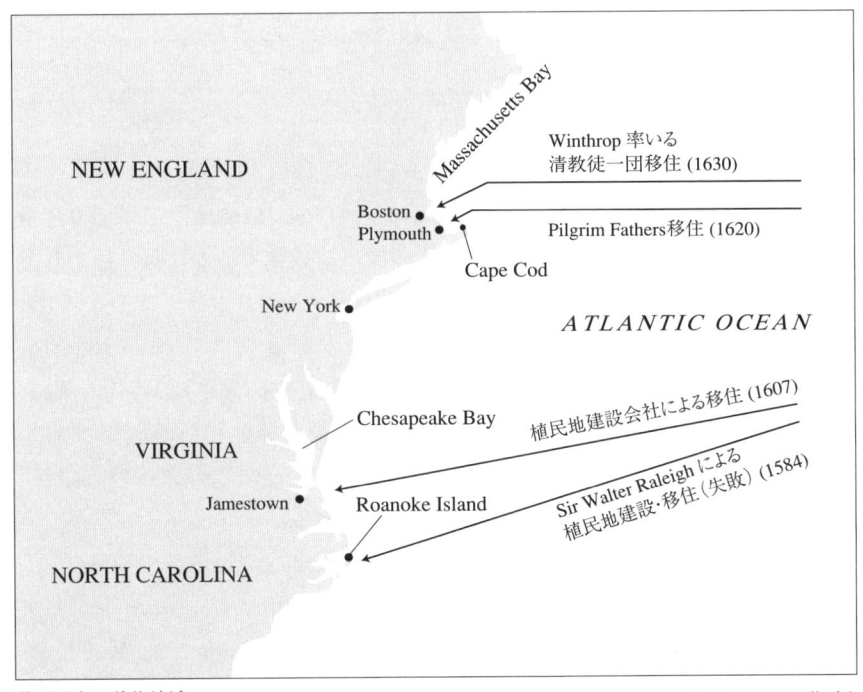

英語話者の移住地域　　　　　　　　　　　　　　　　　　　Crystal (2002)に基づく

1607年に東海岸南側に移住した人びとは、おもにイングランド西部出身者であった。一方、北側に移住した清教徒たちはおもにイースト・アングリアを中心とする地域の出身者であった。1681年からは、おもにイングランド中部および北部出身のクエーカー教徒たちがペンシルヴェニアに移住した。さらに、スコットランドにおける宗教対立から16世紀にアイルランド北部に移住したプロテスタントの一派、いわゆる、スコッツ・アイリッシュ (Scots-Irish) と呼ばれる人たちが1700年代に移住を始めた。彼らは1720年には大挙して移住した。1776年のアメリカ独立の年には、スコッツ・アイリッシュはアメリカ人口の7分の1を占めるほどになっていた。彼らの多くはペンシルヴェニアに定住したが、フロンティアーとして南部や西部の開拓者となった者も多かった。その後、アイルランドで1845年から約3年間続いたジャガイモの大凶作のために150万人を超す移民がアイルランドから入ってきた。

9. 2. アメリカ初期の英語事情

　イギリス人最初の定住は、シェイクスピア (1564-1616) が亡くなる9年前の1607年である。その後、1630年までの間に清教徒たちが2回に分かれてプリマスとボストンに移住した。彼らはエリザベス朝およびジェイムズ1世時代の人びとであり、シェイクスピア、ベン・ジョンソン (Ben Johnson, 1572-1637)、ミルトン (Milton, 1608-74)、『欽定訳聖書』(1611) の時代の英語、すなわち初期近代英語を持ってアメリカの東海岸に移住した。そのために、イギリスではすでに古語法か廃語法になってしまったこのころの英語が、現代のアメリカで今なお生き続けている場合がある。

　発音では、イギリスではシェイクスピア時代のeitherやneitherの長母音 /i:/ は二重母音化して /ai/ になったが、アメリカでは変化せずにシェイクスピア時代の音を留めている。fast：米 /fæst/ －英 /fɑːst/、bath：米 /bæθ/ －英 /bɑːθ/、calf：米 /kæf/ －英 /kɑːf/ も、アメリカ英語はシェイクスピア時代の /æ/ 音を保っている地域が多くある。形態上では、getの過去分詞gottenはイギリスでは17世紀中に消滅したが、アメリカでは依然としてgottenが使用されている。意味の面では、mad「米：怒っている、英：気が狂ってい

る」、sick「米：病気にかかっている、英：むかつく」（イギリスでは「病気にかかっている」の意味は ill に受け継がれ、sick の意味は特殊化）、bug「米：昆虫、英：南京虫」、loan「米：貸す、英：融資する」（「貸す」の意味はイギリスでは lend に引き継がれる）などアメリカ英語にはシェイクスピア時代の意味が保たれているが、イギリス英語では意味変化を起こしている語が多くある。

　17世紀のアメリカ移住者の出身地は、イギリス各地に及んでいた。チェサピーク湾から上陸したイギリス人最初の移住者は、イングランド西部出身者が中心であった。彼らは /s/ を /z/ と発音し、自分たちの出身地を Zummerzet (> Summerset) と言い、また、母音の後で /r/ を発音するという方言的特徴を持っていた。これらの発音はチェサピーク湾にある島の住民から聞くことができる。

　一方、2番目の移住者である清教徒たちはイースト・アングリアを中心とする地域の出身者が多く、彼らはイングランド西部出身者とは異なり /r/ を発音しないという方言的特徴を持っているが、西部方言に比べて標準語に近かった。この方言は現在もニュー・イングランド東部で保たれており、car のように語末や hard のように子音の前で /r/ 音が消失する。また、アイルランドから移住してきたゲール語 (Gaelic) を母語とするスコッツ・アイリッシュの英語は方言的特徴を強く持つアイリッシュ・イングリッシュ (Irish-English) であった。このように、アメリカにはイギリスのさまざまな方言が集まったが、ニュー・イングランドや南部の人びとを別にすると、移民たちは広大な新大陸で移動を繰り返し、たがいに交わったので、本来あった方言差は薄まり、全体としてみれば、イングランドの英語に比べて地域差の少ない英語を発達させたと言われている。

9.3. アメリカの方言

　アメリカ英語の方言は、移民の出身地の方言が基になり、そこから三つの方言が発達した。北部方言 (Northern)、中部方言 (Midland)、南部方言 (Southern) である。ただし、近年、方言研究は緻密な調査研究に基づいて行われているところであり、後に示す方言境界線が大幅に書きかえられるこ

とになろう。アメリカ方言の地域区分は、従来、おもに以下のような項目の特徴を基に行われてきた。

 1) /r/ の発音の有無

 2) fast, path, grass などの母音の発音

 3) cot と caught の母音の発音

 4) top, hot などの母音の発音

 5) curl, third などの母音の発音

 6) 語末の /t/ 音や /d/ 音の脱落

広大なアメリカにおいては三つの方言のなかでも異なる言語特徴を持つ地域がある。以下に北部方言と南部方言の特徴を示す。

 1) 北部方言

  (1) East New England

   a) 語末と子音の前で /r/ 音消失

   b) fast, path, grass の母音は /ɑː/

   c) cot の母音 /ɑ/ と caught の母音 /ɔ/ を区別

  (2) North Central

   a) あらゆる位置で /r/ を発音

   b) fast, path, grass の母音は /æ/

   c) cot の母音 /ɑ/ と caught の母音 /ɔ/ を区別

 2) 南部方言

   a) あらゆる位置で /r/ 音消失

   b) top, hot の母音は /ɑ/

   c) 語末の /t/, /d/ の脱落：child, hand, lost, perfect の閉鎖音 /t/, /d/ が消失

   d) 子音の前の /t/ 音の消失：let's /lɛs/, little /lil/

   e) /v/ 音の消失：over /ouə/, give me /gimi/

9.4. アメリカ英語とイギリス英語

アメリカ独立記念日 1776 年 7 月 4 日の独立宣言 (the Declaration of Inde-

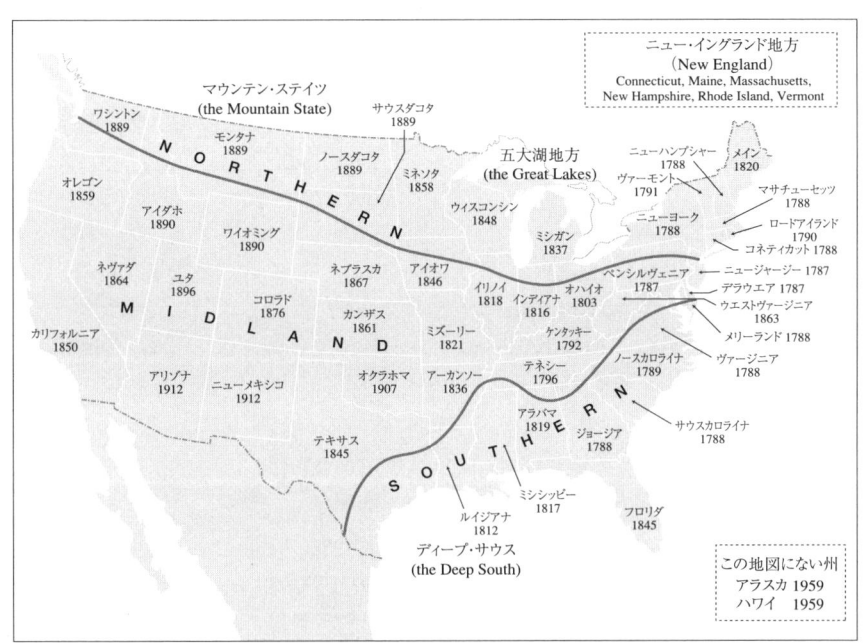

アメリカの方言と各州　　　　方言境界線────は Crystal (2002) に基づく。数字は各州の成立年

pendence) 以降、アメリカ人に国民的意識が高まり、それによって、自分たちが使う英語もイギリス英語とは異なる「アメリカの英語」を意識し始めた。それを決定づけたのはノア・ウェブスター (Noah Webster, 1758-1843) である。彼は1783-5年にかけて、つづり字教科書、文法書、リーダーから成る『英語文法講座』(*A Grammatical Institute of the English Language*) を出版した。この本の需要の高さから辞書の必要性を悟り、1828年には、『英語のアメリカ辞典』(*An American Dictionary of the English Language*) を出版した。この辞書がイギリスとは違ったアメリカの英語のつづり字、用法、発音の存在に権威を与えることになった。たとえば、米 axe － 英 ax（斧）、米 jail － 英 gaol（監獄）、米 plow － 英 plough（鋤）などのつづり字をアメリカ人は両方使用していたが、一方をアメリカ英語として定着させたのはウェブスターの辞書の影響であると言われている。

　それ以降、アメリカ英語とイギリス英語は、発音、つづり字、ストレス、表現方法、語の意味などに違いが生じるようになった。それらの一部を紹介する。

1) 発音

	アメリカ英語	イギリス英語	
a. schedule	/skédʒuːl/	/ʃédjuːl/	(スケジュール)
b. tomato	/təméitou/	/təmáːtou/	(トマト)
c. lever	/lévər/	/líːvər/	(てこ、レバー)
d. leisure	/líːsʒər/	/léʒər/	(レジャー)
e. route	/ráut/	/rúːt/	(道、ルート)
f. vase	/véis, véiz/	/vɑːz/	(花瓶)
g. herb	/ə́ːrb/	/hə́ːb/	(草、薬用植物)

2) ストレス

	アメリカ英語	イギリス英語	
a. ballet	/bǽlei/	/bæléi/	(バレー)
b. address	/ədrés/	/ǽdres/	(住所)
c. inquiry	/inkwáiəri/	/ínkwəri/	(調査)
d. magazine	/mǽgəzíːn/	/mǽgəzin/	(雑誌)

3) つづり字

	アメリカ英語	イギリス英語	
a.	color	colour	(色)
	honor	honour	(名誉)
	labor	labour	(労働)
	mold	mould	(鋳型)
b.	inclose	enclose	(包む)
	indorse	endorse	(承認する)
	insure	ensure	(保証する)
c.	center	centre	(中心)
	liter	litre	(リットル)
	theater	theatre	(劇場)
	fiber	fibre	(繊維)
d.	defense	defence	(防御)
	offense	offence	(罪)

	license	licence	（免許）
e.	civilize	civilise	（文明化する）
	authorize	authorise	（権威を与える）
f.	jewelry	jewellery	（宝石）
	woolen	woollen	（毛織りの）
	fulfill	fulfil	（実行する）
	skillful	skilful	（熟練した）
g.	judgment	judgement	（判断）
	jail	gaol	（監獄）
	program	programme	（プログラム）
	prolog	prologue	（序文）
	story	storey	（階）

4) 表現

	アメリカ英語	イギリス英語	
a.	ten of three	ten to three	（3時10分前）
b.	ten after three	ten past three	（3時10分過ぎ）
c.	the Hudson River	the River Thames	（〜川）
d.	a half hour	half an hour	（30分）
e.	for five years	in five years	（5年間）
f.	on the street	in the street	（通りで）

5) 定冠詞の有無

	アメリカ英語	イギリス英語	
a.	in the future	in future	（将来は）
b.	He is in the hospital	He is in hospital	（入院中）

6) 語の意味

	アメリカ英語	イギリス英語	
a.	alumnus	graduate	（卒業生）
b.	apartment	flat	（アパート）
c.	broil	grill	（焼く）
d.	cab	taxi	（タクシー）

e.	bar	pub	（酒場）
f.	can	tin	（カン）
g.	outlet	point	（差し込み）
h.	pants	trousers	（ズボン）
i.	railroad	railway	（鉄道）
j.	drug store	chemist	（薬屋）
k.	fall	autumn	（秋）
l.	sick	ill	（病気の）
m.	faucet	tap	（蛇口）
n.	first (floor)	ground (floor)	（1 階）
o.	garbage	rubbish	（ゴミ）
p.	flashlight	torch	（懐中電灯）
q.	gas	petrol	（ガソリン）
r.	hood	bonnet	（ボンネット）
s.	truck	lorry	（トラック）
t.	line	queue	（列）
u.	undershirt	vest	（肌着）
v.	movie	film	（映画）
w.	commencement	graduation ceremony	（卒業式）
x.	elevator	lift	（エレベータ）
y.	private school	public school	（私立学校）
z.	subway	underground / tube	（地下鉄）
aa.	candy	sweets	（お菓子）
bb.	baggage	luggage	（旅行用手荷物）
cc.	mail	post	（郵便）
dd.	conductor	guard	（車掌）
ee.	labor union	trade union	（労働組合）

第 10 章
聖書の英語

本章のポイント

英語史と英訳聖書とのかかわり

聖書の原典を知る

ギリシャ語やラテン語訳聖書について

英語の聖書について

『欽定訳聖書』について

The creation   Chap. j.   of the world.

THE
FIRST BOOKE
OF MOSES,
called GENESIS.

CHAP. I.

1 The creation of Heauen and Earth, 3 of the light, 6 of the firmament, 9 of the earth separated from the waters, 11 and made fruitfull, 14 of the Sunne, Moone, and Starres, 20 of fish and fowle, 24 of beasts and cattell, 26 of Man in the Image of God. 29 Also the appointment of food.

*Psal. 33.6. and 136.5. acts. 14.15. and 17.24. hebr. 11.3.

IN *the beginning God created the Heauen, and the Earth.

2 And the earth was without forme, and voyd, and darkenesse was vpon the face of the deepe: and the Spirit of God moued vpon the face of the waters.

*2.Cor. 4.6.

3 And God said,* Let there be light: and there was light.

4 And God saw the light, that it was good: and God diuided † the light from the darkenesse.

†Hebr. betweene the light and betweene the darkenesse.
†Hebr. and the euening was, and the morning was &c.
*Psal. 136. 5. ier. 10.12 and 51.15.
†Hebr. Expansion.

5 And God called the light, Day, and the darknesse he called Night: † and the euening and the morning were the first day.

6 ¶ And God said,* Let there bee a † firmament in the midst of the waters: and let it diuide the waters from the waters.

7 And God made the firmament; and diuided the waters, which were vnder the firmament, from the waters, which were aboue the firmament: and it was so.

8 And God called the *firmament, Heauen: and the euening and the morning were the second day.

9 ¶ And God said,* Let the waters vnder the heauen be gathered together vnto one place, and let the dry land appeare: and it was so.

10 And God called the drie land, Earth, and the gathering together of the waters called hee, Seas: and God saw that it was good.

11 And God said, Let the Earth bring foorth † grasse, the herbe yeelding seed, and the fruit tree, yeelding fruit after his kinde, whose seed is in it selfe, vpon the earth: and it was so.

12 And the earth brought foorth grasse, and herbe yeelding seed after his kinde, and the tree yeelding fruit, whose seed was in it selfe, after his kinde: and God saw that it was good.

13 And the euening and the morning were the third day.

14 ¶ And God said, Let there bee *lights in the firmament of the heauen, to diuide † the day from the night: and let them be for signes and for seasons, and for dayes and yeeres.

15 And let them be for lights in the firmament of the heauen, to giue light vpon the earth: and it was so.

16 And God made two great lights: the greater light † to rule the day, and the lesser light to rule the night: he made the starres also.

17 And God set them in the firmament of the heauen, to giue light vpon the earth:

18 And to * rule ouer the day, and
A   ouer

*Ier. 51.15.
*Psal. 33.7. and 136.5. iob. 38.8.
†Heb. tender grasse.
*Deu. 4.19 psal. 136.7.
†Hebr. betweene the day and betweene the night.
†Hebr. for the rule of the day, &c.
*Ier. 31.35

『欽定訳聖書』(1611)「創世記」1：1-18

10.1. 英語史と英訳聖書

　英語史を語るとき、聖書とシェイクスピアの英語を抜きにして語ることはできない。聖書もシェイクスピアもよく耳にするが、そのなかにまで踏み込んで理解するには相当の時間と努力を必要とする。本章では英訳聖書とその英語を概説する。

　4章3節で古英語期や中英語期の代表的な文献をあげたが、そのほとんどは聖書や説教集や聖人伝など宗教関連の文献である。英語史の各時代の言語現象を解明するとき、時代をさかのぼるにつれて、聖書や聖書と関連する文献への依存度が増してくる。ここで忘れてはいけないのは、聖書の英語とは「翻訳英語」であるという事実である。この事実とその意味を理解して、聖書の英語を英語史の解明や理解に活用するならば、聖書の英語は偉大な力を発揮する。しかし、聖書の英語を他の文献の英語と同じように取り扱うと英語史の説明をゆがませたり、誤った結論を導く危険性をはらんでいる。

　新約聖書の原典の言語は古典ギリシャ語であり、旧約聖書の原典の言語は古代ヘブライ語である。ギリシャ語はインド・ヨーロッパ語族の言語であるので私たちにはなじみがあり、目にする機会もあるので親しみがある。そのために英訳聖書におけるギリシャ語訳聖書の影響や、同じくインド・ヨーロッパ語族に属するラテン語訳聖書の影響は比較的認識しやすい。しかし、旧約聖書の原典の言語である古代ヘブライ語はインド・ヨーロッパ語族とは異なるセム語族に属する言語であり、その文字はローマ字と同じルーツではあるが形状が大きく異なり、ヨーロッパ人や日本人にはなじみの少ない文字である。そのために、旧約聖書原典の言語の影響は認識されがたいという一面がある。

　新約聖書のギリシャ語には旧約聖書の古代ヘブライ語表現が多く取り入れられており、旧約聖書からの直接引用あるいは間接引用も多くある。新約聖書においても旧約聖書原典の言語の影響が少なからず認められる。したがって、聖書の英語を知るには、旧約聖書の原典の言語の知識を持つことが望ましいことは言うまでもない。

　ティンダル (William Tyndale) は1525年から1526年にかけて新約聖書を、

1530年に「モーゼ五書」を、それぞれ翻訳、出版した。これらはいずれも英訳聖書史上はじめての原典からの訳出である。それ以前の英訳聖書はラテン語訳聖書ヴルガータ (the Vulgate) からの間接訳聖書であった。ラテン語訳聖書からの間接訳聖書であり、そのうえ、古英語期や中英語期に訳された英訳聖書にインド・ヨーロッパ語族とは異なる言語の影響が及んでいるとは、一般的には考えにくい。しかし現実には、それらにも古代ヘブライ語の影響が及んでいる。おもな原因は、直接訳と間接訳にかかわらず聖書の翻訳者には、できるだけ原典の言語表現や表現形式を翻訳する側の言語に伝えようとする力が働くことにある。その結果、直接訳聖書はもちろんであるが、間接訳聖書にも原典の言語の影響が出現している。その例を示そう。下の引用は、中英語期にラテン語訳聖書から訳されたウィクリフ訳聖書 (c1384) からのものである

(1) Wycliffe: þe hil of sion <u>in whiche</u>^(A) þou dwelledest <u>in it</u>^(B)
  (= the hill of Sion <u>in which</u> you dwelled <u>in it</u>)
 （あなたが住んでいたシオンの丘）   「詩編」(74(73):2)

(A) は前置詞を伴う関係代名詞である。この「前置詞 + 関係代名詞」は (B) の「前置詞 + 指示代名詞 it」で反復されている。これは関係代名詞の発達段階を解明するのに興味深い現象である。しかし、これは古代ヘブライ語の関係代名詞の用法である。それが古代ヘブライ語からラテン語、ラテン語から中英語に、順次、忠実な訳が繰り返されて中英語訳聖書に出現した表現である。これを純粋に英語の関係代名詞の発達段階を示す例として取りあげることには、慎重でなければならない。

　さらに興味深い例を示そう。以下は古英語の懺悔書にある同族目的語 (cognate object) の例である。同族目的語は、'to live a happy life' のように、自動詞の後に動詞と同族の名詞を目的語であるかのように置く表現である。この名詞は、通常、修飾語を伴う。しかし、古英語期や中英語期の英訳聖書や他の文献では修飾語句を伴わない同族目的語が出現している。後者の場合は、特に、聖書からの引用箇所に現れる。

　同族目的語の歴史については、いまだ議論が十分に尽くされていない。

(2) Libban life

　　(= to live (a) life)

　　Poenitentiale Ecgberti　　　　　　　　　　（「エゼキエル書」12:21の引用）

　(2) の例は純粋な古英語の表現とみなされ、英語の同族目的語の起源と発達を説明する資料としてしばしば引用され、利用されてきた。しかし、(2) は旧約聖書からの引用箇所に現れた例である。これに対応する古代ヘブライ語表現は「不定詞 + 定動詞」である。これは、同一の動詞を反復させる表現であり、不定詞は定動詞を強調する機能を担っている。この表現形式をギリシャ語訳やラテン語訳で再現しようとして、古代ヘブライ語の「不定詞 + 動詞」に近い表現「名詞 + 動詞」がギリシャ語訳とラテン語訳で選択された。ラテン語訳聖書からの間接訳である古英語訳聖書や中英語訳聖書で、翻訳者がまったく意識しないまま、古代ヘブライ語の「不定詞 + 定動詞」の不定詞が (2) 型の同族目的語として出現したのである。修飾語句を伴わないこの種の同族目的語は一般的な表現ではないが、同様の表現が古英語訳聖書や中英語訳聖書にも出現している。ラテン語訳聖書は中世ヨーロッパ世界唯一の公認聖書であったので、ラテン語訳聖書の表現を可能な限り忠実に再現しようとする力が働いたのであろう。

　次は直接原典から訳された欽定訳聖書からの例である。

　(3)『欽定訳聖書』：And God saw the light, that it was good.

　　　　（神は光を見て、良しとされた。）　　『聖書 新共同訳』(1987)「創世記」(1:4)

(3) は一見正しいように見える文であるが、動詞 saw が目的語と目的節の両方を従えているので文法的に正しい文ではない。この文構造は、see が「見る」の意味から「判断する」の意味を獲得する過程で現れた文であり、中英語でときどき使用されたと説明されることがある。しかし、この文はヘブライ語文の直訳によって現れた文である。この事実を知っているならば、異なる説明になろう。

　上でヘブライ語の影響であると指摘したこれらの例は、一方で英語の側にそれらを受け入れる言語的要因があったから出現した表現である、ということも忘れてはいけない。

これらの例が示すように、聖書の英語は英語の歴史を知るうえで重要な文献であるだけに、その取り扱いには慎重でなくてはならない。英訳聖書のなかでも、1611年の欽定訳聖書の英語は、シェイクスピアの英語と並んで初期近代英語を知るうえで重要な言語資料である。聖書の英語を知るために、まず聖書の仕組み、原典の言語と文字、聖書と翻訳の問題などについて概観する。

10.2. 聖書とは

聖書は英語で the Bible, the Holy Scriptures, the Canon と呼ばれる。Canon はキリスト教の聖典、経典の意味である。Holy Scriptures は聖なる書き物の意味である。Bible は、紙の原料パピルスの荷揚港があった古代フェニキアの都市 Byblos（ビブロス）に由来する。この都市名が次のような意味とつづり字の変化を経て普通名詞になった。

① 意味変化　　　：「パピルスの荷揚港」→「パピルス」→「パピルスからできた製品＝紙」→「紙に書かれたもの」→「本」→「聖なる本」→「聖書」

② つづり字変化　：Byblos → biblion → biblia（複数形＝books）→ Biblia Sacra（＝ Holy Books ＝ 聖書）→ Biblia（Sacraの省略）→ Bible

複数形になったのは、聖書は複数の書から構成されているためである。

聖書は旧約聖書と新約聖書から成っている。旧約聖書は、元来は、ユダヤ教の聖典である。ユダヤ教の聖典はトーラ (the Torah) またはタナッハ (the Tanach) と呼ばれている。ユダヤ教から新しく生まれたキリスト教は、トーラを「神と人間の古い契約の書」すなわち旧約聖書 (the Old Testament) と呼び、「神と人間との新しい契約を記した書」を新約聖書 (the New Testament) と呼んだ。したがって、「旧約聖書」という名称はキリスト教の呼称である。旧約聖書、新約聖書、トーラ、タルムード (the Talmud) とキリスト教、ユダヤ教との関係は、概略、つぎのようになる。タルムードとはユダヤの法律と伝承の集大成である。

```
Torah + Talmud  = ユダヤ教の聖典
       ‖
旧約聖書 + 新約聖書 = キリスト教の聖典
```

　同じまとめ方をするならば、「トーラ + コーラン (the Koran)」はイスラム教の聖典になる。
　なお、聖書には新約聖書と旧約聖書以外に「旧約聖書外典」あるいは「旧約聖書続編」と呼ばれている書がある。英語で the Apocrypha と言うが、これは「隠されたもの」を意味するギリシャ語で、*apókryphos* の複数形に由来する。これは1世紀末ユダヤ教の正典を定めるとき、ユダヤ教の正典目録に入れられなかった書である。これがキリスト教に伝えられ、カトリック教では、旧約聖書と同等の価値が付され、「第二正典」と呼ばれるようになった。

10.3. 旧約聖書の原典について
10.3.1. 旧約聖書の言語と文字

　旧約聖書の原典の言語は古代ヘブライ語であるが、それを記した文字は古代ヘブライ語よりも新しく、紀元前7世紀ごろから紀元後3世紀ごろまでの間、アジア南西部で共通語であった古代アラム語 (Old Aramaic) の文字である。現代のヘブライ語聖書は、古代アラム文字から変化した文字を角形にした文字で、アラム・ヘブライ文字 (Aramaic-Hebrew letters) と呼ばれている文字で印刷されている。これらの文字は英語アルファベットと共通の古代セム文字から派生した文字である。本書では旧約聖書原典の文字をヘブライ文字と呼ぶ。ヘブライ文字はすべて子音文字である。
　旧約聖書の原本はもはや存在しない。今日流布しているヘブライ語聖書は、マソラ (the Massoretes) と呼ばれるヘブライ語学者のグループが9世紀に彼らが考案した母音記号を付したものである。「マソラ」とは「継承」を意味するヘブライ語である。そのために今日流布しているヘブライ語聖書は「マソラ・テクスト」(the Massoretic Text) と呼ばれている。一方、マソ

ラ・テクスト以前に編集されたテクストはヘブライ語本来の書記法である子音だけで書かれていたので、「子音テクスト」(the Consonantal Text) と呼ばれている。

「創世記」1：1-4

בראשית ברא אלהים את השמים ואת הארץ
והארץ היתה תהו ובהו וחשך על פני תהום ורוח
אלהים מרחפת על פני המים
ויאמר אלהים יהי אור ויהי אור
וירא אלהים את האור כי טוב ויבדל אלהים בין האור
ובין החשך

בְּרֵאשִׁית בָּרָא אֱלֹהִים אֵת הַשָּׁמַיִם וְאֵת הָאָרֶץ
וְהָאָרֶץ הָיְתָה תֹהוּ וָבֹהוּ וְחֹשֶׁךְ עַל־פְּנֵי תְהוֹם וְרוּחַ
אֱלֹהִים מְרַחֶפֶת עַל־פְּנֵי הַמָּיִם
וַיֹּאמֶר אֱלֹהִים יְהִי אוֹר וַיְהִי־אוֹר
וַיַּרְא אֱלֹהִים אֶת־הָאוֹר כִּי־טוֹב וַיַּבְדֵּל אֱלֹהִים בֵּין הָאוֹר
וּבֵין הַחֹשֶׁךְ

注：
・上段は子音文字の旧約聖書、下段は母音記号が付された旧約聖書。

　古代ヘブライ語と現代英語とはたがいに異なる語族に属しているので、両言語の間には、文法上、さまざまな相違点が存在する。古代ヘブライ語の時制 (tense)、相 (aspect)、態 (voice)、文法的性 (gender)、基本語順、接続詞、冠詞、文字における英語との違いを概観する。

1) 時制と相：古代ヘブライ語の動詞は時制 (tense) を表さず、完了相と未完了相を表す。
2) 態：古代ヘブライ語の態は動詞の活用形によって1語で表す。

3) 文法的性：古代ヘブライ語の名詞は男性と女性の2種類の文法的性を持ち、中性はない。2人称代名詞にも男性・女性の性の区別がある。
4) 語順：be動詞に対応する連結動詞 (linking verb) 以外の動詞から成る文の基本語順は「動詞－主語－（目的語）」V-S-(O) である。
5) 連結動詞：古代ヘブライ語にはbe動詞に対応する連結動詞はあるが、省略するほうが一般的 (norm) である。この場合の語順はS-X、X-Sのいずれも可である。Xは主語以外の文の要素を指す。
6) 接続詞：接続詞の種類は少なく、一般的には接続詞機能のほとんどを担う1個の接続詞を優先的に使用する。この接続詞はwawと呼ばれる1文字からなる接続詞である。（下表の「ヘブライ語

ヘブライ語聖書の文字
—現代の文字と古代の文字—

9	8	7	6	5	4b	4a	3b	3a	2b	2a	1	
teth	heth	zayin	waw	he	daleth		gimel		beth		'alef	文字名
ט	ח	ז	ו	ה	ד	ד	ג	ג	ב	ב	א	現代文字
⊗	H	I	Y	℥	◁	◁	ʇ	ʇ	⅁	⅁	⊁	古代文字
[t]	[ç]	[z]	[w]	[h] or zero	[d]	[ð]	[g]	[gh]	[b]	[v]	['] or zero	音価
19	18	17b	17a	16	15	14	13	12	11b	11a	10	
qoph	tsadeh	pe		'ayin	samekh	nun	mem	lamedh	kaph		yodh	文字名
ק	צ	פ	פ	ע	ס	נ	מ	ל	כ	כ	י	現代文字
ϙ	ⱶ	⌐	⌐	O	≢	ɿ	ⴟ	⌐	ⴃ	ⴃ	ⱬ	古代文字
—	ץ	ף	ף	—	—	ן	ם	—	ך	ך	—	語末文字
[q]	[ts]	[p]	[f]	['] or zero	[ṣ]	[n]	[m]	[l]	[k]	[x]	[y] or zero	音価

					22b	22a	21b	21a	20	
					taw	sin	shin		resh	文字名
					ת	שׂ	שׁ		ר	現代名
					X	W	W		↶	古代文字
					[t]	[θ]	[s]	[ʃ]	[r]	音価

・「語末文字」とは、同一の文字であるが、語末で変形される文字。1-10、12、15-16、19-22の文字は語末でも変形しない。

・古代文字は Kautzsch (1990) による。

聖書の文字」にある6番目の文字。）
7) 冠詞：定冠詞のみで、不定冠詞はない。
8) 文字：子音のみ22文字。ただし半母音を含む。
9) 文字の方向：右から左。

　ヘブライ文字で書かれた創世記の1章1節から4節を紹介したが、次に「創世記」(1:1) のヘブライ語文を解説する。

　ヘブライ語文の解説を読むと、翻訳では原典のニュアンスをすべて伝え

「創世記」1：1

(1) ⑦　　⑥　　⑤　　④　　③　　②　　①
　　בְּרֵאשִׁית בָּרָא אֱלֹהִים אֵת הַשָּׁמַיִם וְאֵת הָאָרֶץ
　　(the-earth and-AM the-heavens AM　Gods　created　in-beginning)

(2) IN* the beginning God created the Heauen, and the Earth.

(3) IN the beginning God created the heavens and the earth.

(4) はじめに、神は天地を創造された。

(1) は母音記号付き子音文字のヘブライ語聖書　　(3) は『新改訂標準訳聖書』(1989)
　　右から左に読む　　　　　　　　　　　　　　(4) は『聖書 新共同訳』(1987)
(2) は『欽定訳聖書』(1611)　　　　　　　　　　(1) の下にある ( ) はヘブライ語文の逐語訳

「創世記」1：1のヘブライ語文の解説
(以下のヘブライ語の文字には母音記号が省略されている)

① בראשית ：前置詞（接頭辞）＋名詞（女性・単数形）（副詞句）　　　　　　　　(= in-beginning)
② ברא ：動詞（3人称・単数・完了形）（主語に共起制限あり、いつも「神」）(= created)
③ אלהים ：名詞（男性・複数形＝尊敬を表す複数）（主語）　　　　　　　　　　(= Gods = God)
④ את ：既知の対格目的語を導く不変化詞 (Accusative Marker = AM)
⑤ השמים ：定冠詞（接頭辞）＋名詞（男性・複数形＝広さを表す複数）（目的語）(= heavens = heaven)
⑥ ואת ：接続詞（接頭辞）＋④＝既知の対格目的語を導く不変化詞　　　　　　(= and-AM)
⑦ הארץ ：定冠詞（接頭辞）＋名詞（女性・単数形）（目的語）　　　　　　　　(= the-earth)

ることが困難であることがわかる。たとえば、解説の②にあるヘブライ語の動詞は主語が「神」とのみ共起する。解説③にある「神」を意味するヘブライ語の名詞は複数形であるが、この複数形は尊敬を表す複数形である。解説⑤の「空」を表すヘブライ名詞も複数形であるが、これは広いことを示す複数形である。したがって、③と⑤の名詞の屈折は複数形であるが、複数を表しているのでない。このように古代ヘブライ語の一文を詳細に分析するだけでも、翻訳文だけでは知ることができない、古代ヘブライ人の自然に対する見方や考え方の一端をうかがうことができる。

10.3.2. 旧約聖書の成立

旧約聖書は多くの「書」(scripture または book) で構成されており、次の五つの書から始まる。

「モーゼ五書」
Pentateuch
1.「創世記」　　　(Genesis)
2.「出エジプト記」　(Exodus)
3.「レビ記」　　　(Leviticus)
4.「民数記」　　　(Numbers)
5.「申命記」　　　(Deuteronomy)

これら五つの書は、モーゼの作と伝えられてきたので、「モーゼ五書」あるいは、the Pentateuch と呼ばれ、特に重要視されている。これらの書は長い時代にわたり、多くの人びとによって手が加えられながら語り伝えられ、紀元前10世紀から約5世紀の間に文字化された。その間に土着の人びとの神の名前が加えられたり、物語が手直しされたりした。その結果、神の名前が Yahweh となっているところと Elohim になっているところがあり、同じ物語が内容を変えて繰り返されるということも起こっている。その例が天地創造の物語や洪水物語である。天地創造の物語は2カ所に分かれて記述されているが、洪水物語は、整理されず、2種類の物語が入り交じり、交差しているので読者は注意を要する。

天地創造物語		洪水物語	
\<A\> 「創世記」 1：3-27	\<B\> 「創世記」 2：7-22	\<A\> 「創世記」 7：1-5, 7-8, 10, 12, 16b,17b, 22-23 8：2b, 3a, 6,8-12, 13b, 20-22	\<B\> 「創世記」 7：6, 11, 13-16a, 17a, 18-21, 24 8：1, 2a, 3b,4-5, 7, 13a, 14-19
創造の順序	創造の順序	物語の内容	物語の内容
1. 天 2. 地・海・植物 3. 太陽・月・星 4. 魚・鳥 5. 動物 6. 男・女	1. 土から人 2. エデンの園 3. 木々 4. 野の動物・鳥 5. 人(男)から女	1. 清い動物 …………7番 2. 清くない動物………1番 3. 鳥………………7番 4. 雨の期間……40日間 5. 地面が乾く……言及なし までの期間	1. 清い動物 …………2番 2. 清くない動物………2番 3. 鳥……………言及なし 4. 雨の期間……150日間 5. 地面が乾く……1年間 までの期間

注：
・a は節の前半部、b は節の後半部を指す。

10. 4. 古典語訳聖書

古典語訳聖書と呼ばれる聖書がある。それは以下の3種類の聖書である。

1) 「セプチュアジンタ」(*the Septuagint, the LXX*)
   日本語では「七十人訳聖書」とも呼ばれているギリシャ語訳聖書。
2) *Vetus Latina* または *Vetus Itala*
   「セプチュアジンタ」から忠実に訳されているので、「ラテン語の衣を着たセプチュアジンタ」の異名を持つ。
3) ヴルガータ (*the Vulgate*)
   ラテン語訳聖書。古英語訳聖書と中英語訳聖書の底本。

「セプチュアジンタ」は、ギリシャ語は話せるがヘブライ語が話せなくなったユダヤ人のために、紀元前3世紀ごろにヘブライ語原典からギリシャ語に翻訳された旧約聖書である。このギリシャ語訳聖書はギリシャ語を犠牲にしてまでもヘブライ語に忠実に訳されており、ヘブライ語の影響は語彙ばかりではなく、統語法にまで及んでいる。「セプチュアジンタ」は現存しない古いヘブライ語のテクストから訳出されているために、ヘブライ語の原本に近い解釈を伝える聖書として、現在においてもなおヘブライ語テクス

トの解釈に活用されている。

　ギリシャ語訳聖書「セプチュアジンタ」に次いで重要な聖書は、ラテン語訳聖書「ヴルガータ」である。この聖書はジェローム (Jerome, c355-420)、ラテン語名ヒエロニムス (Hieronymus) が原典から訳出した聖書である。「ヴルガータ」が出現するまではラテン語訳聖書と言えば *Vetus Latina* であったが、「ヴルガータ」の出現後は、ラテン語訳聖書は「ヴルガータ」になった。「ヴルガータ」は中世ヨーロッパ世界唯一の公認聖書となり、ヨーロッパ文化に大きな影響を与えた。「ヴルガータ」は古英語訳聖書や中英語訳聖書の底本となり、当時の説教集や宗教関係の文献に多く引用されているので、英訳聖書史上は言うに及ばず、英語史や英文学史においてもきわめて重要な位置を占めている。

10.5. 英訳聖書
10.5.1. 古英語訳聖書

　古英語期の公認聖書は「ヴルガータ」であったが、ラテン語の知識を持たない人びとにも聖書が理解できるようにするために、「ヴルガータ」に注 (gloss) を施すことが行われた。注はおもに逐語訳の方式をとり、57頁の下に例示されているようにラテン語の文章の行間に、対応する古英語の単語が書きこまれたので、行間注 (interlinear gloss) と呼ばれている。「ヴルガータ」のラテン語を書き写し、そこに行間注を施した聖書で、現存している聖書に Lindisfarne 島で作られたのでその島の名前が付けられた *the Lindisfarne Gospels*、John Rushworth 氏が Bodleian Library に寄贈したので彼の名前が付けられた *the Rushworth Gospels* などがある。*the Lindisfarne Gospels* には Northumbria 方言で行間注が施されている。*the Rushworth Gospels* の「マタイによる福音書」と「マルコによる福音書」(1:2-15)、そして「ヨハネによる福音書」(18:1-3)は Mercia 方言で、他は Northumbria 方言で行間注が付けられている。

　上にあげたのは新約聖書であるが、旧約聖書の古英語訳に Ælfric の訳とされている *the Heptateuch* がある。Heptateuch とは「モーゼ五書」の次に続く書「ヨシュア記」(Joshua) が加わった六書のことである。この訳は行間注ではなく、直訳と自由訳との中間に位置する訳である。また、ラテン語との

対訳形式をとっている詩編 the Paris Psalter などもある。

10. 5. 2. 中英語訳聖書

中英語期の公認聖書は依然としてヴルガータであった。しかし、一方で「福音書」や「詩編」などの部分訳だけではなく、旧約聖書、新約聖書、外典の完全訳も行われた。また、聖書を韻文や散文でパラフレイズすることも行われた。たとえば、13世紀はじめに作られた the Ormulum は教訓を織りまぜながら福音書を韻文でパラフレイズしたものである。

旧約聖書、新約聖書、外典の完全訳をはじめて行ったのはウィクリフ (John Wycliffe) と彼の一門の人びととであった。彼らはロラード (Lollard) とも呼ばれた。彼らは説教を口ごもるように説教をしたので、敵対する宗派の人々が彼らを軽蔑して、「つぶやく人」を意味する中世オランダ語の lollaerd ということばで呼んだことに由来する。そのためにウィクリフと彼の門下によって訳出された英訳聖書はウィクリフ訳聖書 (the Wycliffite Bible) ともロラード聖書 (the Lollard Bible) とも呼ばれている。ウィクリフ訳聖書には初期訳 (the Early Wycliffite Bible) [c1384]と、ウィクリフの没後、ウィクリフの弟子達が改訂した後期訳 (the Late Wycliffite Bible) [c1388]とがある。両者を比較すると翻訳者の原典の翻訳方法に対する揺れが見えて、興味深い。これらは英訳聖書史上初の完訳聖書であるが、印刷技術が導入される前の時代であったので、手書きの写し、いわゆる「写本」で流布した。現存する写本が250種類にも及んでいることから判断して、この英訳聖書の人気と流布の広さをうかがうことができる。

10. 5. 3. 近代英語訳聖書

16世紀には数多くの英訳聖書が出版された。この世紀の英訳聖書は聖書の英語と文体を方向づけ、17世紀の英訳聖書はそれらを決定したと言われている。このような重要な役割を果たした英訳聖書に次の聖書がある。

1) *Tyndale's Bible*（新約聖書 (1525/26)、モーゼ五書 (1530)）

16世紀は英訳聖書がはじめて原典から訳出され、その上、活字本として登場した画期的な時代である。この二つの偉業を同時に成し遂げたのはティンダル (William Tyndale) である。彼は1525/26年に新約聖書を、1530年に「モーゼ五書」(*the Pentateuch*)、そして1531年には「ヨナ書」(*the Prophet Jonah*) を訳出・出版した。ティンダル訳聖書は、「モーゼ五書」のうちの「出エジプト記」、「レビ記」、「申命記」はローマン体で印刷されているが、他はゴシック体で印刷されており、当時の活字事情を反映した聖書である。

　英訳聖書がはじめて印刷された場所は英国ではなく、ティンダルが聖書翻訳による迫害を逃れてたどり着いたドイツのケルン(Cologne = Köln)であった。1525年にそこで新約の印刷を始めたが、反対派にかぎつけられたために印刷を中断し、ウォルムス (Worms) へ逃れ、翌年1526年にそこで新約聖書の出版に成功した。このような経緯からティンダルの新約聖書の出版年は1525/26年と記されることが多い。ティンダル訳聖書は禁書であったにもかかわらずイギリスに密輸され、よく売れた。そのために、新約は1534年と1535年に相次いで改訂版が出された。

ティンダル訳「モーゼ五書」(1530)「創世記」1：1-5

ケンブリッジ大学図書館所蔵

「モーゼ五書」は1534年に「創世記」だけが改訳されたが、他は改訳されないまま第二版として出版された。ティンダルは「ヨシュア記」から「歴代誌下」も訳出したが、出版はしなかった。

2) *Coverdale's Bible* (1535)

　この聖書はラテン語訳聖書からの間接訳ではあるが、英訳聖書史に残るの三つの特徴を備えている。
　① 英訳聖書史上初の活字による完訳聖書
　② 初版 (1535) の印刷場所は外国で（CologneまたはMarburg）であるが、第二版 (1537) は英国で出版された最初の英訳聖書
　③ 第二版は，英訳聖書史上はじめて国王の認可 (royal license) が与えられた英訳聖書

3) *Matthew's Bible* (1537)

　扉の頁に「Thomas Matthew翻訳」とあるが、翻訳者は特定されていない。ティンダル訳の新約と「モーゼ五書」、ティンダルが訳したが出版しなかった「ヨシュア記」から「歴代誌下」、残りはカバデル訳聖書からほとんど変更を加えずに編集された聖書である。

4) *The Great Bible* (1539)

　クロムウェル (Thomas Cromwell) の要請を受け、カバデル (Miles Coverdale) が *Matthew's Bible* を改訳した聖書。

5) *The Geneva Bible* (1560)

　旧約は *the Great Bible* をベースにして原典から訳し、新約は *the Geneva New Testament* (1557) の改訳である。*The Geneva Bible* は持ち運びに便利なサイズで、活字はローマン体で読みやすく、章 (chapter) は節 (verse) に分けられ、節には節番号が付された。そのうえこれまでの英訳聖書に比べて廉価であったので広く流布し、約4分の3世紀もの間、親しまれた。この聖書の出現によって英訳聖書は「家庭の書」になったと評されている。なお、この聖書はシェイクスピアが使用したことでも知られている。

6) *The Bishops' Bible* (1568)

　*The Great Bible*の改訳聖書である。*The Geneva Bible*のような好評を得ることはなかったが、1571年の主教会議の定めにより、大聖堂 (cathedral) や各教会で使用することが決められた。また、大主教や主教は個人で持つことが求められた。

7) *The Rheims-Douai Bible*（新約聖書：1582、旧約聖書：第1巻1609、第2巻1610）

　ヘブライ語やギリシャ語のテクストは、ラテン語のテクストよりも劣ると考え、ヴルガータのラテン語に忠実に訳された聖書。この聖書は印刷場所にちなんで *the Rheims-Douai Bible* と名付けられている。

8) 『欽定訳聖書』　*The Authorized Version of the English Bible* (1611)

　国王ジェイムズ1世 (James I) が任命した学者や聖職者たちによって原典から訳出され、1611年に国王公認の下に出版された英訳聖書である。この聖書は国王の名にちなんで *the King James Version*、または *the King James Bible* と呼ばれている。英訳聖書が公認されるためには、当時、英国国教会と議会から認可を得なければならなかったが、この聖書はそのような手続きを踏んでいない。しかし、国王の命により翻訳・出版が行われたので *the Authorized Version*『欽定訳聖書』の名でも広く知られている。

　『欽定訳聖書』の翻訳者数は47名から50名であったと考えられている。翻訳者の構成はウエストミンスター寺院の主任司祭 (Dean) を中心とする聖書学者、ケンブリッジ大学の聖書学者、オックスフォード大学の聖書学者の三つのグループから成っている。翻訳に当たって、これら三つの各グループはさらに二つの小グループに分かれ、計六つのグループで翻訳分担を行い、翻訳作業を進めた。

　『欽定訳聖書』の翻訳方針はジェームス1世の作とされている15カ条からなる *Bancroft's Rules* に記されている。その第I条では、翻訳の模範とすべき第一の聖書として *the Bishops' Bible* を指定し、原典が許す限りこの聖書の訳を変更しないように定め、第XIV条には、*Tyndale's Bible, Matthew's Bible, Coverdale's Bible, Whitchurch's* (= *the Great*) *Bible, the*

Geneva Bibleの翻訳のほうが原典に一致している場合には、the Bishops' Bibleよりもこれらの翻訳を用いるように定めている。『欽定訳聖書』を翻訳する際に「第一番目に模範」とするように定められたthe Bishops' Bibleは、すでに言及したようにthe Great Bibleの翻訳を基礎にしており、the Great BibleはMatthew's Bibleの改訳聖書であり、さらにMatthew's BibleはTyndale's BibleとCoverdale's Bibleを編集した英訳聖書である。これらを図式化して示したのが次の図表である。『欽定訳聖書』の翻訳には

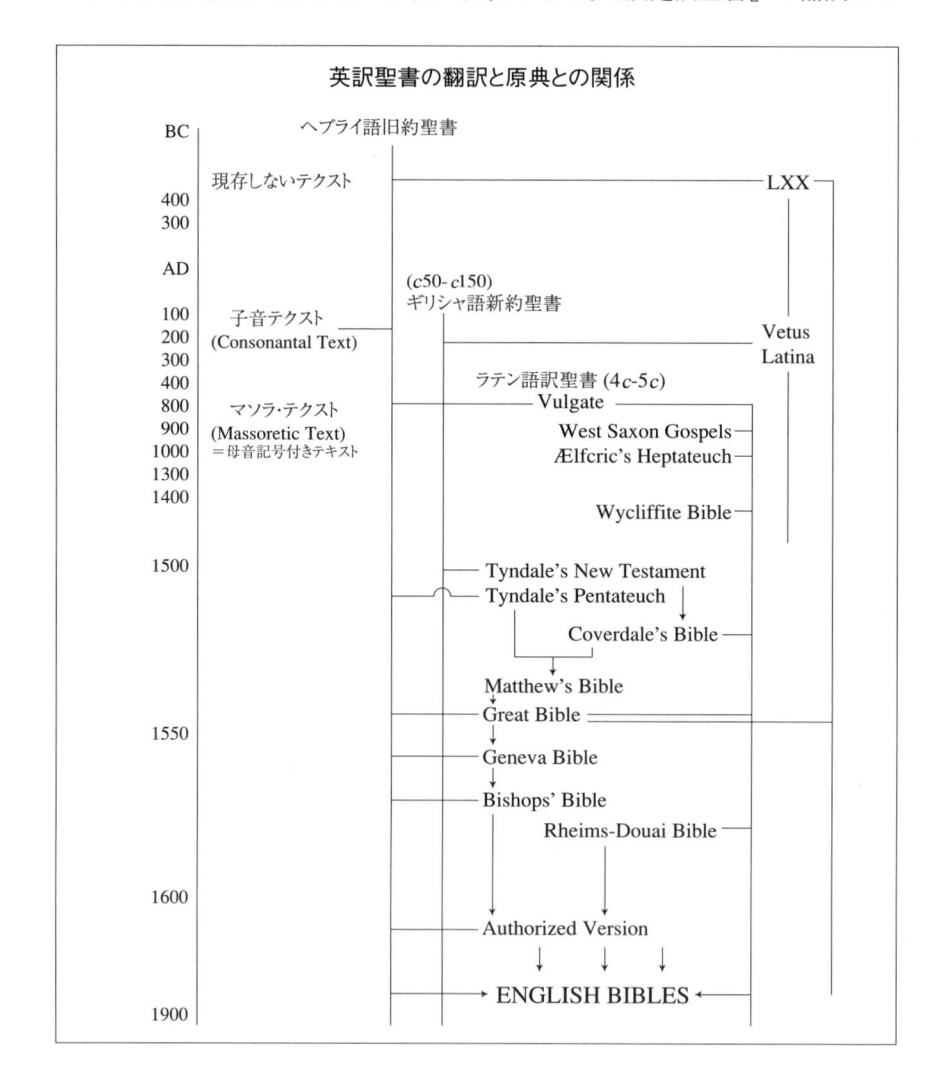

英訳聖書の翻訳と原典との関係

BC	ヘブライ語旧約聖書		
400	現存しないテクスト		LXX
300			
AD			
100		($c50$-$c150$) ギリシャ語新約聖書	
200	子音テクスト (Consonantal Text)		Vetus Latina
300			
400		ラテン語訳聖書 ($4c$-$5c$)	
800		Vulgate	
900	マソラ・テクスト (Massoretic Text)	West Saxon Gospels	
1000	＝母音記号付きテキスト	Ælfcric's Heptateuch	
1300			
1400		Wycliffite Bible	
1500		Tyndale's New Testament	
		Tyndale's Pentateuch	
		Coverdale's Bible	
		Matthew's Bible	
1550		Great Bible	
		Geneva Bible	
		Bishops' Bible	
		Rheims-Douai Bible	
1600		Authorized Version	
		ENGLISH BIBLES	
1900			

このような背景があるために、Butterworth (1941:231) の概算によると、外典を除く『欽定訳聖書』の節や句表現の61％までが、『欽定訳聖書』以前の英訳聖書や説教集の表現を受け継いでいる。

主要英訳聖書年表

9 c.	The Vespasian Psalter
10 c.	The Paris Psalter
10 c.	The Lindisfarne Gospels
10 c.	The Rushworth Gospels
11 c.	The West-Saxon Gospels
11 c.	Ælfric's Heptateuch
c1384	The Wycliffite Bible (Early version)
c1395	The Wycliffite Bible (Late version)
1525/26	Tyndale's New Testament
1530	Tyndale's Pentateuch
c1531	Tyndale's Jonah
1535	Coverdale's Bible
1537	Matthew's Bible
1539	The Great Bible [NT]
1539	Taverner's Bible
1540	The Great Bible
1557	The Geneva New Testament
1560	The Geneva Bible
1568	The Bishops' Bible
1582 / 1569-1610	[NT] / [OT] The Rheims-Douai Bible
1611	The Authorized Version
1762	The Cambridge Standard Edition
1769	The Oxford Standard Edition
1881 / 1885	[NT] / [OT] The Revised Version
1901	The American Standard Version
1946 / 1952	[NT] / [OT] The Revised Standard Version
1961 / 1970	[NT] / [OT] The New English Bible
1989	The Revised English Bible
1989	The New Revised Standard Version

10.6. 『欽定訳聖書』について

10.6.1. 『欽定訳聖書』の版

『欽定訳聖書』には、1611年の刊行と記された版が3種類存在する。それらは the HE Bible と the SHE Bible と呼ばれる2種類の系統の聖書に大きく分

類することができる。これらの名称は、旧約聖書にある「ルツ記」(3:15) の最後の文を 'and he went ...' と訳している聖書と 'and she went ...' と訳している聖書があることに由来する。出版年が1611年と記された3種類の『欽定訳聖書』のうち、一つは the HE Bible で他の二つは the SHE Bible である。これらのうち、どの版が初版であるかについて書誌学者の間で議論されてきたが、現在では the HE Bible が初版であるとする説が定着している。

　『欽定訳聖書』の初版はサイズが大きく、ケンブリッジ大学所蔵の版の場合は、表紙サイズは425mm×290mmである。ゴシック体で印刷され、原典にはなく翻訳時に付加された語句はローマン体の小さな文字で示されている。ただし、翻訳時に付加された語句がすべてローマン体で示されているとは限らない。また、各章の冒頭には章の要約がローマン体で書かれ、各章の最初の文字には飾り文字 (headpiece) が使用されている。テクストはダブル・コラムで印刷され、左右には欄外注がある。この注はローマン体とイタリック体で印刷されている。

10. 6. 2. 『欽定訳聖書』の英語

　聖書の英語、特に旧約聖書の英語について述べるとき、二つの視点を明確にしなければならない。一つは、聖書の英語を、英語という言語から観察すること、他は原典の言語の影響という観点から観察することである。両者を明確に区別することは難しいが、聖書の英語について記述するためにはこの二つの視点は必要である。

10. 6. 2. 1. 原典に拘束されない言語現象
1) 『欽定訳聖書』の異つづり字
　　『欽定訳聖書』の初版には、we, ye, he, she の異つづり字 wee, yee, hee, shee に代表されるように多くの異つづり字が使用されている。異つづり字は同一行内や同一節内においても起こっている。『欽定訳聖書』における異つづり字の種類や数は前世紀に出たティンダル訳聖書におけるよりも多く、また中英語のチョーサーの写本における異つづり字に比べても一貫性に欠けている。これらのつづり字に規則性を見出すことは困難である。

The creation of man. Genesis. The first Sabbath.

*4.Esdr. 6. 47.
‖ Or, creeping.
† Heb. soule.
† Heb. face of the firmament of heauen.

ouer the night, and to diuide the light from the darkenesse: and God saw that it was good.

19 And the euening and the morning were the fourth day.

20 And God said, *Let the waters bring foorth aboundantly the ‖ mouing creature that hath † life, and foule that may flie aboue the earth in the † open firmament of heauen.

21 And God created great Whales, and euery liuing creature that moueth, which the waters brought forth aboundantly after their kinde, and euery winged foule after his kinde: and God saw that it was good.

*Chap.8. 17.and 9.1.

22 And God blessed them, saying, *Be fruitfull, and multiply, and fill the waters in the Seas, and let foule multiply in the earth.

23 And the euening and the morning were the fift day.

24 ¶ And God said, Let the earth bring forth the liuing creature after his kinde, cattell, and creeping thing, and beast of the earth after his kinde: and it was so.

25 And God made the beast of the earth after his kinde, and cattell after their kinde, and euery thing that creepeth vpon the earth, after his kinde: and God saw that it was good.

*Chap.5.1. and 9.6. 1.corin.11. 7.ephes.4. 14.col.3. 10.

26 ¶ And God said, *Let vs make man in our Image, after our likenesse: and let them haue dominion ouer the fish of the sea, and ouer the foule of the aire, and ouer the cattell, and ouer all the earth, and ouer euery creeping thing that creepeth vpon the earth.

27 So God created man in his owne Image, in the Image of God created hee him; *male and female created hee them.

*Matth.19 4. wisd.2. 23.
*Chap.9.1.

28 And God blessed them, and God said vnto them, *Be fruitfull, and multiply, and replenish the earth, and subdue it, and haue dominion ouer the fish of the sea, and ouer the foule of the aire, and ouer euery liuing thing that †mooueth vpon the earth.

† Heb. creepeth.

29 ¶ And God said, Behold, I haue giuen you euery herbe † bearing seede, which is vpon the face of all the earth, and euery tree, (in the which is the fruit of a tree yeelding seed,* to you it shall be for meat:

† Hebr. seeding seed.
*Chap.9.3.

30 And to euery beast of the earth, and to euery foule of the aire, and to euery thing that creepeth vpon the earth,

wherein there is † life, I haue giuen euery greene herbe for meat: and it was so.

† Hebr. a liuing soule.

31 And * God saw euery thing that hee had made: and behold, it was very good. And the euening and the morning were the sixth day.

* Ecclus.39 16.

CHAP. II.

1 The first Sabbath. 4 The maner of the creation. 8 The planting of the garden of Eden, 10 and the riuer thereof. 17 The tree of knowledge onely forbidden. 19. 20 The naming of the creatures. 21 The making of woman, and institution of Mariage.

Thus the heauens and the earth were finished, and all the hoste of them.

2 *And on the seuenth day God ended his worke, which hee had made: And he rested on the seuenth day from all his worke, which he had made.

* Exod. 20. 11. and 31. 17. deut,5. 14. hebr.4. 4.

3 And God blessed the seuenth day, and sanctified it: because that in it he had rested from all his worke, which God † created and made.

† Heb. created to make.

4 ¶ These are the generations of the heauens, & of the earth, when they were created; in the day that the LORD God made the earth, and the heauens,

5 And euery plant of the field, before it was in the earth, and euery herbe of the field, before it grew: for the LORD God had not caused it to raine vpon the earth, and there was not a man to till the ground.

6 ‖ But there went vp a mist from the earth, and watered the whole face of the ground.

‖ Or, a mist which went vp from &c.

7 And the LORD God formed man † * of the dust of the ground, & breathed into his nostrils the breath of life; and *man became a liuing soule.

† Heb. dust of the ground.
*1.Cor.15 47.
*1.Corin. 15.45.

8 ¶ And the LORD God planted a garden Eastward in Eden; and there he put the man whom he had formed.

9 And out of the ground made the LORD God to grow euery tree that is pleasant to the sight, and good for food: the tree of life also in the midst of the garden, and the tree of knowledge of good and euill.

10 And a riuer went out of Eden to water the garden, and from thence it was parted, and became into foure heads.

11 The name of the first is * Pison: that is it which compasseth the whole land of Hauilah, where there is gold.

*Ecclus.24. 29.

12 And

つづり字の統一は、キャクストンが本を出版して以来始まっているが、つづり字統一のスピードはそれほど速くなかった。『欽定訳聖書』の印刷工たちは、当時使用されていた異つづり字を巧みに利用して1行のスペースにいかにうまく字を配列するかに苦心したようである。下にあげた「哀歌」(3:35) の2行目は行のスペースに余裕があるので 'high' というフル・スペリングを用い、行のスペースに余裕がない (3:38) の1行目では、当時行われていた簡略つづり字 'hie' を利用している。当時あった異つづり字のこのような利用方法は、『欽定訳聖書』のあちこちに見ることができる。

行のスペースの調整のために当時の異つづり字を利用したと思われる例

35 To turne aſide the right of a man before the face of the || moſt high,

⋮

38 Out of the mouth of the moſt hie proceedeth not * euill and good⸾

「哀歌」3：35〜38

『欽定訳聖書』の改訂は翌年の1612年から始まったが、つづり字がほぼ統一されたのは1629年の改訂版である。

2)　『欽定訳聖書』の文字

　　『欽定訳聖書』の文字は black letter あるいは Gothic letter と呼ばれる文字で印刷されている。しかし、前頁に引用した『欽定訳聖書』「創世記」の1章21節6行目、同25節5行目、同29節4行目、同30節4行目、2章5節5行目、同11節1行目と3行目にはローマン体の文字が使用されている。『欽定訳聖書』本文にあるこれらローマン体の文字は、原典の言語にはないが英語に訳するときに加えなければならなかった語をローマン体にして、読者に示しているのである。

　　『欽定訳聖書』には <j> の文字はまだない。/i/ と /dʒ/ の両音は文字

『欽定訳聖書』「創世記」に見られる異つづり字の例

1a.	abundantly	(8:17)		12a.	fowle (= fowl)	(8:20)
1b.	aboundantly	(1:20)		12b.	foule	(1:30)
2a.	carry	(42:19)		13a.	from	(8:3)
2b.	carie	(43:11)		13b.	frō	(7:4)
3a.	city	(11:4)		14a.	full	(41:7)
3b.	citie	(10:12)		14b.	ful	(41:1)
4a.	confound	(11:7)		15a.	household	(35:2)
4b.	cōfound	(11:7)		15b.	housholds	(31:37)
5a.	commanded	(2:16)		16a.	kindred	(24:7)
5b.	cōmanded	(12:20)		16b.	kinred	(24:4)
6a.	dayes (= days)	(6:3)		17a.	little	(18:4)
6b.	daies	(6:4)		17b.	litle	(24:43)
7a.	darknesse	(1:5)		18a.	loines (= loins)	(37:34)
7b.	darkenesse	(1:2)		18b.	loynes	(35:11)
8a.	didst	(20:6)		19a.	manner	(40:11)
8b.	diddest	(12:18)		19b.	maner	(18:11)
9a.	dwell	(13:6)		20a.	maid	(24:35)
9b.	dwel	(9:27)		20b.	mayd	(24:35)
10a.	early	(19:12)		21a.	me	(27:7)
10b.	earely	(19:27)		21b.	mee	(27:7)
11a.	forth	(1:21)		22a.	moueth	(1:21)
11b.	foorth	(1:20)		22b.	mooueth	(1:28)

『欽定訳聖書』で使用されている文字と記号

	1	2	3	4	5	6	7	8	9
小文字	a	b	c	d	e	f	g	h	i
大文字	A	B	C	D	E	F	G	H	I

	10	11	12	13	14	15	16	17a	17b
小文字	k	l	m	n	o	p	q	r	ꝛ
大文字	K	L	M	N	O	P	Q	R	

	18a	18b	19	20	21	22	23	24	25
小文字	s	ſ	t	u	v	w	x	y	ȝ
大文字	S	T		U		W	X	Y	Z

	26	27	28	29	30	31	32	33
	yᵉ	yᵗ	wᵗ	ũ	Ẽ	⸵	=	ℂ
	the	that	with	鼻音化記号 um or un	and	?	改行時のハイフン	原典では新しいパラグラフが始まることを合図

<i> によって表された。<i> には、上に点がある文字とない文字が使用されている。文字 <v> と <u> はともに /u/ と /v/ の両音を表す。また、<r> は、前後に <o> のような丸みをおびた文字が来ると 17b の <r> が使用される。<s> には long s と short s がある。

3) 古風なつづり字

当時としては古風なつづり字が使用されていることがある。

growen（grow の過去分詞）　　　「列王記上」(12:8)
knowen（know の過去分詞）　　　「列王記上」(14:2)
musicke (music)　　　　　　　　「サムエル記上」(18:6)

4) 属格の屈折語尾の代役 his

名詞の属格接辞の代役として his を使用していることが希にある。

Asa his heart （= Asa's heart= アサの心）　　「列王記上」(15:14)

5) it を属格として使用

14世紀から17世紀にかけて (h)it が、属格の his または its の代わりに使用されることはあったが、欽定訳聖書の初版でもこの例が見られる。

That which groweth of *it* owne accord of thy haruest,（it = its）
（収穫の後、自生したもの）　　　　　　　　　　　「レビ記」(25:5)

6) you と ye の混乱

2人称・複数代名詞の主格形は ye (e) と you の間で揺れが見られる。

yee shall reioyce in all that *you* put your hand unto, *ye* and your households
（あなたたちの手の働きをすべて喜び祝いなさい。）　「申命記」(12:7)

7) thou と ye との混乱

Passe *yee* away *thou* inhabitant of Saphir,
（シャフィルの住民よ、立ち去れ。）　　　　　　　「ミカ書」(1:11)

8) 過剰なコンマの使用

『欽定訳聖書』ではコンマの使用が過剰である。

IN the beginning God created the Heauen, and the Earth.
And the earth was without forme, and voyd,
（はじめに、神は天地を創造された。地は混沌であって、）　「創世記」(1-2)

10.6.2.2. 『欽定訳聖書』におけるヘブライ語法

『欽定訳聖書』の英語には「当時としてはすでに古風になっていた英語が使用されている」というのが定説になっている。確かに、『欽定訳聖書』には、翻訳時にすでに古語法になっていた統語法がみられるが、一方で、翻訳当時衰退しようとしていた統語法、あるいは逆に、まだ文語では一般化していなかった新しい統語法、翻訳当時一般的な統語法、さらには原典の文構造と混交した構造が交差している。これら多様な表現が出現した原因は、聖書翻訳者が原典の構造を可能な限り英語においても再現しようとして、利用可能なあらゆる表現をヘブライ語法受容のための受け皿 (receptor) として利用したことにあると考えられる。翻訳当時使用されていた表現を受け皿にした場合、原典で頻出する表現は、英語においても同一表現の出現頻度を高めさせることがある。この現象も原典の影響と考えることができる。以下に、それらの例をあげる。

『欽定訳聖書』(旧約)のヘブライ語翻訳方法

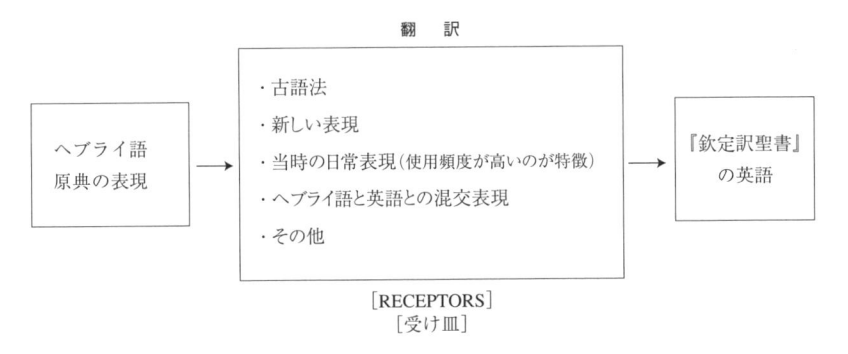

翻訳

ヘブライ語原典の表現 → ・古語法 / ・新しい表現 / ・当時の日常表現(使用頻度が高いのが特徴) / ・ヘブライ語と英語との混交表現 / ・その他 → 『欽定訳聖書』の英語

[RECEPTORS]
[受け皿]

1) 古語法
1-1) man と複数呼応

man は中英語期の間、単数と複数のいずれの意味にも用いられた。『欽定訳聖書』においても多くはないが、man が動詞や代名詞に複数呼応していることがある。

  a. And God said, Let vs make *man* in our Image, after our likenesse: and let *them* haue dominion ouer the fish of the sea, and ouer the

foule of the aire, and ouer the cattell, and ouer all the earth,
(神は言われた。「我われにかたどり、我われに似せて、人を造ろう。そして海の魚、空の鳥、家畜、地の獣、……を支配させよう。)
「創世記」(1:26)

b. DEliuer me, O LORD, from the euill man:preserue me from the violent *man*. Which *imagine* mischiefes in their heart:
(主よ、さいなむ者からわたしを助け出し、不法の者から救い出してください。彼らは心に悪事を謀り、絶え間なく戦いを挑んできます。)
「詩編」(140:1-2)

　a と b にある man に対応するヘブライ語の名詞も単数形である。しかし、ヘブライ語では、a や b におけるのと同様に複数呼応している。これは、対応するヘブライ語の名詞は単複同形であり、ここでは複数の意味で用いられている。このヘブライ語法を中英語期の man の用法を受け皿にして受容したと考えられる。

1-2)「the + 形容詞」の単数用法

　古英語の形容詞は性・数・格を示す屈折語尾を持ち、それによって複数および単数の人間を表すことが可能な名詞用法があった。現代英語の形容詞はその機能が制限されており、「the + 形容詞」で通常は複数の人間を表すが、希に単数の人間を表すことがある。エリザベス朝英語では「the + 形容詞」が依然として単数の人間を表すことが可能であった。しかし、この場合には 'prudent man' の man のように、支柱語 (prop word) を用いて表す方法も勢力を得始めていたので、複数の人間を表す「the + 形容詞」と単数の人間を表す「形容詞＋支柱語」との間で機能分化が起こり始めていた。そのために、「the + 形容詞」が単数の人間を表す用法は、複数を表わす用法に比べてそれほど自由ではなくなっていた。しかし『欽定訳聖書』では、形容詞が支柱語と共起して単数の人間を表す用法の使用は控えめであり、単数を表す「the + 形容詞」が複数の人間を表す「the + 形容詞」とほぼ同程度に頻繁に起こっている。これは、『欽定訳聖書』の翻訳当時すでに衰退傾向にあった単数を表す「the + 形容詞」を「受け皿」にして、ヘブライ語の単数の人間を表す形容詞の用法が大量に聖書の英語に現れたためである。

    a. *the* liuing is my sonne, and *the* dead is thy sonne:

      （生きているのがわたしの子で、死んだのはあなたの子です。）

                                                 「列王記上」(3:22)

    b. So *the* poore hath hope,

      （だからこそ、弱い人にも希望がある。）   「ヨブ記」(5:16)

2) 新しい表現

2-1) 進行形

　進行形は『欽定訳聖書』の翻訳当時は、まだ口語的性質が強い表現であり、口語でも一般化していなかったので、文語での使用はきわめて希であった。当時の進行形の使用がこのような状況であったにもかかわらず、威厳のある文体をめざした『欽定訳聖書』に進行形が使用されている。

    a. and behold, the camels *were comming*.

      （らくだがやって来るのが見えた。）   「創世記」(24:63)

    b. Ioseph ... *was feeding* the flocke with his brethren,

      （ヨセフは……兄たちと羊の群れを飼っていた。） 「創世記」(37:2)

　ヘブライ語には英語の進行形「主語 + be + 現在分詞」に対応する表現があり、旧約聖書での使用頻度も低くはない。上の進行形はヘブライ語のこの構文を忠実に訳したために『欽定訳聖書』に出現した。bの進行形は現代英語の進行形が表す一般的な意味とはやや異なり、「長期的に変化することなく持続する行為・状態」を強調する意味になる。そのためにbの文は「ヨセフは兄たちと一緒に『羊飼い』をしていた」と類似の意味になる。このように、原典の構造は再現できたが、意味の伝達に困難を伴う場合もある。

2-2) 基数詞表現：thirty and two vs. two and thirty

　基数詞の表現方法は、シェイクスピアではゲルマン語本来の表現である two and thirty 型が70%以上を占めており、これが当時の一般的な表現形式であった。(7章 7.1 参照。) 一方、当時としては新しい表現である thirty and two 型の使用はきわめて少なかった。この表現が仲立ちになって現代の thirty-two 型表現へ変化していったと考えられる。『欽定訳聖書』では、この thirty and two 型が支配的である。当時としてはマイナーな表現形式が『欽定訳聖書』では支配的な表現形式として採用されているのは、ヘブライ語では thirty and two 型が80%以上を占めているためである。『欽定訳聖書』では、

このヘブライ語表現を取り入れたために、thirty and two 型表現が90％近くに達している。

3) 当時の日常表現

3-1) 命令文の前に現れる間投詞

　　go to は、『欽定訳聖書』翻訳当時は、命令文の前にしばしば置かれ「怒りや激励」を表した。この表現形式は当時の「はやりことば」であった。一方、ヘブライ語では命令文の前に arise, rise, stand up に対応する動詞の命令形を置くのが一般的である。その場合、動詞本来の意味は空となり、聞き手の注意を引くための間投詞の機能を持つようになる。間投詞に機能変化したヘブライ語の動詞が、当時のはやりことばを「受け皿」にして、aやbのように出現した。その結果、『欽定訳聖書』の命令文には、運動を表す動詞が文頭にしばしば置かれているのである。

　　a. *Goe to*, let vs make bricke, and burne them thorowly.
　　　（さあ、れんがを作り、それをよく焼こう。）　　　「創世記」(11:3)
　　b. *arise*, I pray thee, sit and eate of my venison,
　　　（さあ、どうぞ座ってわたしの獲物をめし上がり、）　「創世記」(27:19)

3-2) and の頻用

　　『欽定訳聖書』に and の使用が異常なほど多いことはよく知られている。本章冒頭 (188頁) にある「創世記」の1章1節〜18節を見ていただきたい。1節を除く他のすべての節はandで始まっている。これは、ヘブライ語では、語から文章に至るまで、単位と単位の論理関係がなんであろうとも、両者を接続するのに waw と呼ばれる1文字から成る接続詞の使用が支配的であるためである。この接続詞 waw は接頭辞である。194頁に引用したヘブライ語聖書で語頭と行頭の<ו> (waw) を探していただきたい。これらはすべて接続詞である。英訳聖書、特に『欽定訳聖書』では、この接続詞を多くの場合機械的に and に置き換えている。これが、『欽定訳聖書』に and が頻出した原因である。このことが、and に多様な意味と機能を付加するという結果をもたらした。本章冒頭にある『欽定訳聖書』の1章を最初から読み、and の使用状況を調査すると、このことが納得できよう。

4) ヘブライ語と英語の混交文

　　英訳聖書にはaの語順の文が頻繁に起こっている。すなわち、主語が複数

の名詞から成るとき、1番目の名詞だけが主語の位置に置かれ、2番目以降は、1番目と2番目を結ぶ接続詞 and とともに述部の後に置かれている。これは、旧約原典の言語の基本語順が英語の語順と混交したものと考えることができる。旧約原典の言語の語順は VS である。a´は原典のヘブライ語文の逐語訳である。ヘブライ語文では、動詞 went-in の主語は複合主語 *Noah and-sons-of-him and wife-of-him and-wives-of sons-of-him* である。しかし、動詞 went-in は複合主語を構成する最初の名詞 Noah に呼応している。これは、ヘブライ語に一般的な呼応の仕方である。このヘブライ語文を英語訳するとき、主語と呼応している Noah だけを英語の主語の位置に移動し、and を含めた複主語の残りの部分は原典の語順を保持したまま訳しているのである。これが『欽定訳聖書』に一般的な訳の方法であるので、a型の語順の文が『欽定訳聖書』に多く出現することになった。

  a. And *Noah* went in, and his sonnes, and his wife, *and his sonnes wiues with him,* into the Arke, ...
   [ヘブライ語文の逐語訳]
  a´. and-*went-in*[3・s・m] *Noah and-sons-of-him and wife-of-him* and-*wives-of sons-of-him* with-him into-the-ark ...
   （ノアは妻子や嫁たちとともに……箱舟に入った。）

「創世記」(7:7)

　bでは、複主語を構成する最初の名詞 Abram が、代名詞化して繰り返されている。ヘブライ語文の逐語訳b´からわかるように、これは、ヘブライ語では複主語を構成する最初の名詞が何らかの文の要素によって次の名詞と分離させられたとき、最初の名詞を代名詞化して繰り返し2番目の名詞の前に置くのを原則とするためである。『欽定訳聖書』ではこのヘブライ語の文に対してもaにおける訳と同様に、動詞と呼応している最初の名詞 Abram だけを英語の主語の位置に移動させ、他の要素はヘブライ語の文の語順を維持する翻訳方法をとっている。

  b. ANd *Abram* went vp out of Egypt, *he* and his wife, ...
   [ヘブライ語文の逐語訳]
  b´. and-*went-up Abram* out-of-Egypt *he* and-*wife-of-him* ...
   （アブラムは、妻とともに……エジプトを出て）

「創世記」(13:1)

英語史関係年表		対応する日本の出来事	
55-54 BC	シーザー英国征服失敗		
43 AD	クローディアス英国征服		
c405	ラテン語訳聖書 (The Vulgate) 翻訳完成		
410	ローマ兵士本国に引き揚げる		
432	St. Patrick がアイルランドで布教開始		
449	Angle, Saxon, Jute の英国侵入開始	538	仏教伝来
c563	St. Columba がスコットランドで布教開始 (北から南下するアイリッシュ・キリスト教)		
597	St. Augustine ケントで教布教開始 (南から北上するローマ・カトリック教)	604 645	十七条の憲法制定 大化の改新
664	Whitby 宗教会議 (キリスト教2派の対立を収拾するための宗教会議)	672	壬生の乱
c680	*Beowulf* 完成	708	和同開珎の鋳造
古英語期 OLD ENGLISH PERIOD		710 - 94	奈良朝
c700	最古の英語の文献現れる	712	『古事記』
735	Bede 死す	720	『日本書紀』
787	Viking の英国侵入開始	794-1192	平安朝
871	Alfred 大王が Wessex 国王に就任	797	『続日本紀』
886	デーン・ロー (Danelaw) のとり決め (アングロ・サクソン人とヴァイキングの居住区域の協定)	c900	『竹取物語』
1016-42	ヴァイキングの王カヌートが英国の王に就任 (ヴァイキングの言葉が公用語になる)	c1000 c1010	『枕草子』 『源氏物語』
中英語期 MIDDLE ENGLISH PERIOD		c1059	『更級日記』
1066	ノーマン・コンクエスト (ヴァイキングの子孫でフランス王の公爵ノルマンディー公が 英国の王に就任. 英国の公用語がフランス語になる)	c1120 1159 1175	『今昔物語』 平治の乱 法然が浄土宗を開く
1171	Henry II がアイルランド侵攻	1192-1333	鎌倉時代
1337-1453	100年戦争 (Hundred Years' War)	c1219	『平家物語』
1348-50	黒死病 (Black Death)	c1330	『徒然草』
		1336-1392	南北朝時代
1362	議会で英語を使用	1336-1573	室町時代
1367	Edward 黒太子スペイン遠征	c1371	『太平記』
1343-1400	Geoffrey Chaucer	1397	金閣寺の建立
1381	農民一揆 (Peasant's Revolt)		
1384	Wycliffe が新約・旧約聖書・外典を完訳		
1400 -	大母音推移 (the Great Vowel Shift)	c1402	世阿弥『花伝書』
1476	Caxton が印刷機械を英国に導入	1489	銀閣寺の建立
近代英語期 MODERN ENGLISH PERIOD			
1534	英国国教会 (Church of England)	1543	鉄砲伝来
1558	カレー喪失、Elizabeth I 即位	1549	キリスト教伝来
1564-1616	William Shakespeare	1590	秀吉の全国統一
1607	最初のアメリカ大陸入植	1603-1867	江戸時代
1611	『欽定訳聖書』	1612	キリスト教禁止令
1620	メイフラワー号で清教徒プリマス入植	1639	鎖国令
1642-9	Charles I が議会と戦争 (Civil War)		
1649	Charles I 処刑、共和国成立	1682	『好色一代男』
1755	Samuel Johnson が英語辞書出版	1782-7	天明の大飢饉
1812-1870	Charles Dickens	1867	大政奉還
1884-1928	*The Oxford English Dictionary* (旧名: *The New English Dictionary*) 出版	1868-1912 1867-1916	明治時代 夏目漱石

引用主要文献

Ælfric, *Homilies*: B. Thorpe (ed.). 1944-1946. *The Homilies of the Anglo-Saxon Church: the first part, containing the Sermones Catholici, or Homilies of Ælfric.* 2 vols. London: the Ælfric Society.

Ælfric 訳「創世記」: S.J.Crawford (ed.)1922. (repr.)1969. *The Old English Version of the Heptateuch: Ælfric's treatise on the Old and New Testament, and his preface to Genesis.* EETS. OS. 160; (repr.)1969.

Anglo-Saxon Chronicle: J.Earle and C.Plummer (eds.)1892, 1899 (repr. 1952) *Two of the Saxon Chronicles: Parallel.* Vols. I and II. Oxford: The Clarendon.

Bede: T. Miller (ed.) 1890, 1891. *The Old English Version of Bede's Ecclesiastical History of the English People*, Part I-1 and 2. (EETS OS 95, 96) Oxford: Oxford University Press.

Beowulf: F. Klaeber (ed.)1950. *Beowulf and the Fight at Finnsburg.* 3rd ed. Lexington: D.C. Heath.

Chaucer: Larry, D.Benson. (general ed.)1987. *The Riverside Chaucer.* 3rd ed. Boston: Houghton Mifflin.

Diary of Marches: C.E.Long (ed.)1859. *Diary of Marches of the Royal Army during the great Civil War, kept by Richard Symonds 1644-1645.* London: Royal Historical Society.

Diary of Walter Yonge: G.Roberts (ed.)1848. *Diary of Walter Yonge, Esq., Justice of the Peace and M.P. for Honiton, written at Colyton and Axminster, Co. Devon, from 1604 to 1628.* London: Royal Historical Society.

Pamela: T. Keymer & A.Wakely (eds.)2001. Samuel Richardson. 1740. *Pamela: Or Virtue Rewarded* (Oxford Worlds Classics) Oxford: Oxford University Press.

Poenitentiale Ecgberti: B. Thorpe (ed.)1840. *Ancient Laws and Institutes of England.* London: Commissioners on the Public Records of the Kingdom, pp. 362-92.

Shakespeare: G.Blakemore Evans (ed.)1974. *The Riverside Shakespeare.* Boston: Houghton Mifflin.

Stevens, M. and D. Woodward (eds.)1995. *The Ellesmere Chaucer: Essays in*

Interpretation. California: Huntington Library Press and Tokyo Yushodo.

アングロ・サクソン訳聖書 : J. Bosworth (ed.)1865. *The Anglo-Saxon Gospels = The Gothic and Anglo-Saxon Gospels in Parallel Columns with the Versions of Wycliffe and Tyndale.* London: John Russell Smith.

ウィクリフ訳聖書 = Wycliffe: J.Forshall and F. Madden (eds.)1850. *The Holy Bible : containing the Old and New Testament, with the Apocryphal Books in the earliest English versions made from the Latin Vulgate by John Wycliffe and his followers.* 4 vols. (repr.)1982. New York: AMS Press.

ヴルガータ = *The Vulgate*: R. Weber (ed.)1969. *Biblia Sacra iuxtalatinam Vulgatam Versionem*. 2 vols. Stuttgart: Württembergische Bibelanstalt.

ティンダル訳「モーゼ五書」: *The Fyrst Boke of Moses Called Genesis, The Seconde boke of Moses Called Exodus,* .... 1530. Malborow: Hans Luft.

『欽定訳聖書』: *The Holy Bible, A Facsimile in a Reduced Size of the Authorized Version Published in the Year 1611 with an Introduction by A.W. Pollard and Illustrative Documents*. Oxford: at the University Press, London: Henry Frowde. 1911.

『新改訂標準訳聖書』: *The New Revised Standard Version*. 1989. Oxford: Oxford University Press.

『聖書 新共同訳』:共同訳聖書実行委員会、1987、東京:日本聖書協会

ヘブライ語旧約聖書 : R. Kittel (ed.) 1977. *Biblia Hebraica Stuttgartensia*. Stuttgart: Deutsche Bibelstiftung.

主要参照文献

Algeo, J. 1966. *Problems in the Origins and Development of the English Language.* New York : Harcourt Brace Javanovich Publishers.

Araki, K.（荒木一雄（監修）、近藤健二・藤原保明）1993.『古英語の初歩』東京：英潮社

Araki, K.（荒木一雄（監修）、水鳥喜喬・米倉綽）1997.『中英語の初歩』東京：英潮社

Araki, K.（荒木一雄）. 1954.『関係詞』東京：研究社

Barber, C. 1993. *The English Language: a Historical Introduction.* Cambridge: Cambridge University Press.

Baugh, A.C. and T. Cable. 1978[3]. *A History of the English Language.* New Jersey: Prentice-Hall

Blair, P. H. 1960. *An Introduction to Anglo-Saxon England.* Cambridge: Cambridge University Press.

Brook, G.L. 1965[2]. *English Dialects.* London: Andre Deutsch.

Butterworth, C. C. 1941. *The Literary Lineage of the King James Bible 1340-1611.* Philadelphia: University of Pennsylvania Press.

Cappelli, Adriano. 1982. *The Elements of Abbreviation in Medieval Latin Paleography.* (trans.) D. Heimann and R. Kay. Kansas: University of Kansas Libraries

Crystal, D. 2002. *The English Language: A Guide of the Language.* London: Penguin Books.

Delouche, Frederic. 1992. *Histoire de l'Europe.* Paris: Hachette.

Ellegård, A. 1953. *The Auxiliary Do.* Stockholm: Almqvist & Wiksell.

Franz, W. 1934[4]. *Die Sprache Shakespeares in Vers und Prosa.* Halle: Niemwyer.

Freeborn, D. 1992. *From old English to Standard English.* London: Macmillan.

Fries, C. C. 1940. "On the Development of the Structural Use of Word-order in Modern English." *Language* 40. pp. 199-208.

Gaaf, van der, W. 1904. *The Transition from the Impersonal to the Personal Construction in ME.* Heidelberg: Winter.

Gray, R.D. and Q.D. Atkinson. 2003. "Language-tree Divergence Times Support the Anatolian Theory of Indo-European Origin" *Nature,* Vol. 426. pp. 435-439.

Hashimoto, I.（橋本功）1975.「17世紀前半の散文における進行形の調査」『英語英文學研究』第20巻第2号（広島大学英文学会）

Hughes, G. 2000. *A History of English Words.* Oxford: Blackwell.

Jespersen, O. 1917. *Negation in English and Other Languages.* Det Kgl. Danske Videnskabernes Selskab. *Historisk-filologiske Meddelelser.* 1, 5. 1-151. København: Bianco Lunos Bogtrykkeri.

Kautzsch, E. 1910. (repr.)1990. *Gesenius' Hebrew Grammar.* (trans.) A. E. Cowley. *Hebräischer Gramatik.* Oxford: Oxford University Press.

Knight, K. 1998[2]. *Historical Scripts: from Classical Times to the Renaissance.* New Castle: Oak Knoll Press.

Marckwardt, A. H. 1980. *American English.* Rev. by J.L. Dillard. Oxford: Oxford University Press.

Martina, Alberto. 1962. *Chefs-d'oeuvre de l'art.* （馬形宗男訳、1983.『イスラム/ロマネス/ゴシック』（世界の至宝3）東京：ぎょうせい

McLaughlin, J. 1983. *Old English Syntax a Handbook.* Tübingen: Max Niemeyer Verlag.

Mitchell, B. and F.C. Robinson. *A Guide to Old English: Revised with Texts and Glossary.* Oxford: Basil Blackwell.

Mustanoja, T.F. 1960. *A Middle English Syntax,* Part Ⅰ. Parts of Speech. Helsinki: Sciété Néophilologique.

Petti, A. G. 1977. *English Literary Hands from Chaucer to Dryden.* London: Edward Arnold.

Randle, J. 1981. *Understanding Britain,* Oxford: Basil Blackwell.

Scheffer, J. 1975. *The Progressive in English,* (North-Holland Linguistics Series 15). Amsterdam: North-Holland Publishing Company.

Schoenbaum, S., 1981. William Shakespeare: Records and Images. London: Scolar Press.

Visser, F. Th. 1951. Cockney 'What are you doing of ?' *English Studies.* Vol. 32. pp. 76-77.

Visser, F. Th. 1963-73. *An Historical Syntax of the English Language.* Three Parts, Four Vols. Leiden: E. J. Brill.
Waltke, B. K. and M. O'Connor. 1990. *An Introduction to Biblical Hebrew Syntax.* Indiana: Eisenbrauns.
荒木一雄・宇賀治正朋、1984、『英語史 ⅢA（近代英語）』（英語学大系 10-1）東京：大修館書店
宇賀治正朋、2000、『英語史』東京：開拓社
富沢霊岸、1988、『イギリス中世史』京都：ミネルヴァ書房
寺澤芳雄、1982、『欽定訳聖書---その成立と書誌学的解説 附AV解説集』東京：南雲堂
中尾俊夫、1979、『英語発達史』東京：篠崎書林
橋本功、1998、『聖書の英語とヘブライ語法』東京：英潮社
若田部博哉、1985、『英語史 ⅢB（米語史）』（英語学大系 10-2）東京：大修館書店

雑誌

Gentleman's Magazine, October 1745, P. 552.
Scribner's Monthly 1870, Vol. 1, part 2. pp. 700-7.

辞書

Britanica 2002. (CD Edition). Chicago: Britanica. com. Inc.
Oxford English Dictionary Second Edition. CD-ROM Version 3.0 Oxford: Oxford University Press.

索引

あ

アーサー王伝説 (Arthurian Legend) 14
アイオナ (Iona) 18
アイルランド (Ireland)
   2,6,7,9,10,17,18,35,36,38,56,57,180,181
アイルランド方言 (Irish English) 70
アウグスティヌス (Augustinus) 18,19,56
アナトリア高原起源説 (the Anatolian theory) 4
アメリカ英語 (American English) 180,181,183
アルファベット (alphabet)
   44,45,48,49,51〜54,58,95,193
アルフレッド大王 (Alfred the Great)
   13,15,16,71,72,81,174
アングル (Angle) 9,13〜15,66〜68
アングロ・サクソン七王国
 (Anglo-Saxon Heptarchy) 15
アングロ・サクソン小文字体
 (Anglo-Saxon minuscule) 56,58
アングロ・サクソン大文字体
 (Anglo-Saxon majuscule) 56
アングロ・サクソン年代記
 (*The Anglo-Saxon Chronicle*) 13,17,24,81
アンシャル体 (uncial) 47,55,56
アントニウスの長城 (Antonine Roman Wall) 12

い

イースト・アングリア方言 68
イースト・ミッドランド・トライアングル
 (East Midland triangle) 69
イースト・ミッドランド方言 69
イェスペルセンの法則 (Jespersen's Law) 101
イギリス教会史
 (*The Ecclesiastical History of the English People*)
   12,13,19,64,174
イングランド (England)
   6,7,9,10,15,22〜26,28〜30,32,
   33,35〜37,39,40〜42,46,55,
   56,61,64〜68,84,95,180,181
インド・ヨーロッパ語族
 (Indo-European language family) 2,4,189,190
インド・ヨーロッパ祖語
 (Proto-Indo-European Language) 4,5,156

う

ヴァイキング (Viking)
   15,16,23〜26,28,64,71,81〜83,116,118,141
ウィクリフ (John Wycliffe) 38,40,200
ウィットビー宗教会議 (Synod of Whitby) 19,56
ウェールズ (Wales) 6,7,9,10,14,34〜36
ウエスト・アングリア方言 68
ウェッドモー条約 (Wedmore Treaty) 16
ヴェルネルの法則 (Verner's Law) 5,101
迂言的比較級 (periphrastic comparison) 131
迂言法 (periphrasis) 150,156
ウムラウト (umlaut) 110〜113,130
ヴルガータ (the Vulgate) 57,190,198〜200,203

え

エグベルト王 (King Egbert) 15
エセルレッド2世 (Aethelred Ⅱ) 23
エッブズフリート (Ebbsfleet) 14
エドワード3世 (Edward Ⅲ) 25,26,36〜38
エマ (Emma) 23,25

お

大文字体 (majuscule) 54

か

ガウアー (John Gower) 61
過去現在動詞 (preterit-present verb) 136,139,140
過去分詞 (past participle)
   141,142,150,155,157〜160,162,180,210
活用 (conjugation) 46,104,134,136,140,189,199
カヌート大王 (Canute the Great) 23,25
カレドニア (Caledonia) 12
カロリング小文字体
 (Carolingian minuscule) 47,58
カロリング体 (Caroline minuscule) 47,56,58
関係詞 (relative) 163,167
関係代名詞 (relative pronoun) 163〜166,190
関係副詞 (relative adverb) 163,167
間接受動文 (indirect passive) 161
カンタベリー物語
 (*The Canterbury Tales*) 31,61,65
完了形 (perfect construction) 150,156〜159

き

基数詞 (cardinal number) 124〜127,213
キャクストン (William Caxton)
　　　　　　　　　61,70,73,89,98,208
旧約聖書 (the Old Testament)
　　　　　　　40,49,52,74,189,191〜193,
　　　　　　　　　197〜200,206,213
行書体 (rustic) 54
強変化 (strong declension) 110,128
強変化動詞 (strong verb) 135〜137,146,150
欽定訳聖書
(*The Authorized Version of the English Bible*)
　　　　　　　46,59,60,65,73,116,126,141,
　　　　　　　161,166,168,171,178,180,191,
　　　　　　　192,203〜206,208,210〜215

く

具格 (instrumental case) 106〜108,132
グスルム (Guthrum) 16
屈折語尾 (inflection ending)
　　　　　　65,104,110,113,122,128,132,134,
　　　　　　　135,137,158,173,175,210,212
屈折語尾完備の期間
(the period of full endings) 104
屈折語尾消失の期間
(the period of lost endings) 104
屈折語尾水平化の期間
(the period of levelled endings) 104
屈折語尾の水平化 (levelled ending) 65
クラウディウス (Claudius) 11,17
グラマー・スクール 42
グリム (Jacob Grimm) 4,5
グリムの法則 (Grimm's Law) 4,5,101
君主のwe (Royal We) 116
君主の複数 (plural of majesty) 116

け

形容詞 (adjective)
　　　　　65,104,106,119,123,128,130〜133,137,
　　　　　　　150,151,155,157,158,160,175,212
欠地王ジョン (John the Lackland) 32,33
ケルズの書 (*the Book of Kells*) 18
ケルト人 (Celtic) 10,11,13〜15,17,78,79
ケルト的キリスト教 18,56
ゲルマン語族 (Germanic language) 4,24,82

ゲルマン祖語 (Proto-Germanic language)
　　　　　　　　　　111,112,140,153
現在分詞 (present participle)
　　　　　　　135,139,141,150〜153,155,213
現在分詞語尾 -ing, -ung 138,139,146,147,153

こ

高地ゲルマン語 (Old High German) 6
古英語期 (Old English Period)
　　　　　　　47,48,64,68,83,96,105,
　　　　　　　123,139,166,189,190,199
コーンウォル語 (Cornish) 64
黒死病 (the Black Death) 37
語形変化 (declension) 104
ゴシック体 (Gothic) 58,201,206
語族 (language family) 2,194
古代アラム語 (Old Aramaic) 193
古代ヘブライ語 (Old Hebrew)
　　　　　　　52,189〜191,193,194,197
古ノルド語 (Old Norse)
　　　　　　　24,25,81〜83,85,116,118,141
小文字体 (minuscule) 54
コモン・ロー (the Common Law) 30
コルンバ (St. Columba) 18
混成語 (hybrid) 76

さ

再帰代名詞 (reflexive pronoun) 119,120
最上級語尾 130
再分析 (reanalysis) 168
サクソン (Saxon)
　　　　　9,10,13〜19,23,25,26,28,44,45,56,57,
　　　　　　64,66,68,79,80,82〜87,95,118,128
サネット (Thanet)島 14,18,34,56,64
懺悔王 (King Edward The Confessor) 25,28
三重否定 (triple negation) 171
サンスクリット語 (Sanskrit) 2

し

シーザー (Julius Caesar) 11
シェイクスピア (Shakespeare)
　　　　　60,65,73,98,99,150,154,156,160,161,
　　　　　　171,180,181,189,192,202,213
死語 (dead language) 64
指示詞 (demonstrative) 107,121〜123,128,175

指示代名詞 (demonstrative pronoun)
　　　　　　　　106,108,121,164,190
支柱語 (prop word)　　　　　　212
ジャージー島 (Jersey Island)　　32
社会的二言語使用状態 (social bilingualism)　28
弱変化 (weak declension)　　　128
弱変化動詞 (weak verb)　135〜137,143,146,150
写字生 (scribe)　　　　　　　　95
ジュート (Jute)　　　9,13〜15,66〜68
主格 (nominative case)
　　　　　106〜110,113,115,116,124,163,173
シュレスウィヒ (Schleswig)　　13
所有の与格 (possessive dative)　107
助格 (instrumental case)　　　107
初期近代英語 (Early Modern English)
　　　　　　　95,160〜162,180,192
序数詞 (ordinal number)　124,127,128
助動詞 do　　　　　　　　167〜170
進行形 (progressive construction)　150〜156,213
新約聖書 (the New Testament)
　　　　57,74,189,192,193,199〜201,203

す
スウェイン (Swein)　　　　　　23
スコット族 (Scott)　　　　　　12
スコットランド (Scotland)
　　　　6,7,9,10,12,14,18,28,35,36,56,67,83,180
スコットランド低地方言 (Lowland Dialect)　70
ストーンヘンジ (Stonehenge)　11

せ
聖者と学徒の島
　(Ireland, the land of saints and scholars)　18
征服王ウイリアム
　(King William Ⅰ the Conqueror)　26,28
声門閉鎖音 (glottal stop)　　　51,53
セプチュアジンタ
(the Septuagint, the LXX)　　198,199
セム (Sem)　　　　　　　　　49
セム語族 (Semitic)　　　　　49,189
セム人 (Semitic)　　　45,49,51〜53
絶対奪格 (ablative absolute)　　107

そ
相 (aspect)　　　　　　150,156,194

草書体 (cursive)　　　　　　54,115
属格 (genitive case)
　　　　106,110,113,117,120,131,134,210
祖語 (proto-language)　　　　　2

た
態 (voice)　　　　　　150,155,194,195
第一次子音推移 (The First Consonant Shift)　4
対格 (accusative case)
　　　106,108,109,113,117,120,124,131,134,163
対格目的語 (accusative object)
　　　　　　　157,158,161,172,173
第二次子音推移
(The Second Consonant Shift)　4,6
大母音推移 (Great Vowel Shift)　65,99〜101,115
抱き合わせ文字 (ligature)　　　96
多重否定 (multiple negation)　171
タナッハ (the Tanach)　　　　192
ダブレット (doublet)　　　　　83
単一関係詞 (simple relative)　163
単数 (singular)　　　　105,211,212

ち
地域方言 (reginal dialect)　　　70
チャネル諸島 (the Channel Islands)　10
チョーサー (Geoffrey Chaucer)　31,61,65,99,206

つ
通格 (common case)　　　　　110

て
定冠詞 (definite article)　104,108,121,122,128,166
ティンダル (William Tyndale)　189,201,202,206
デーン王朝 (the Dane dynasty)　24
デーンゲルト (Danegelt)　　　23
デーン人 (Danes)　　　　15,16,23,81
デーン・ロー (Danelaw)　　　16
テクストゥラ体 (textura)　　　59
　　　　　　　　　　　　　　51

と
頭音書法 (acrophony)　　　　51
動作主 (agent)　　　　　　162,163
人頭税 (poll tax)　　　　　　38
同族目的語 (cognate object)　190,191
動名詞 (Gerund)　135,145〜147,150,152〜155

動名詞語尾 -ende	139,146,147,153		不定冠詞 (indefinite article)	127,196
トーラ (the Torah)	192		不定詞　(infinitive)	135〜137,141,142,144,145,
				153,167,168,173,191

に

二重語 (doublet) 83
二重否定 (double negation) 171
二重複数 (double plural) 112,113

の

農民一揆 (Peasants' Revolt) 38
ノーサンブリア方言 57,68
ノーザン方言 69,138
ノーマン・コンクエスト
(Norman Conquest) 25,26,28,35,64,85,95
ノーマン・フレンチ
(Norman French) 28,30,84,128,172
ノルマンディー
(Normandy) 23,26,28〜30,33,38,84

は

ハーフ・アンシャル体 (half-uncial) 47,55〜57
ハイブリッド (hybrid) 76
ハドリアヌス (Hadrianus) 12
ハドリアヌスの長城 (Hadrian's Roman Wall) 12
パトリック (St. Patric) 17,56
パブリック・スクール (public school) 69
バラ戦争 (Wars of the Roses) 41,61

ひ

ビーカー人 (Beaker folk) 11
ビード (Bede) 12,13,19,64,174
ピクト人 (Pictish) 14
ひげ文字 (German letter) 58
非定形 (non-finite form) 135
非人称構文 (impersonal construction) 171,173
碑文文字 (monument script) 54
標準語 (Standard English) 66,181

ふ

フェニキア (Phoenicia) 45,49,53,192
不規則動詞 (irregular verb) 136,137,140,167
複合関係詞 (compound relative) 163
複数 (plural) 52,92,105,116,128,135,192,197,212
フッサルク (Futhark) 44
フッソルク (Futhorc) 44

不定冠詞 (indefinite article) 127,196
不定詞　(infinitive) 135〜137,141,142,144,145,
153,167,168,173,191
不変化詞 (particle) 163
フラクチュア体 (Fraktur) 58,59
ブラック・レター (black letter) 58
プランタジネット王朝 30
フリージア (Frisia) 13
ブリタニア (Britannia) 10,12
ブリテン諸島 10
ブリテン島 (the British Isles)
13〜19,44,47,56,64,66,79,81
分詞 (participle) 150
フン族 (Hun) 13
文法的性 (grammatical gender)
105,110,146,158,194,195
文法範疇 (grammatical category) 134,135,150

へ

ベケット (Thomas à Becket) 31
ベル・ビーカー人 (Bell-Beaker folk) 11
変移動詞　(mutative verb) 158

ほ

母音変異複数
(umlaut plural / mutation plural) 111
補充法　(suppletion) 131
ホルシュタイン (Holstein) 13

ま

マーシア方言 68
マグナ・カルタ (Magna Carta) 34
マソラ (the Massoretes) 193,194
マロリー (Thomas Malory) 61
マン島 (the Isle of Man) 10

み

ミューテーション (mutation) 110

も

目的格 (object) 110,115〜118,120

ゆ

ユニオン・ジャック (Union Jack) 6
ユニオン・フラッグ (Union Flag) 6

よ

容認発音 (received pronunciation)	70
ヨーク公 (Duke of York)	37, 41
与格 (dative case)	106〜109, 117, 124, 131, 172
与格目的語 (dative object)	161, 173
ヨッホ (yogh)	47

ら

ラインラント (Rhineland)	11
ラスク (Rask, Rasmus Christian)	4
ラテン語訳聖書	40, 57, 74, 151, 189〜191, 199, 202
ランカスター公 (Duke of Lancaster)	38

り

利害の与格 (dative of interest)	107
リドゲイト (John Lydgate)	61
両数 (dual)	105, 114, 115
リンディスファーン福音書 (Lindisfarne Gospels)	18, 57, 71, 199
リンディスファーン島 (Lindisfarne)	57

る

累積否定 (cumulative negation)	171
ルーン文字 (Runes)	44, 45, 46, 48

ろ

ローマ・アルファベット (Roman alphabet)	49, 52

わ

ワイト島 (the Isle of Wight)	67
ワット・タイラーの反乱 (Wat Tyler's Rebellion)	38

A

Alfred, the Great	13
alphabet	44, 45
Anatolian theory, the	44
Angle	9
Anglo-Saxon Heptarchy	15
Arthurian Legend	14
ash	46, 113
aspect	150, 156, 194
Authorized Version, the	203

B

Beaker folk	11
Bede, the venerable	12, 174
Bell-Beaker folk	11
bēon/wesan	152, 153
Bible	72〜74, 192, 200, 202〜206
Bishops' Bible, the	203
black letter	58, 208
Bretagne	10
Britain	6, 9, 10, 73
Britannia	10, 12
British Isles, the	10

C

Caesar, Julius	11
Caledonia	12
Canon	192
Carolingian minuscule	58
Celtic	17
Channel Islands, the	11
Claudius, Tiberius	11
Common Law, the	30
common case	110
Coverdale's Bible	202
crossed d	47

D

doublet	83

E

Ebbsfleet	14
-ende	135, 138, 146, 153
England	9, 10, 26, 31, 161, 162, 182
eth	47, 142

F

First Consonant Shift, The	4
Frisia	13
full ending	65

G

Geneva Bible, The	202
Gothic letter	208
Great Bible, The	202
Great Britain	6, 9, 10

Great Vowel Shift	65,99	shwa or schwa	96
Grimm's Law	4		

H

habban	137,157,158		
Hadrian's Roman Wall	12		
Holstein	13		
Holy Island	18,57		
Holy Scriptures	192		
Hun	13		

T

Thanet	14
thorn	45,47,48
Tyndale's Bible	200

U

U.K.	6,9
Union Flag	6
United Kingdom	6,9,10

I

Indo-European language family	2
-ing	23,135,146,147,152,153,155
Ireland	6,9,10,18
Isle of Man, the	10

V

Verner, K	5
Verner's Law	5,101
Viking	15
voice	104,150,155,194

J

Jespersen's Law	101
Jute	9
Jutland	13

W

Wales	10

Y

wyn	46
yogh	47

K

King Egbert	15

L

language family	2
Lindisfarne Gospels, The	19,57,71,199

M

Matthew's Bible	202

P

Pentateuch, the	197,201
proto-language	2

R

Rheims-Douai Bible, The	203
Rhineland	11
Rushworth Gospels, The	71,72

S

Saxon	9,10,13,15,44,56,72
Schleswig	13
Second Consonant Shift, The	4

著者紹介

橋本 功（はしもと いさお）
元関西外国語大学外国語学部教授。
名古屋大学大学院文学研究科修士課程修了、文学博士（名古屋大学）。
専門は、英語史、聖書英語。
2018年8月没。
主要業績に、『聖書起源のイディオム42章』（デイヴィッド・クリスタル著共訳、慶應義塾大学出版会、2012年）、"The Development of Compound Numerals in English Biblical Translations", *Middle and Modern English Corpus Linguistics.* Vol. 50（John Benjamins. 2012）、『聖書と比喩：メタファで旧約聖書の世界を知る』（共著、慶應義塾大学出版会、2011年）、"Hebraisms in English Bibles", *Studies in English Medieval Language and Literature.* Vol. 22（Peter Lang. 2008）、『聖書の英語とヘブライ語法』（英潮社、1998年）などがある。

英語史入門

2005年9月10日　初版第1刷発行
2018年12月20日　初版第6刷発行

著者――――――橋本功
発行者――――――古屋正博
発行所――――――慶應義塾大学出版会株式会社
　　　　　　　　〒108-8346　東京都港区三田2-19-30
　　　　　　　　TEL〔編集部〕03-3451-0931
　　　　　　　　　　〔営業部〕03-3451-3584〈ご注文〉
　　　　　　　　　　　〃　　03-3451-6926
　　　　　　　　FAX〔営業部〕03-3451-3122
　　　　　　　　振替 00190-8-155497
　　　　　　　　http：//www.keio-up.co.jp/

DTPデザイン・組版――（有）スパウト　上原秀明
装丁――――――桂川　潤
印刷・製本――――株式会社　太平印刷社

©2005 Isao Hashimoto
Printed in Japan　ISBN 4-7664-1179-X

慶應義塾大学出版会

西洋書体の歴史　古典時代からルネサンスへ
S. ナイト著／高宮利行訳　写本の一頁大・拡大・原寸の図版と解説を収録。カリグラフィー、書誌学、デザイン関係者の必携書。　●6500円

イギリス中世・チューダー朝演劇事典
松田隆美・石井美樹子・奥田宏子・黒川樟枝・中村哲子・米村泰明著　シェイクスピア以前250年のイギリス演劇の全容を明かす初の事典。　●6000円

さまよえるグーテンベルク聖書
富田修二著　日本で初めて『グーテンベルク聖書』の購入に携った著者が、現存するいくつかの聖書に秘められたドラマを綴る。写真資料もカラーで掲載。　●2800円

英語教育のグランド・デザイン
鈴木佑治著　SFCの「発信型」英語教育の実践方法や教育効果を解説。次代の「英語教育プログラム」のグランド・デザインを提示する。　●2400円

小学校での英語教育は必要か
大津由紀雄編著　「英語学習は早く始めるほどよい」。いや、「中学生からで十分間に合う」。第一線の論客が様々な角度から提言。　●1800円

小学校での英語教育は必要ない！
大津由紀雄編著　「早くから英語に親しむ方が抵抗感がなくなる」は本当か？「他の教科の内容をしっかり学ぶ」のが先決？　緊迫する「教科化」議論への提言。●1800円

アカデミックライティング入門
　　英語論文作成法
磯貝友子著　大学生、社会人が初めて英語でレポート、論文を書こうとする際の最適な手引き。日本人の犯しやすい間違いも例示。卒論準備に必携。　●2000円

アカデミックライティング応用編
　　文学・文化研究の英語論文作成法
A. アーマー・河内恵子・松田隆美・W. スネル著　テーマの見つけ方、論文のフォーマット、分析的論述の方法など具体例を挙げて解説。　●2000円

表示価格は刊行時の定価(税別)です。